W0309230

Pétursson / Neppert

Elementarbuch der Phonetik

Magnús Pétursson / Joachim M. H. Neppert

Elementarbuch der Phonetik

mit 73 Abbildungen

HELMUT BUSKE VERLAG
HAMBURG

Die Deutsche Bibliothek – CIP-Einheitsaufnahme

Magnús Pétursson: Elementarbuch der Phonetik / Magnús Pétursson / Joachim M. H. Neppert. - 3., durchges. und bearb. Aufl. - Hamburg: Buske, 2002
ISBN 3-87548-318-9

3., durchgesehene und bearbeitete Auflage 2002

© Helmut Buske Verlag GmbH, Hamburg 2002. Alle Rechte, auch die des auszugsweisen Nachdrucks, der fotomechanischen Wiedergabe und der Übersetzung, vorbehalten. Dies betrifft auch die Vervielfältigung und Übertragung einzelner Textabschnitte durch alle Verfahren wie Speicherung und Übertragung auf Papier, Filme, Bänder, Platten und andere Medien, soweit es nicht §§53 und 54 URG ausdrücklich gestatten. – Satz: Type&Buch Kusel, Hamburg. Druck: Strauß, Mörlenbach. Buchbinderische Verarbeitung: Schaumann, Darmstadt. Gedruckt auf säurefreiem, alterungsbeständigem Werkdruckpapier, nach ANSI-Norm resp. DIN-ISO 9706. Printed in Germany.

Vorwort zur ersten Auflage

Die Unzufriedenheit mit den vorhandenen Lehrbüchern der Phonetik hat uns veranlaßt, ein Lehrbuch der Phonetik zu verfassen, das nach unserer Meinung ein Minimum an Kenntnissen vermitteln muß, die Phonetiker oder Studierende der Phonetik zu Beginn ihres Studiums erwerben sollten. Das Ergebnis unserer Vorstellungen ist das hier vorliegende „Elementarbuch der Phonetik", das aus unserer Lehre in den Einführungsveranstaltungen für Studierende der Allgemeinen und Angewandten Phonetik und für Studierende der Hör- und Sprachbehindertenpädagogik entstanden ist.

Das Buch besteht aus vier Teilen und betont die Integration aller phonetischen Phänomene in den Gesamtrahmen des Phänomens Sprache. In den Kapiteln zur Akustik haben wir auf unser 1986 erschienenes Buch „Elemente einer akustischen Phonetik" zurückgegriffen. Wir haben uns jedoch nicht gescheut, einiges neu zu formulieren, da die didaktische Erfahrung uns inzwischen gelehrt hat, daß einige Umformulierungen zu besseren Resultaten führen.

Unser Elementarbuch hat einführenden Charakter und möchte einen kleinen Einblick in die sehr komplexen Zusammenhänge, die in der modernen Phonetik untersucht werden, vermitteln. Es können jedoch nicht alle Probleme oder Forschungsrichtungen der Phonetik betrachtet werden. Der Leser, der dieses Elementarbuch gründlich durchgearbeitet hat, wird sich auf der dadurch gewonnenen Grundlage leicht in weitere neue Arbeitsbereiche einarbeiten können.

Aus verschiedenen Gründen hat die Fertigstellung des Manuskriptes wesentlich mehr Zeit in Anspruch genommen als ursprünglich vorgesehen. Wir möchten aber unseren Dank all denen aussprechen, die uns ständig ermutigt haben. Insbesondere ist Herr Professor Martin Kloster-Jensen zu nennen, der uns bei jeder Gelegenheit darin bestärkt hat, den eingeschlagenen Weg weiterzugehen. Frau Dr. med. Birte Neppert danken wir für die umsichtige fachlich kritische Durchsicht der neurophysiologischen Abschnitte. Für das Reinzeichnen der Abbildungen danken wir Frau Regina Lorenzen, wissenschaftliche Hilfskraft am Phonetischen Institut.

Auch danken wir dem Helmut Buske Verlag für die Bereitschaft, unser Buch in das Verlagsprogramm aufzunehmen. Für alle Fehler oder Unzulänglichkeiten, die sich eventuell in unserem Text finden könnten, sind ausschließlich wir verantwortlich.

Hamburg, im April 1990

Magnús Pétursson
Joachim Neppert

Vorwort zur dritten Auflage mit Widmung

Wir erlauben uns hiermit, diese dritte, überarbeitetete Auflage unseres Elementarbuches der Phonetik unserem verehrten Kollegen

Herrn Prof. Dr. Martin Kloster-Jensen

anläßlich seines 85. Geburtstages, den er in diesem Jahr begehen konnte, zu widmen. Gleichzeitig bedanken wir uns bei ihm für seine andauernde freundschaftlich-kritische Begleitung der Weiterführung unseres Buches.

Auch von anderer Seite, von Studierenden, Kollegen und sonstigen Lesern sind uns dankenswerterweise weiterhin wertvolle kritische Hinweise gegeben worden. Wir haben diese in der Neufassung soweit wie möglich berücksichtigt. Die Notwendigkeit einer Bearbeitung hatte sich natürlich sechs Jahre nach Erscheinen der zweiten Auflage auch aus fachlichen Gründen ergeben. Angesichts notwendiger Aktualisierungen steht man als Autor eines elementaren Lehrbuches jedoch immer vor der Schwierigkeit, daß die Aufnahme von allzuviel Neuem den Buchumfang sehr anwachsen läßt. Auch das Streichen älterer Inhalte für die Aufnahme neuerer ist meist schwierig und kann nur eine Teillösung dieses Problems sein. Wir haben vor allem den Weg beschritten, neben einigen Ergänzungen und Änderungen terminologische Präzisierungen durchzuführen, und dieses haben wir insbesondere im Abgleich zu denjenigen Änderungen im akustisch-auditiven Bereich gemacht, die wir auch schon in der 1999 erschienenen vierten Auflage der „Elemente einer Akustischen Phonetik“ vorgenommen hatten.

Ein Dank gilt auch dem Helmut Buske Verlag für die Anregung und Bereitschaft zur Herausgabe dieser dritten Auflage des Elementarbuches und für die damit verbundenen Hilfestellungen bei der Überarbeitung. Für alle Fehler und sonstigen Unzulänglichkeiten dieser Neuauflage sind nach wie vor ausschließlich wir verantwortlich. Wir bleiben auch weiterhin offen für kritische Rückmeldungen.

Hamburg, im Juni 2002

Magnús Pétursson
Joachim Neppert

Inhaltsverzeichnis

I. Teil

Allgemeine Grundbegriffe

1. Die wichtigsten Bereiche der Phonetik

1.1. Wie erfahren wir Sprache?

Sprache begegnet uns hauptsächlich in zwei Formen: als *gesprochene Sprache* oder als *geschriebene Sprache*. Beiden unterliegt prinzipiell dasselbe System, nämlich das System der Lautsprache. Dieses begegnet uns demnach am natürlichsten und auch in seiner ursprünglichsten Form in der gesprochenen Sprache. Mit der geschriebenen Sprache dagegen werden wir meistens in Form von gedruckten Texten verschiedener Art konfrontiert. Daß in der geschriebenen Sprache allerdings auch gewisse grammatische und stilistische Abweichungen zur gesprochenen Sprache vorkommen, ist in diesem Zusammenhang irrelevant. Es bleibt bei der grundsätzlichen Feststellung, daß sie von der gesprochenen Sprache abgeleitet ist. In der Phonetik interessiert das Geschriebene nur so weit, als es um das Verhältnis zwischen gesprochenen und geschriebenen Sprachformen geht.

Sprechen ist für die meisten Menschen so selbstverständlich und natürlich, daß nur wenige sich die Mühe machen, über das Sprechen nachzudenken. Es herrscht sogar die Vorstellung vor, daß das Sprechen ganz einfach sei. Daß das Sprechen natürlich sei, soll hier keineswegs in Frage gestellt werden. Aber Natürlichkeit bedeutet nicht gleichzeitig Einfachheit. Dieses *Elementarbuch der Phonetik* möchte die Stufen und Elemente des Sprechprozesses auf didaktische Weise beschreiben und so dem Leser die Möglichkeit eröffnen, sich mit Spezialliteratur auf diesem Gebiet zu beschäftigen. Bevor wir mit dem Thema anfangen, scheint es angemessen, einige ganz allgemeine Bemerkungen zum Gegenstand *Sprache* vorwegzunehmen.

In gedruckten Texten werden die einzelnen Wörter normalerweise getrennt. Begegnet uns aber ein Satz wie

dieletzteroseverwelkteimgarten,

wo zwischen den Wörtern keine Trennung vorgenommen worden ist, haben wir Schwierigkeiten, ihn überhaupt zu lesen und zu verstehen. Wir müssen diese ununterbrochene Folge von Buchstaben zuerst in Wörter oder kleinere Einheiten zerlegen, also *segmentieren*. In ähnlicher Art ist die gesprochene Sprache ein Kontinuum von Lauten, das wir in der Verarbeitung in unserem Zentralnervensystem automatisch segmentieren, wenn wir Sprache hören. Zuerst segmentieren wir in Wörter: die letzte Rose verwelkte im Garten.

In einem weiteren Segmentierungsschritt können wir andere Elemente finden, z. B. die Endungen letzt-*e*, verwelk-*te*, welche grammatische Funktionen tragen. Die Segmentierung können wir auf verschiedenen Ebenen weiterführen, bis wir zuletzt einzelne Laute heraushören, die in unserer Buchstabenschrift (*Orthographie)* als einzelne Buchstaben dargestellt werden:

R-o-s-e.

Sehr schnell würde es uns aber klar werden, daß die Orthographie dazu völlig ungeeignet ist, den tatsächlichen Lautbestand zu beschreiben. So bezeichnen z. B. das *v* in *Vater* und das *f* in *fahren* den gleichen Laut. Um eine eindeutige Beziehung zwischen Laut und Buchstaben herzustellen, hat die Phonetik das Verfahren der *Lautschrift (Umschrift = Transkription*) entwickelt. Der Anfänger muß von Anfang an deutlich und scharf zwischen den Begriffen *Buchstabe* und *Laut* unterscheiden. Laute sind nur auditiv (beim Hören) existent. Durch Transkriptionsbuchstaben (-zeichen) werden sie in relativ guter Entsprechung repräsentiert. Orthographische Buchstaben sind dagegen nur bedingt geeignete Mittel zur Darstellung von Lauten. In keinem Fall aber ist der Buchstabe der Laut selbst.

Häufig begegnet uns der Begriff *Sprache* auch in mehr oder weniger metaphorischer Verwendung. Es gibt Bezeichnungen wie *Bildersprache, Zeichensprache, Gebärdensprache, Körpersprache, Tiersprache, Programmiersprache* und viele andere. Hierbei handelt es sich um Kommunikationssysteme verschiedener Art, von denen einige von der Schriftsprache abgeleitet worden sind. Andere sind jedoch von ganz anderem Typus als die menschliche Lautsprache. Die gesprochene Sprache ist die primäre Form von Sprache. Und hierum geht es in erster Linie in diesem *Elementarbuch der Phonetik*. In diesem Buch behandeln wir zuerst die Eingliederung der Laute und anderer über diese hinausgreifende Erscheinungen wie z. B. Akzent und Intonation (*Prosodie*) in die Sprache als Gesamtphänomen, und anschließend beschreiben wir die einzelnen Stufen, in denen die Prozesse des Sprechens und Hörens vor sich gehen.

1.2. **Was ist Phonetik?**

Phonetik ist eine sprachwissenschaftliche Disziplin. Sie untersucht die lautlichen Erscheinungen der menschlichen Sprache unter verschiedenen Gesichtspunkten und daher auf sehr verschiedene Art und Weise. Das zentrale Anliegen der Phonetik ist die Frage nach der Rolle der *lautlichen Substanz* im sprachlichen Kommunikationsprozeß, wobei unter lautlicher Substanz materiell-energetische Vorgänge dieses Kommunikationsprozesses verstanden werden. Derartige Vorgänge sind entlang des gesamten „*signalphonetischen Bandes*“ (Tillmann 1970, S. 61; Tillmann und Mansell 1980, S. 193ff.) prinzipiell vorhanden und zum Teil auch in der Tat als *Signale* zu beobachten und zu registrieren (vgl. Abb. 5). Die Art der Signale ändert sich von Abschnitt zu Abschnitt des signalphonetischen Bandes, das von der Hirnrinde des Sprechers über seinen Sprechapparat, weiter über das Schallwellenübertragungsmedium Luft bis zum Hörorgan und schließlich bis zur Hirnrinde des Hörers reicht.

Dazu muß jedoch festgestellt werden, daß die Erforschung und Beschreibung der Signale in den neuralen Abschnitten wesentlich schwieriger sind als in den mittleren Abschnitten, den biomechanischen und akustischen. Auf die mittleren Abschnitte weitgehend beschränkt und konkreter gesagt, interessieren als Signale also mindestens die Vorgänge des Sprechens, die Strukturen des Sprechschalles und die Vorgänge im Hörorgan. Sie zu kennen, ist für viele technische, kulturelle und speziell sprachpädagogische Anwendungen wichtig. In besonderen Individualfällen, beispielsweise bei Funktionsbeeinträchtigungen des Sprechens oder Hörens, zeigt sich sogar, daß die unzureichenden oder fehlenden Funktionen im signalphonetischen Band den Spracherwerb negativ beeinflussen, im Extremfall sogar verhindern können. Ähnliches läßt sich in frühen Durchgangsphasen des kindlichen Sprech-Spracherwerbs feststellen, und zwar auch dann, wenn beispielsweise wegen mangelnder Sozialkontakte oder Bevorzugung eines völlig anderen Sprachzeichensystems die Lautsubstanz keine Verwendung findet.

Solche individuellen oder zeitlich begrenzten Sonderfälle zeigen also, daß das Vorhandensein von Sprache und damit auch das kommunikative Funktionieren von Sprache abhängig sind von dem Vorhandensein und Funktionieren der Lautsubstanz. Bei einer systematischen Bestimmung der Phonetik muß jedoch von den Gegenständen an sich ausgegangen werden, also einerseits von der Sprache als Kommunikationssystem und andererseits von der entsprechenden Lautsubstanz. Und dieses entspricht auch dem in der Lebenswirklichkeit am häufigsten anzutreffenden Normalfall eines erwachsenen und nichtbehinderten, also kompetenten Sprachverwenders, bei dem das Vorhandensein von Sprache und die Fähigkeiten des Sprechens sowie Verstehens der gesprochenen Sprache vorausgesetzt werden. Ausgehend von diesem Standpunkt können wir Phonetik folgendermaßen definieren:

> *Die Phonetik ist die Wissenschaft, welche die Frage danach stellt, wie die sprachliche oder linguistisch-kommunikative Funktion in der Sprache durch die Lautsubstanz erfüllt wird.*

Dabei darf der Begriff Funktion nicht zu eng aufgefaßt werden. Er darf nicht nur auf die distinktive (bedeutungsunterscheidende) Funktion begrenzt werden, sondern muß darüber hinaus auch solche Funktionen umfassen, die pragmatische

Aspekte des Kommunikationsprozesses betreffen. Eine absolute Abgrenzung ist hier weder möglich noch wünschenswert. Die Festsetzung enger Grenzen würde die Entwicklung nur hemmen. Wie in jeder anderen Disziplin findet auch in der Phonetik eine ständige Weiterentwicklung statt. Neue Bereiche werden erschlossen und neue Fragen werden gestellt, aber zentral bleibt die Frage nach der Wechselbeziehung zwischen der Lautsubstanz und den linguistischen Funktionen. Durch diese Verbindung zur Funktion ist die Beziehung der Phonetik zur Semantik sehr eng, so daß man sagen kann, daß Phonetik ohne Semantik nicht möglich ist. Der Begriff *Semantik* muß hier allerdings ebenfalls in einem weiteren Sinn aufgefaßt werden und muß u.a. alles umfassen, was an Bedeutung im Kommunikationsprozeß durch lautliche Elemente übertragen werden kann.

1.3. **Die Entwicklung der Phonetik**

Spätestens seitdem Sprache durch Silbenschrift oder durch alphabetische Schrift graphisch dargestellt werden kann, befaßt man sich bewußt oder unbewußt mit phonetischen Problemen, und in dieser allgemeinen Weise kann man den dokumentierten Ursprung einer Befassung mit Phonetik im Sanskrit des 7. Jahrhunderts v. Chr. sehen. Aber auch die naturwissenschaftliche und medizinische Beschreibung der anatomischen und physiologischen Grundlagen von Stimm- und Lautbildung hat eine sehr lange Tradition (vgl. Panconcelli-Calzia 1940, 1941; von Essen 1979, S. 2–10; Wängler 1974, S. 10–27; Köster 1980). Die sehr schnelle Entwicklung der Phonetik als eigenständige und sich stärker als sprachbezogenes Fach verstehende Wissenschaft begann jedoch erst im 19. Jahrhundert mit der Entdeckung der Lautgesetze, die die Entwicklung vom ursprünglichen Indogermanischen zu den alten und modernen indogermanischen Sprachen erläuterten. Es wurde klar, daß für das Verstehen dieser Entwicklungsprozesse ein genaues Verstehen der Lautbildung die Voraussetzung war. Daraufhin konzentrierte man die Aufmerksamkeit auf die physiologische Phonetik, die binnen kurzer Zeit eine rasche Entwicklung erlebte. Mit gewisser Verzögerung kamen dann die akustische Phonetik und zuletzt die auditive und perzeptive Phonetik hinzu. Die Entwicklung der Phonetik hat seit dem 19. Jahrhundert so viele unterschiedliche Richtungen eingeschlagen, daß man heute gern im Plural von *phonetischen Wissenschaften* spricht. Es ist in der Tat so, daß kein Forscher mit allen Bereichen der Phonetik gleich vertraut sein kann. Angesichts der weiterhin sehr schnellen Entwicklung in allen Bereichen der Phonetik ist jeder Phonetiker mehr oder weniger spezialisiert. Die Einheit der Phonetik als Wissenschaft wird jedoch dadurch gewährleistet, daß im Mittelpunkt immer die gesprochene Sprache steht. Deshalb bleibt die Phonetik trotz hoher Spezialisierung immer ein Bereich der Linguistik, wenn auch der Bezug zur Linguistik gerade in manchen anwendungsbezogenen und spezialisierten Arbeiten nicht ganz klar zu erkennen ist. Nachstehende Darstellung phonetischer Disziplinen kann keinen Anspruch auf Vollständigkeit erheben. Es handelt sich nur um die wichtigsten Gebiete, über deren Zugehörigkeit zur Phonetik im allgemeinen weitgehend Einigkeit herrscht.

1.4. **Die phonetischen Teildisziplinen**

Die *vergleichende Phonetik* kann sowohl historisch (diachronisch) als auch synchronisch sein. In der diachronischen Perspektive werden geschichtlich aufeinanderfolgende Sprachen verglichen, um die Lautentwicklung von einer Ursprache zu einer Tochtersprache oder zu einem Dialekt zu erläutern. Diese Forschungsrichtung wird häufig *historische Phonetik* genannt. Wenn der Vergleich synchronisch ist, geht es darum, die lautlichen Besonderheiten von zwei lebenden Sprachen zu vergleichen. Dieser Teilbereich der Phonetik wird häufig *kontrastive Phonetik* genannt. Die kontrastive Phonetik hat in ihrer systematischen Arbeit die Unterschiede und Gemeinsamkeiten zwischen den zu vergleichenden Sprachen festzustellen, und andererseits hat sie anwendungsbezogen aufgrund dieser Feststellungen auch besonders enge Beziehungen zur Pädagogik und speziell zum Fremdsprachenunterricht, da die Art der Unterschiede, die die Sprachen voneinander trennen, für die didaktische Aufbereitung des Unterrichtsmaterials und für die Unterrichtsmethode von größter Bedeutung ist.

Die *allgemeine Phonetik* behandelt die allgemeinen Eigenschaften der Lautgestalt der Sprache als Phänomen und korrespondierend dazu die Vorgänge des Sprechens und Sprechschallhörens. Sie ist von Einzelsprachen unabhängig und kann sowohl diachronisch als auch synchronisch vorgehen (zu abweichenden bis pathologischen Erscheinungen vgl. 6.22.). Innerhalb der Phonetik ist in den letzten Jahrzehnten die Entwicklung des Bereichs der allgemeinen synchronischen Phonetik besonders stark gewesen.

Die *artikulatorische Phonetik* beschreibt den Aufbau und die Wirkungsweise des Sprechapparates, d. h. die organischen Voraussetzungen und die biomechanischen Vorgänge regulären und abweichenden Sprechens. Dieser Bereich der Phonetik läßt gegenwärtig einen bedeutenden Aufschwung erkennen, den man fast als Neuanfang bezeichnen könnte (Metoui 2001).

Die *akustische Phonetik* beschreibt die Struktur des Sprechschalls als Träger des sprachlichen Kodes. Dazu gehören auch die Fragen der Entstehung des Sprechschalls beim Sprecher und dessen normaler oder dessen gestörter Rezeption beim Hörer.

Die *auditive Phonetik* beschreibt die auditive Wahrnehmung (Hörwahrnehmung) des Sprechschalls und der lautlichen Erscheinungen beim Hörer. Hier sprechen gelegentlich einige Forscher von *perzeptiver Phonetik* (Wahrnehmungsphonetik), wenn die der Audition zugrundeliegenden Stimuli eindeutig definiert sind. Die umfassendere Benennung mit dem Begriff der perzeptiven Phonetik ist auch in der Lage, die innerkörperliche Selbstwahrnehmung motorischer Vorgänge beim Sprechen (sogenannte *Kinästhesie*) einzubeziehen. Weiterhin deckt sie auch die verschiedenen Ersatzperzeptionsmöglichkeiten über andere Sinne bei Hörgeschädigten ab. Im Bereich der auditiven Phonetik spielen die Physiologie und Anatomie des Gehörorgans eine grundlegende Rolle.

Die *psychologische Phonetik* behandelt die erkennende und deutende Verarbeitung des Sprechschalls und die Planung des Sprech- und Sprech-Selbstwahrnehmungsprozesses. Sie versucht ferner das Verhältnis von Sprechen und Sprachverhalten zu Stimmungen und sonstigen Befindlichkeiten zu klären. Sie steht damit teils auch im Zusammenhang mit, teils auch im Kontrast zu Teilbereichen der pathologischen Phonetik, wenn man beispielsweise an psychogene Stimm- und Redestörungen denkt. Auch dieser Bereich der Phonetik hat in letzter Zeit eine beachtliche Entwicklung zu verzeichnen.

Die *Neurophonetik* beschreibt, wie das zentrale und das periphere Nervensystem den Sprechprozeß steuern. In diesem Bereich gibt es noch viel Unbekanntes. Zur Neurophonetik gehören auch die Wirkungsweisen des Hörnervs, also der Nervenbahnen, die das Signal vom Innenohr zentralwärts weiterleiten, und die Verarbeitung in den zuständigen Arealen der Großhirnrinde.

Die *Phonologie,* die früher funktionelle Phonetik genannt wurde, beschreibt die Funktion, das Verhalten, die Organisation und das System der lautlichen Einheiten der Sprache. In dem phonologischen Bereich gibt es zahlreiche Schulen oder Forschungsrichtungen, die sich in schneller Entwicklung befinden. Nicht eindeutig geklärt ist bisher die Beziehung der Lautsubstanz zu phonologischen Einheiten, obwohl diese Frage von fast allen phonologischen Richtungen als sehr wichtig anerkannt wird.

Weitere Bereiche der Phonetik sind z. B. die *pathologische Phonetik* oder *Sprechpathologie,* die auf der Grundlage des Normalen und im Kontrast dazu pathologische phonetische Erscheinungen beschreibt. Umgekehrt trägt die Kenntnis pathologischer Abweichungen wesentlich zur Ausbildung einer *orthoepischen Norm* bei (vgl. 1.5.). Ferner gibt es die *Sprechentwicklungsphonetik (Pädophonetik),* die den Erwerb der Sprechfertigkeit und die individuelle Lautentwicklung beschreibt. Zu erwähnen sind noch die *phonetische* oder *phonologische Statistik,* die die Häufigkeit der lautlichen Elemente und ihrer Kombination untersucht, und die *Phonotaktik,* die die Lautverbindungen in einer Sprache oder kontrastiv bzw. vergleichend in mehreren Sprachen untersucht. Viele weitere Bereiche der Phonetik könnten noch erwähnt werden, für den Bereich der Anwendung des Faches beispielsweise die *forensische Phonetik* (Braun/Köster 1995), die Anwendung auf die Musik und Musikwissenschaft, auf die Medizin und auf verschiedene pädagogische Handlungsfelder und Fächer. Diese exemplarischen Nennungen mögen jedoch genügen, um eine Vorstellung davon zu vermitteln, wie zahlreich und unterschiedlich die einzelnen phonetischen Richtungen und Disziplinen sind.

1.5. **Wissenschaftssystematischer Standort der Phonetik**

Aus der in 1.4. vorgestellten Aufzählung phonetischer Disziplinen ist der Charakter der Phonetik als *Grenzwissenschaft* schon deutlich erkennbar. In der Tat wird es wohl kaum eine andere Wissenschaft geben, die sich in so hohem Maße wie die Phonetik als Grenzwissenschaft ausweist. Die Phonetik ist in dreifachem Sinne eine Grenzwissenschaft:

1) Die Phonetik steht an der wichtigsten Grenze der Wissenschaften überhaupt, der Grenze zwischen Naturwissenschaften und Geisteswissenschaften. Einerseits muß sie sich mit naturwissenschaftlichen Vorgängen wie den biomechanischen Abläufen im Sprechapparat und dem Schall befassen und andererseits mit der Sprache als geistigem Phänomen.
2) Die Phonetik benötigt Daten und Kenntnisse, die andere Wissenschaften gewonnen haben, um phonetische Gegenstände der Untersuchung zugänglich zu machen und interpretieren zu können. Diese Wissenschaften sind Hilfswissenschaften der Phonetik. Zu den wichtigsten Disziplinen dieser Art gehören aus der Humanbiologie die Anatomie und Physiologie, aus der Mechanik die Akustik und die Strömungslehre, aus der Medizin die Hals-, Nasen-, Ohrenkunde mit zugehöriger Neurologie und Pathologie, die Verhaltens-, Wahrnehmungs- und Vorstellungspsychologie und nicht zuletzt die Sprachwissenschaft in allen ihren Disziplinen.
3) Die Phonetik befaßt sich mit Systemen lautlicher Formen, den einzigen Erscheinungen in der Sprache, welche sich gleichzeitig als materiell-energetische Realität und gegliedert in linguistische Einheiten als geistige Realität manifestieren.

Die wissenschaftliche Phonetik ist eine *deskriptive* Wissenschaft, d. h. sie beschreibt die phonetischen Erscheinungen und deren materiell-energetische Manifestationen. Gleichzeitig strebt sie danach, *erklärende* Wissenschaft zu sein. Sie möchte erklären, warum phonetische Erscheinungen sich in der beobachteten Form manifestieren und nicht anders. Ein entsprechendes empirisches Vorgehen kann mit dem Schema der Abbildung 1 dargestellt werden.

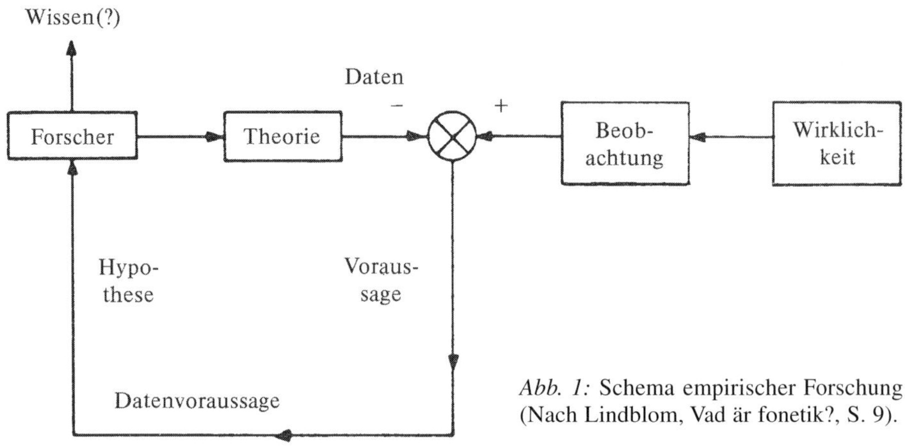

Abb. 1: Schema empirischer Forschung (Nach Lindblom, Vad är fonetik?, S. 9).

Der Forscher konstruiert eine Theorie, welche die aus der beobachteten Wirklichkeit gewonnenen Daten zu interpretieren versucht. Dies ist allerdings nicht nur für die Phonetik spezifisch, sondern hierbei handelt es sich um das Schema jeglicher wissenschaftlichen Arbeit. Die dabei entstehenden Einzelhypothesen oder Einzelvoraussagen bedürfen empirischer Überprüfung. Theorien und Modelle spielen in der phonetischen Forschung eine zunehmend große Rolle.

Der *deskriptiven Phonetik* steht die *normative* gegenüber. Die normative Phonetik legt Normen der Aussprache einer Sprache fest und sollte daher besser als normative Ausssprachelehre bezeichnet werden, denn der Begriff *Norm* ist kein phonetischer Begriff, sondern ein politischer oder sozialer. Nach einer Norm werden z. B. Aussprachewörterbücher angefertigt, die die Norm einer Sprache kodifizieren.

Überhaupt besteht ein häufig anzutreffendes Mißverständnis darin, daß Phonetik und Aussprache gleichgesetzt werden. Keine Beschreibung, Regelung oder Unterweisung von Aussprache ist ohne Phonetik möglich, aber die Phonetik behandelt einen Wissenschaftsbereich, der weit über die Aussprache hinausgeht. Die *korrektive Phonetik* korrigiert die Aussprache im Hinblick auf eine vorher festgelegte Norm. Die *Orthoepie* oder die *Orthoepik*[1] ist die Lehre von der richtigen Aussprache der Wörter. Diese Teilbereiche der Phonetik haben durchaus ihre Berechtigung, treten aber im Rahmen des Gesamtkomplexes der Phonetikwissenschaft relativ wenig hervor. Demgegenüber haben sie eine sehr große Bedeutung in Pädagogik, Rhetorik und Vortragskunst, um nur einige Beispiele zu nennen.

Phonetik ist in nahezu all ihren Teilbereichen auch eine anwendungsorientierte Wissenschaft, einerseits in dem allgemeinen Sinne, daß ihre Forschungsergebnisse

[1] Von einigen Forschern wird diese Disziplin auch *Orthophonie* genannt.

in anderen Wissenschaften weiterverwendet werden, andererseits aber auch in direktem Bezug auf den Menschen und die Gesellschaft. Die von der Phonetik in die Pädagogik, insbesondere in den Sprechunterricht und in die Sprecherziehung hineinwirkenden Anwendungen wurden oben schon erwähnt, und diese müssen auch unter dem Aspekt ihrer sozialen Effekte gesehen werden. Überall in der Welt spielt auch die Anwendung des Faches auf die sonderpädagogische und medizinische Diagnostik, Förderung und Therapie bei Stimm-, Rede-, Sprech- und Sprachgestörten eine erhebliche Rolle. Insbesondere diese Anwendungsrichtung hat das Fach Phonetik zu allen Zeiten auch substantiell mitbestimmt (Neppert 1978), wofür im vergangenen Jahrhundert in besonderem Maße die traditionelle Hamburger „Allgemeine und Angewandte Phonetik" (Titel des Lehrbuches von Otto von Essen 1979) gestanden hat.

1.6. Bemerkungen zur Forschungsmethodik

Entsprechend der Komplexität der Phänomene, die in der Phonetik untersucht werden, verfügt die phonetische Forschung über eine Vielzahl von Forschungsmethoden. Diese reichen von auditiver und visueller Beobachtung bis hin zu komplizierten Registrierungs- und Rechenverfahren verschiedener Art (Hayward 2000). Häufig werden solche experimentellen Methoden als *experimentelle Phonetik* bezeichnet. Die *experimentelle Phonetik* ist aber keine besondere phonetische Richtung, sondern ein Sammelbegriff für Forschungsmethoden, die sich des Experiments bedienen. Häufig benötigt eine solche experimentelle Forschung aufwendige und komplexe Apparaturen, aber auch ohne Apparate kann man mit den eigenen Sprech- und Hörorganen experimentieren. Es hängt davon ab, was untersucht werden soll. Sowohl auditive, visuelle und kinästhetische als auch instrumentelle Forschungsmethoden sind in gleichem Grade wissenschaftlich. Es kommt darauf an, die Grenzen jeder einzelnen Methode zu kennen und von dieser nicht mehr zu verlangen, als sie hergeben kann.

Das zu untersuchende Material ist die *Wirklichkeit,* und das Ziel jeder Forschung ist, diese Wirklichkeit so genau wie möglich zu erfassen. An diesem Ziel muß sich jede Untersuchung orientieren. Die Wirklichkeit ist aber der Forschung nicht ohne weiteres zugänglich und außerdem stets zu komplex. Den Forscher interessiert dasjenige an den Phänomenen, was aus seiner fachlichen Sicht daran wesentlich ist. Dieses Wesen ist aber noch weniger unmittelbar erfaßbar. Fast alle Erscheinungen, die uns in dieser Welt begegnen, sind von zusätzlichen und einmaligen zufälligen Erscheinungen begleitet. Der Forscher muß davon abstrahieren, um an das Wesen des untersuchten Phänomens herankommen zu können. Um sich diesem Ziel optimal anzunähern, verwendet er eine *Forschungsmethode,* mittels welcher er die wissenschaftliche Wirklichkeit nachweist. Ziel der wissenschaftlichen Arbeit ist daher, das *Nachweisen und Verstehen der Prinzipien, mit welchen man einer Erklärung der Wirklichkeit möglichst nahekommt.*

Jede Wissenschaft bestimmt sich auf zwei Ebenen, einerseits durch ihre Gegenstände aus der vorgegebenen Wirklichkeit und andererseits durch die sich daran orientierende Forschungstechnik. Die Methodik muß den zu untersuchenden Gegenständen angepaßt und adäquat sein. Eine Methode, die zur Untersuchung der Anatomie des Menschen geeignet ist, ist vielleicht völlig ungeeignet zur Untersuchung der Struktur von Metallen. An einem gewissen Punkt hat jede Methode ihre Grenze erreicht, d. h. es können auf ihrer Grundlage keine neuen Kenntnisse mehr gewonnen werden. Es müssen daher in solchen Fällen andere Methoden entwickelt und herangezogen werden, die neue Erkenntnisse bringen können. Immer jedoch muß die vorgegebene Wirklichkeit der Ausgangspunkt sein.

Wissenschaftliche Erkenntnisse können nie endgültig sein, selbst dann nicht, wenn kein neues Material hinzukommen kann wie z. B. bei ausgestorbenen Sprachen, von denen nur begrenztes Material überliefert worden ist.

2. Das phonetische Ereignis in der Sprache

2.1. Der zweigliedrige hierarchische Aufbau der Sprache

Sprache ist ein hierarchisch aufgebautes Kommunikationssystem. Ihr wichtigstes Charakteristikum ist die doppelte Gliederung (frz. double articulation du langage). Das sprachliche Ereignis gliedert sich in bedeutungstragende Einheiten – die *Moneme* – und bedeutungsdifferenzierende Einheiten – die *Phoneme.* Jede bedeutungstragende Einheit ist ein Monem, d. h. dieser Begriff umfaßt Lexeme (Wörter, reduziert auf ihren sogenannten Stamm) und Segmente, die grammatische Kategorien wie z. B. Plural, Vergangenheit, Kasus usw. symbolisieren. Diejenigen Moneme, die grammatische Kategorien ausdrücken, wie Personen-, Tempus- oder Kasusendungen, werden häufig *Morpheme* genannt, so auch in diesem Buch. Hierzu sei angemerkt, daß es auch andere Verwendungen und Zuordnungen dieser Begriffe gibt. Häufig wird das, was hier *Monem* genannt wird, *Morphem* genannt. Dann können beispielsweise *Lexeme* und *Grammeme* darunter befindliche Unterbegriffe sein.

Die Moneme werden ihrerseits aus Phonemen gebildet, welche keinen semantischen Inhalt besitzen (d. h. keine Bedeutung tragen), sondern inhaltsleer als Bausteine einerseits den Lautkörper der Moneme bilden – *konstitutive Funktion* – und andererseits die Moneme voneinander unterscheiden – *bedeutungsunterscheidende Funktion.* Die Anzahl der Moneme in einer Sprache ist nicht fixiert und nicht begrenzt. Sie ist im Bereich der Lexeme ständigen Veränderungen ausgesetzt. Neue Wörter werden für neue Erscheinungen, Erfindungen, Entwicklungen usw. gebildet. Alte Wörter sterben aus, z. B. mit aussterbenden Berufen. Selbst in der täglichen Sprachverwendung werden neue Wörter gebildet. Einige sind sehr kurzlebig und werden vielleicht nur ein einziges Mal hervorgebracht, andere sind langlebiger und werden verbreitet und vielleicht am Ende in der Sprache verfestigt.

Der Prozeß der Verfestigung neuer Wörter in der Sprache ist sehr kompliziert und hängt von vielen, häufig nichtsprachlichen Bedingungen ab.

Der prinzipiell unendlich großen Zahl von Monemen steht in jeder Sprache eine begrenzte Zahl von Phonemen gegenüber. Die Phoneme bilden den Lautkörper der Moneme und differenzieren sie untereinander.

Obwohl keine Einigkeit darüber besteht, mit wie vielen hierarchischen Ebenen in der Sprachbeschreibung gerechnet werden muß, kann das folgende relativ einfache Schema einen guten Überblick über die hierarchische Struktur der Sprache vermitteln (Abb. 2):

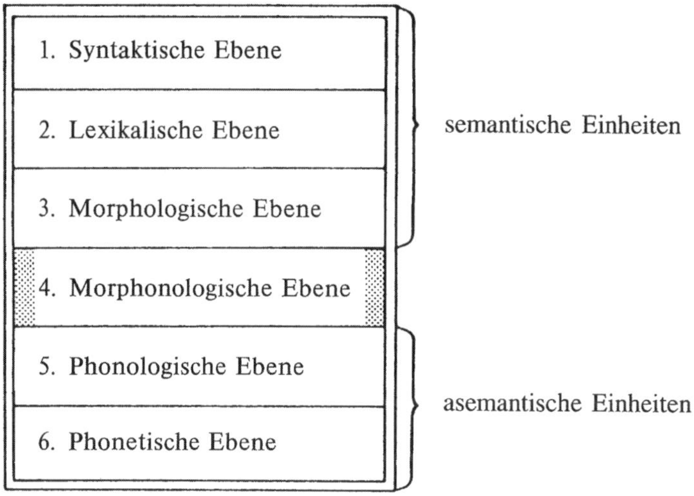

Abb. 2: Die hierarchische Struktur der Sprache

In die *syntaktische Ebene* gehören Sätze und Wortverbindungen sowie *Syntagmen* (Aneinanderreihungen) verschiedener Art. Zur lexikalischen Ebene gehören die Lexeme, und in der morphologischen Ebene befinden sich die Morpheme. Alle diese Einheiten sind *semantisch*, d. h. sie haben einen semantischen Inhalt, anders gesagt, sie tragen Bedeutung, über die man in einem Wörterbuch nachlesen kann. Und über die kategoriale Bedeutung der Morpheme finden sich Angaben in den Grammatikbüchern.

Die *phonologische Ebene* ist die der bedeutungsdifferenzierenden Einheiten der Sprache. Sie ist also die Ebene der Phoneme, der Prosodeme und der Merkmale, die selbst keine Bedeutung tragen, die aber die Moneme, d. h. die bedeutungstragenden Einheiten einer Sprache, voneinander unterscheiden. Im Deutschen können als Beispiele dafür die Laute /b/ und /p/ angeführt werden, die die Wörter *backen* und *packen* unterscheiden.

Beispiele für Prosodeme sind die Akzentstellungen, solche, die die Wörter August (Eigenname) von August (Monat August) oder umfahren von umfahren unterscheiden.

Die *phonetische Ebene* ist die der Realisierung der Laute im Sprechvorgang. Der Begriff des *Sprachlautes* bezeichnet eine abstrakte Einheit, obwohl der Sprachlaut nicht ganz von der Lautsubstanz getrennt werden kann, da er einige annähernd feststehende artikulatorische und akustische Attribute haben kann. Wichtig ist es aber, nicht aus dem Auge zu verlieren, daß im Sprechen nur einzelne immer wieder neue und andere Realisierungen als Sprechlaute ein und desselben Sprachlautes vorkommen, die beispielsweise von der Lautumgebung, von dem individuellen Sprecher und von der aktuellen Situation abhängig und als konkrete phonetische Ereignisse einmalig sind. Sprechen findet innerhalb jeweils zulässiger Variationsbreiten in solchen einmaligen, unwiederholbaren Akten statt.

Die phonetische wie auch die phonologische Ebene bestehen aus Einheiten, die *asemantisch* sind, d.h. sie tragen keine Bedeutung, es sei denn, es fällt eine Bedeutungseinheit, ein Monem, durch Zufall mit einem Phonem zusammen, z. B. frz. *où* [u] „wo?". Die asemantischen Einheiten sind normalerweise nur Bausteine, die die Einheiten der höheren Ebenen konstituieren.

Die *morphonologische Ebene,* die die morphologische Verwendung lautlicher Unterschiede beschreibt, stellt das Verbindungsstück zwischen den semantischen und den asemantischen Ebenen dar. Über den Inhalt, ja selbst über die Existenz der morphonologischen Ebene bestehen große Kontroversen. Nach Martinet (1965) hat die morphonologische Ebene keine Existenzberechtigung. Nach Dressler (1985) besitzt die Morphonologie zwar keine unabhängige Komponente, ist aber jedoch ein nützliches Element in der Sprachbeschreibung, da sie an dem Schnittpunkt zwischen Phonologie und Morphologie eine Reihe von Phänomenen beschreibt, die für jede Sprache charakteristisch und darüber hinaus allgemein linguistisch interessant sind. Beispiel aus dem Deutschen wären die Laute [g] und [k] in We[g]e gegen We[k].

2.2. **Die Sprachlaute und ihre Darstellung**

Lautform und Inhalt sind untrennbar miteinander verbunden. Es gibt keinen Aspekt der Sprache, der dank dieser Verbindung nicht eine mehr oder weniger deutliche Beziehung zur Phonetik hat. Die Orthographie ist das alltäglichste Mittel, durch das dem Mitglied einer Sprachgemeinschaft diese Beziehung zur Phonetik klar wird. Da Sprache sich mit der Zeit stark ändert und die Orthographie nur selten den Änderungen der gesprochenen Sprache folgt, ist die Orthographie meistens ein sehr unvollkommenes Mittel, um die Aussprache einer Sprache wiederzugeben. Andererseits schafft eine relativ konstante Orthographie über längere Zeiträume eine Art sprachkulturelle Stabilität, die auch gewisse Vorteile hat, weil dadurch Dokumente aus verschiedenen Epochen lesbar bleiben. Ein solcher Zusammenhalt der Sprache entwickelt sich häufig zu einem Zusammengehörigkeitsgefühl einer Nation oder einer Sprachgemeinschaft. Eine stabile Orthographie kann sogar zu einem ökonomischen Faktor werden, da das Drucken von Büchern, Zeitschriften und

		Bi-labial	Labio-dental	Dental and Alveolar	Retroflex	Palato-alveolar	Alveolo-palatal	Palatal	Velar	Uvular	Pharyngal	Glottal
CONSONANTS	Plosive	p b		t d	ʈ ɖ			c ɟ	k g	q ɢ		ʔ
	Nasal	m	ɱ	n	ɳ			ɲ	ŋ	ɴ		
	Lateral Fricative			ɬ ɮ								
	Lateral Non-fricative			l	ɭ			ʎ				
	Rolled			r						ʀ		
	Flapped			ɾ	ɽ					ʀ		
	Fricative	ɸ β	f v	θ ð | s z | ɹ	ʂ ʐ	ʃ ʒ	ɕ ʑ	ç j	x ɣ	χ ʁ	ħ ʕ	h ɦ
	Frictionless Continuants and Semi-vowels	w | ɥ	ʋ	ɹ				j (ɥ)	(w)	ʁ		
VOWELS								Front	Central · Back			
	Close	(y ʉ u)						i y	ɨ ʉ · ɯ u			
	Half-close	(ø o)						e ø	ə · ɤ o			
	Half-open	(œ ɔ)						ɛ œ · æ	ɐ · ʌ ɔ			
	Open	(ɒ)						a	ɑ ɒ			

(Secondary articulations are shown by symbols in brackets.)

Other Sounds.—Palatalized consonants: ƫ, ȡ, etc.; palatalized ʃ, ʒ: ʆ, ʓ. Velarized or pharyngalized consonants: ɫ, ᵭ, ᵴ, etc. Ejective consonants (with simultaneous glottal stop): p', t', etc. Implosive voiced consonants: ɓ, ɗ, etc. ɼ fricative trill. σ, ƍ (labialized θ, ð, or s, z). ʅ, ʒ (labialized ʃ, ʒ). ʇ, ʗ, ʖ (clicks, Zulu *c*, *q*, *x*). ɺ (a sound between r and l). ɳ Japanese syllabic nasal. ɧ (combination of x and ʃ). ʍ (voiceless w). ɩ, ʏ, ɷ (lowered varieties of i, y, u). ɜ (a variety of ə). ɵ (a vowel between ø and o).

Affricates are normally represented by groups of two consonants (ts, tʃ, dʒ, etc.), but, when necessary, ligatures are used (ʦ, ʧ, ʤ, etc.), or the marks ⁀ or ‿ (t͡s or t͜s, etc.). ⁀ ‿ also denote synchronic articulation (m͡ŋ = simultaneous m and ŋ). c, ɟ may occasionally be used in place of tʃ, dʒ, and ƫ, ȡ for ts, dz. Aspirated plosives: ph, th, etc. r-coloured vowels: eɹ, aɹ, ɔɹ, etc., or eʴ, aʴ, ɔʴ, etc., or ẹ, ạ, ɔ̣, etc.; r-coloured ə: əɹ or əʴ or ɹ or ɚ or ɝ.

Length, Stress, Pitch.— ː (full length). ˑ (half length). ˈ (stress, placed at beginning of the stressed syllable). ˌ (secondary stress). ˉ (high level pitch); ˍ (low level); ˊ (high rising); ˏ (low rising); ˋ (high falling); ˎ (low falling); ˆ (rise-fall); ˇ (fall-rise).

Modifiers.— ˜ nasality. ̥ breath (l̥ = breathed l). ̬ voice (s̬ = z). ʻ slight aspiration following p, t, etc. ̫ labialization (n̫ = labialized n). ̪ dental articulation (t̪ = dental t). ˙ palatalization (ż = ʒ). ̣ specially close vowel (ẹ = a very close e). ̨ specially open vowel (ę = a rather open e). ˔ tongue raised (e˔ or ẹ = ẹ). ˕ tongue lowered (e˕ or ę = ę). ˖ tongue advanced (u˖ or u̟ = an advanced u, t̟ = t̪). ˗ or ̠ tongue retracted (i˗ or i̠ = ɨ˖, t̠ = alveolar t). ̹ lips more rounded. ̜ lips more spread. Central vowels: ÿ (= ɨ), ü (= ʉ), ë (= ə˔), ö (= ɵ), ɛ̈, ɔ̈. ̩ (e.g. n̩) syllabic consonant. ̆ consonantal vowel. ʃˢ variety of ʃ resembling s, etc.

Abb. 3a: Das Internationale Phonetische Alphabet (IPA-Alphabet) in der Fassung von 1951

THE INTERNATIONAL PHONETIC ALPHABET (revised to 1993, corrected 1996)

CONSONANTS (PULMONIC)

	Bilabial	Labiodental	Dental	Alveolar	Postalveolar	Retroflex	Palatal	Velar	Uvular	Pharyngeal	Glottal
Plosive	p b			t d		ʈ ɖ	c ɟ	k ɡ	q ɢ		ʔ
Nasal	m	ɱ		n		ɳ	ɲ	ŋ	ɴ		
Trill	ʙ			r					ʀ		
Tap or Flap				ɾ		ɽ					
Fricative	ɸ β	f v	θ ð	s z	ʃ ʒ	ʂ ʐ	ç ʝ	x ɣ	χ ʁ	ħ ʕ	h ɦ
Lateral fricative				ɬ ɮ							
Approximant		ʋ		ɹ		ɻ	j	ɰ			
Lateral approximant				l		ɭ	ʎ	ʟ			

Where symbols appear in pairs, the one to the right represents a voiced consonant. Shaded areas denote articulations judged impossible.

CONSONANTS (NON-PULMONIC)

Clicks		Voiced implosives		Ejectives	
ʘ	Bilabial	ɓ	Bilabial	ʼ	Examples:
ǀ	Dental	ɗ	Dental/alveolar	pʼ	Bilabial
ǃ	(Post)alveolar	ʄ	Palatal	tʼ	Dental/alveolar
ǂ	Palatoalveolar	ɠ	Velar	kʼ	Velar
ǁ	Alveolar lateral	ʛ	Uvular	sʼ	Alveolar fricative

VOWELS

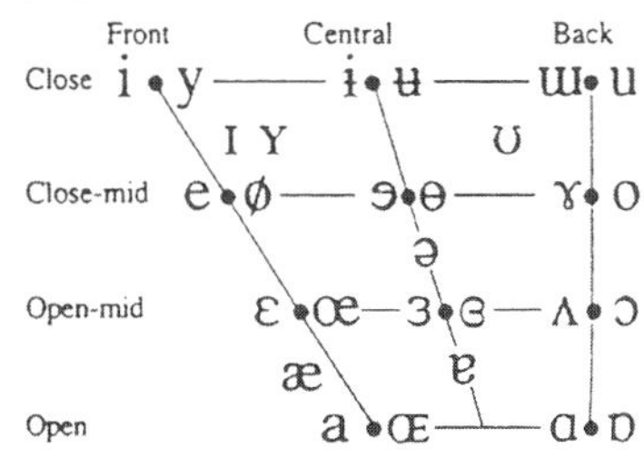

Where symbols appear in pairs, the one to the right represents a rounded vowel.

OTHER SYMBOLS

- ʍ Voiceless labial-velar fricative
- w Voiced labial-velar approximant
- ɥ Voiced labial-palatal approximant
- ʜ Voiceless epiglottal fricative
- ʢ Voiced epiglottal fricative
- ʡ Epiglottal plosive
- ɕ ʑ Alveolo-palatal fricatives
- ɺ Alveolar lateral flap
- ɧ Simultaneous ʃ and x

Affricates and double articulations can be represented by two symbols joined by a tie bar if necessary.

k͡p t͜s

SUPRASEGMENTALS

- ˈ Primary stress
- ˌ Secondary stress ˌfoʊnəˈtɪʃən
- ː Long eː
- ˑ Half-long eˑ
- ˘ Extra-short ĕ
- | Minor (foot) group
- ‖ Major (intonation) group
- . Syllable break ɹi.ækt
- ‿ Linking (absence of a break)

DIACRITICS Diacritics may be placed above a symbol with a descender, e.g. ŋ̊

̥ Voiceless	n̥ d̥	̤ Breathy voiced	b̤ a̤	̪ Dental	t̪ d̪
̬ Voiced	s̬ t̬	̰ Creaky voiced	b̰ a̰	̺ Apical	t̺ d̺
ʰ Aspirated	tʰ dʰ	̼ Linguolabial	t̼ d̼	̻ Laminal	t̻ d̻
̹ More rounded	ɔ̹	ʷ Labialized	tʷ dʷ	̃ Nasalized	ẽ
̜ Less rounded	ɔ̜	ʲ Palatalized	tʲ dʲ	ⁿ Nasal release	dⁿ
̟ Advanced	u̟	ˠ Velarized	tˠ dˠ	ˡ Lateral release	dˡ
̠ Retracted	e̠	ˤ Pharyngealized	tˤ dˤ	̚ No audible release	d̚
̈ Centralized	ë	̴ Velarized or pharyngealized	ɫ		
̽ Mid-centralized	e̽	̝ Raised	e̝ (ɹ̝ = voiced alveolar fricative)		
̩ Syllabic	n̩	̞ Lowered	e̞ (β̞ = voiced bilabial approximant)		
̯ Non-syllabic	e̯	̘ Advanced Tongue Root	e̘		
˞ Rhoticity	ɚ a˞	̙ Retracted Tongue Root	e̙		

TONES AND WORD ACCENTS

LEVEL			CONTOUR		
e̋ or	˥	Extra high	ě or	˩˥	Rising
é	˦	High	ê	˥˩	Falling
ē	˧	Mid	e᷄	˦˥	High rising
è	˨	Low	e᷅	˩˨	Low rising
ȅ	˩	Extra low	e᷈	˧˦˧	Rising-falling
↓		Downstep	↗		Global rise
↑		Upstep	↘		Global fall

Abb. 3b: Das Internationale Phonetische Alphabet (IPA-Alphabet) in der Fassung von 1993, korrigiert 1996

anderen Druckerzeugnissen durch eine gleichbleibende Regelung sowohl erleichtert als auch verbilligt wird.

Die Orthographie ist jedoch ein viel zu ungenaues und vor allem ein viel zu willkürliches Mittel zur Wiedergabe der Laute einer Sprache, als daß es für die wissenschaftliche Beschreibung der Lautstruktur der jeweiligen Sprache tauglich wäre. Deshalb wird in der phonetischen Forschung ein besonderes phonetisches Transkriptionsverfahren verwendet, in dem die Beziehung zwischen Laut und graphischem Zeichen (Buchstaben) so weit wie möglich eindeutig ist. Die phonetische Transkription erhebt also den Anspruch, daß die Lautung aus ihr eindeutig erkennbar sei. Phonetische Transkription wird in eckige Klammern [ ] gesetzt. Das Alphabet der *Association Phonétique Internationale* (API-Alphabet) (auch *International Phonetic Association;* IPA-Alphabet) hat für Transkriptionszwecke ständig an Bedeutung zugenommen und ist wohl heute das am weitesten verbreitete Transkriptionsalphabet (Abb. 3a und 3b).

Man unterscheidet zwischen *breiter phonetischer Transkription,* welche sich auf die Darstellung der minimalen Distinktion im Lautsystem einer Sprache beschränkt, und *enger phonetischer Transkription,* die über das minimale Distinktive hinausgeht. Die weiteste Transkription ist diejenige, die das Phonemsystem einer Sprache darstellt. Alle engeren Transkriptionen versuchen, die aktuellen und tatsächlichen lautlichen Hervorbringungen genauer (oder enger) wiederzugeben. So kann man in anderer Terminologie auch zwischen einer phonologischen (oder phonematischen) und einer phonetischen (oder phonischen) Transkription unterscheiden. Die phonologische Transkription ist dann die weiteste, die als lautliche Transkription möglich ist. Sie gibt die distinktiven Einheiten (die Phoneme) einer Sprache wieder, aber nicht unbedingt deren phonetische Realisierung. Phonologische Transkriptionen werden zwischen Schrägstriche / / gesetzt. Alle anderen engeren Transkriptionen, die die tatsächlichen Lautrealisierungen darzustellen versuchen, sind phonetische Transkriptionen. Auch diese können wiederum weiter (großzügiger) oder enger (ins Einzelne gehend, genauer) sein. Alle phonetischen Transkriptionen stehen in eckigen Klammern [ ]. (Zur Transkription pathologischer oder abweichender Lautbildungen s. 6.22.) Zwischen phonetischer und phonologischer Transkription gibt es viele Gemeinsamkeiten, so daß es nicht immer einfach ist, die beiden Transkriptionstypen zu unterscheiden. Dieses Problem wird uns aber hier nicht weiter beschäftigen.

Die Transkription ist von der sogenannten *Transliteration* zu unterscheiden. Transliteration ist der Versuch einer Eins-zu-Eins-Übertragung auf orthographischer Ebene, also von einem graphischen (am häufigsten einem alphabetischen) System in ein anderes. Beispielsweise wird aus einem kyrillischen Alphabet in ein lateinisches übertragen: Russ. время [vremjə] „Zeit" transliteriert als *vremja.*

Allerdings ist die Abgrenzung zwischen Transkription und Transliteration nicht absolut, da unterschiedliche Alphabete häufig insgesamt unterschiedliche Buchstabenzahlen besitzen, und auch zur Darstellung von einzelnen Lauten und Lautverbindungen unterschiedliche Buchstabenzahlen verwenden, so daß oft von daher eine absolute Eins-zu-Eins-Entsprechung zwischen den graphischen Zeichen nicht möglich ist. Es müssen deshalb Konventionen festgelegt werden, die in vielen Fällen sehr in die Richtung einer phonetischen Transkription gehen. Umgekehrt kann es aber auch Fälle geben, in denen die phonetische Transkription einer Transliteration sehr ähnlich ist.

2.2.1. **Das Internationale Phonetische Alphabet**

Das Internationale Phonetische Alphabet wurde ursprünglich 1888 von der Internationalen Phonetischen Gesellschaft, die 1886 gegründet worden war, vorgelegt. Seit damals hat dieses Alphabet ständige Weiterentwicklung erfahren, um es an den jeweiligen Kenntnisstand anzupassen und es genauer zu gestalten. Besonders einflußreich ist die Fassung von 1951 gewesen (Principles 1974), welche deshalb auch hier veröffentlicht wird (Abb. 3a). Im Jahre 1989 wurde in Kiel eine Tagung organisiert, um an das hundertjährige Bestehen des Internationalen Phonetischen Alphabets zu erinnern und um eine neue Fassung des Alphabets auszuarbeiten, welche alle seit 100 Jahren gewonnenen Ergebnisse berücksichtigen sollte. Das Ergebnis dieser Tagung war das Internationale Phonetische Alphabet von 1989. Inzwischen hat auch diese Fassung eine Weiterentwicklung (1993) und eine Korrektur (1996) erfahren und besitzt nun die Form, welche in Abb. 3b erscheint (Handbook 1999).

Die Konsonanten erscheinen im obersten Rechteck, geordnet nach Artikulationsstelle (horizontal) und Artikulationsmodus (vertikal) (6.12. und 6.13.).[2] Dunkle Felder der Konsonantentabelle bezeichnen physiologisch unmögliche Artikulationen. Dagegen deuten die weißen leeren Felder Artikulationen an, die zwar möglich sind, welche jedoch sehr selten vorkommen und für die kein Transkriptionszeichen vorgesehen ist. Darunter links im kleinen Viereck stehen die Konsonanten, welche nicht dem pulmonal-egressiven Luftströmungsmechanismus angehören (4.7.). Einige Konsonanten, die relativ selten vorkommen, erscheinen unter der Rubrik *other symbols*, und schließlich wird unten links gezeigt, wie diakritische Zeichen die konsonantische Artikulation modifizieren können. Einige dieser Diakritika entsprechen den *sekundären Modifikationen* (6.15. und 6.19.).

[2] Die hier verwendeten artikulatorischen Begriffe werden später in den jeweils in Klammern angegebenen Abschnitten erläutert.

Die in der Mitte rechts gegebene Darstellung der Vokale lehnt sich an die Theorie der Kardinalvokale an (6.17., 6.18.). Allerdings sind dies keine Kardinalvokale und zudem sind zusätzliche Vokalzeichen hinzugefügt worden. Darüberhinaus können Diakritika ebenfalls die vorhandenen Vokalzeichen modifizieren. Unter den Vokalen befinden sich einige Transkriptionen der Suprasegmentalia (8.). Dieser Aspekt der menschlichen Sprache ist in der Transkription noch relativ wenig fixiert, und deshalb finden sich in Spezialuntersuchungen häufig recht willkürliche Transkriptionen. Die rechts unten befindlichen sogenannten Tonbuchstaben gehen auf die Tradition der Beschreibung südostasiatischer Sprachen (insbesondere des Chinesischen) zurück, aber die Zeichen, die wie Akzente über die Vokalzeichen gesetzt sind, stammen aus der Beschreibungstradition afrikanischer Sprachen.

2.3. **Das sprachliche Zeichen**

Die Verbindung zwischen Lautform und Inhalt heißt *sprachliches Zeichen.* Die wahrgenommene Wirklichkeit, z. B. ein *Baum,* wird als *Vorstellung* mit einem wahrgenommenen Schallgebilde von bestimmter Form zum sprachlichen Zeichen integriert. Linguistisch gesehen entspricht der Vorstellung des Wirklichkeitsgegenstandes ein *semantischer Inhalt* oder die *Bedeutung,* und der wahrgenommenen Schallform entspricht der *lautliche Ausdruck* oder die lautliche Realisierung, wie in Abbildung 4 schematisch dargestellt wird.

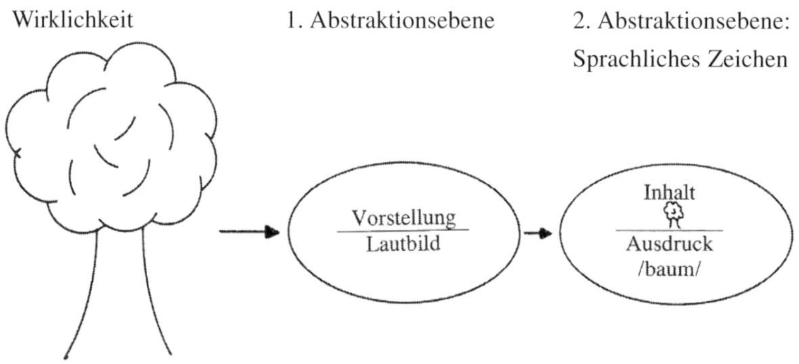

Abb. 4: Das sprachliche Zeichen

Die Wirklichkeit wird in der zweiten Abstraktionsebene in das sprachliche Zeichen integriert, so daß *Inhalt* und *Ausdruck* miteinander untrennbar verbunden sind wie die Bedeutung „Radfahren verboten“ mit dem entsprechenden Verkehrszeichen, dessen Form visuell wahrgenommen wird. Diese Beziehung zwischen Inhalt und Ausdruck ist *notwendig*, aber zugleich *arbiträr* (willkürlich). Das heißt, daß es keine Notwendigkeit dafür gibt, daß der Ausdruck /baum/ dem Inhalt „Baum“ entspricht. Verschiedene Sprachen verwenden hierfür auch in ihrer Lautform verschiedene Ausdrücke, z. B. frz. *arbre*, engl. *tree*, russ. *derevo* usw. Das sprachliche Zeichen ist also arbiträr. Die *Arbitrarität* ist ein wesentliches Element der Sprache und sie garantiert einerseits den sozialen Charakter der Sprache und schützt andererseits die Sprache gegenüber willkürlichen Eingriffen von außen. Die Arbitrarität ist somit ein wesentlicher Faktor von Stabilität und Zusammenhalt in der Sprache. Aufgrund der Integration des Ausdrucks und des Lautbildes in das sprachliche Zeichen ist die Phonetik eine sprachwissenschaftliche und daher eine geisteswissenschaftliche Disziplin. Daran ändert auch die Tatsache nichts, daß in der Phonetik wegen ihrer Eigenschaft als Grenzwissenschaft häufig naturwissenschaftlich-technische Forschungsmethoden verwendet werden müssen. Die Phonetik als Disziplin ist nicht mit der Verwendung einer bestimmten Forschungsmethode zu verwechseln.

Obwohl die überwiegend große Zahl von sprachlichen Zeichen arbiträr ist, gibt es auch in jeder Sprache eine gewisse Anzahl von Zeichen, die *motiviert* sind. Dabei kann es sich um *Motivierung* verschiedener Art handeln, z. B. lautliche oder phonetische Motivierung oder eine Motivierung, die von der äußeren Form oder der inneren Konsistenz abgeleitet ist. Beispielsweise ist lautliche Motivierung gegeben, wenn der Hund *wau-wau* genannt wird. Daß der Hahn auf Isländisch *gaggagú* kräht und auf Deutsch *kikiriki*, zeigt jedoch, daß die lautlich motivierten Ausdrücke in jeder Sprache einen gewissen Grad an Lexikalisierung erhalten haben, so daß man sie keineswegs als frei oder voll motiviert betrachten darf.

Als Beispiel für eine Motivierung, die eher von der Form abgeleitet ist, kann man das deutsche Verb *trippeln* „schnell mit kleinen Schritten gehen“ nennen, welches durch seine Lautgestalt die besondere Art des Gehens andeutet. Solche lautmalerischen (onomatopoetischen) Wörter werden häufig *Onomatopöien* genannt. Der Grad der Motivierung kann mehr oder weniger groß sein. Die damit verbundenen Probleme bilden innerhalb der Phonetik die Teildisziplin der *Lautsymbolik*.

Das sprachliche Zeichen besitzt in seiner Realisierung einen zeitlichen Ablauf und damit eine zeitliche Ausdehnung. Deren Betrachtung stellt den *syntagmatischen Aspekt* dar, welcher dem *paradigmatischen Aspekt*, d. h. der Betrachtung der Integration in die Gesamtmenge austauschbarer Ausdrücke, gegenübersteht. Im Sprechen kommt der syntagmatische Aspekt wesentlich deutlicher als der paradigmatische Aspekt zum Vorschein. Die paradigmatische Selektion spielt sich im wesentlichen auf der Ebene der Sprache ab und wird als syntagmatische Relationen im Sprechen realisiert. Daher ist es notwendig, zwischen *Sprache als System* und *Sprechen als Realisierung* dieses Systems zu unterscheiden.

Obwohl Inhalt und Ausdruck notwendigerweise miteinander verbunden sind, bedeutet dies nicht, daß sich beide in der geschichtlichen Veränderung der Sprache parallel entwickeln müssen. Die Veränderung des semantischen Inhalts kann unabhängig von dem lautlichen Ausdruck erfolgen. Ebenfalls kann die Entwicklung des lautlichen Ausdrucks – der Lautwandel – unabhängig von dem semantischen Inhalt folgen. Für solche Bedeutungs- und Lautveränderungen liefert die historische Phonetik zahlreiche Beispiele.

2.4. **Gleichheit des Inhalts oder des Ausdrucks**

Wenn zwei Inhaltsformen zusammenfallen, aber im lautlichen Ausdruck verschieden sind, spricht man von *Synonymie*. Beispiele für *Synonyme* sind die Verben *geben, überreichen, schenken* oder die Adjektive *ergiebig, lohnend, reich* usw. Nur selten sind solche Synonyme absolut gleichwertig, d. h. können in allen Kontexten ausgewechselt werden. Jedes Synonym besitzt meistens eine besondere Bedeutungsnuance, die nur in gewissen Kontexten verwendet werden kann und in anderen ausgeschlossen ist.

Ist aber die Ausdrucksform gleich, die Bedeutung aber verschieden, spricht man von *Homonymie.* Beispiele für *Homonyme* sind *Weise* und *Waise.* Innerhalb der Homonyme muß man zwischen solchen Homonymen unterscheiden, die in der gleichen graphischen Form auftreten und solchen, die in der gleichen Ausdrucksform vorliegen.

Die ersten sind die *Homographen. Homographe* weisen bei unterschiedlicher Bedeutung (und häufig bei unterschiedlicher Aussprache) die gleiche Schreibung auf, z. B. *See* „Meer" – *See* „Binnengewässer"; *August* (Eigenname) – *August* „Monat August"; engl. *read* „lesen" – *read* „las"; *Kiefer* „Baum" – *Kiefer* „Organ" (z. B. „Unter-Kiefer"); *Lache* „kurzes Auflachen" – *Lache* „kleine Ansammlung von Flüssigkeit"; *lecken* „mit der Zunge über etwas streifen" – *lecken* „aus einer Undichtigkeit fließen oder tropfen".

Wenn die Ausdrucksform gleich ist, spricht man wie schon gesagt ebenfalls von Homonymen. Derartige Homonyme werden in Unterscheidung zu den Homographen auch *Homophone* genannt. Homophone können gleichzeitig *Homographe* sein, wie z. B. *Schloß* „Gebäude" – *Schloß* „Türschloß", aber sie können auch *Heterographe* sein wie z. B. *Weise – Waise, Seite – Saite, Meer – mehr* usw.

Häufig ist die Trennung zwischen *Homonymie* und *Polysemie* nicht leicht. Soll man z. B. sagen, daß *Ton* mehrere Bedeutungen hat (Polysemie) oder daß die Lautform mehrerer Wörter zusammengefallen ist (Homonymie)? Häufig versucht man das Problem so zu lösen, daß gesagt wird, daß eine Polysemie dann vorliegt, wenn die einzelnen Bedeutungen (wie bei dem Beispiel Schloß) von einer Grundbedeutung abgeleitet wurden. Ein solches Kriterium kann gelegentlich helfen, aber häufig gibt es Fälle, die nicht auf diese Weise eindeutig zu lösen sind, so daß die Verwendung des einen oder anderen Begriffs überwiegend eine Frage der aktuellen Blickrichtung ist.

2.5. **Künstliche Sprachzeichen für die phonetische Forschung**

Die in der menschlichen Sprache vorhandene untrennbare Verbindung zwischen Inhalt und Ausdruck schafft in der phonetischen Forschung häufig schwierige Probleme. Der menschliche Sprachhörer hört nicht objektiv das, was physikalisch vorliegt, sondern zum großen Teil das, was er zu hören erwartet, selbst wenn die objektive Wirklichkeit ganz anders ist. In diesen Erwartungen spielen die Kenntnis aller Sprachzeichen, ihrer Zuordnungen zueinander und ihrer Bedeutungsbezüge, insbesondere die lexikalische und kontextuelle Bedeutung, eine große Rolle.

Wenn es darum geht, das Verhalten von gewissen phonetischen Parametern zu untersuchen, muß der Forscher ein Material verwenden, das keine solchen semantischen Elemente enthält. Dazu schafft er künstliche Wörter oder *Logatome*. *Logatome* sind nur Ausdruckseinheiten ohne Inhalt. Sie können nach den phonotaktischen Regeln einer Sprache konstruiert sein und sind dann Logatome einer bestimmten Sprache, aber sie können auch allgemein-sprachlich oder sprachunabhängig sein. Beispiele für Logatome wären z. B.:

> *papa, pipa, pupa, popa* oder
> *abbab, attab, akkab* usw.

Derartige Logatome ermöglichen, die Relevanz von gewissen phonetischen Parametern zu isolieren und häufig Schlüsse zu ziehen, die aufgrund normaler Sprache wegen deren äußerst großer Kompliziertheit nicht möglich sind. Obwohl ein dermaßen streng kontrolliertes Material nicht als völliges Äquivalent zur normal gesprochenen Sprache angesehen werden kann, ist es in sich schlüssig und vergleichbar und kann deshalb als solide Grundlage für wissenschaftlich valide Resultate dienen.

3. Die Sprache im Kommunikationsakt

3.1. Schrift und Schall

Obwohl Sprache ein geistiges Phänomen und vor allem eine kulturelle Erscheinung ist, kann sie ohne Grundlegung im Materiellen nicht aktuell realisiert und auch nicht tradiert werden. Die geschriebene Sprache wird auf verschiedene Materialien wie Stein, Tontafeln, Metall, Pergament oder Papier eingeritzt, geschrieben oder gedruckt. Ein derartiger Text kann sich in dieser Form häufig über sehr lange Zeiträume erhalten. Wie lange ein gut entzifferbarer Zustand erhalten bleibt, hängt einerseits von der Beständigkeit des Materials und andererseits von den in den betreffenden Gebieten herrschenden Klimaverhältnissen ab. Die ältesten überlieferten schriftsprachlichen Dokumente stammen aus der Zeit von etwa 3000 Jahren vor Christi Geburt.

Dank ihrer Dauerhaftigkeit wurde schriftlich fixierten Texten häufig der Charakter des Mystischen oder Magischen zugesprochen. Die Schriftform wurde häufig auch für Mitteilungen verwendet, die lange wirksam bleiben und die im sozialen und religiösen Bereich Stabilität schaffen sollten. Beispiele dafür sind Gesetzestexte, religiöse Schriften, Monumente zum Gedächtnis an wichtige Ereignisse oder an besondere Personen, Mitteilungen der Machthaber und Ähnliches. Gerade solche Texte gehören zu den aus dem Altertum am häufigsten überlieferten Dokumenten. Demgegenüber sind schriftsprachliche Dokumente, die Ereignisse des täglichen Lebens darstellen, relativ selten überliefert.

Ganz anders steht es mit der gesprochenen Sprache. Die materiell-energetischen Träger der gesprochenen Sprache sind einerseits gewisse Strukturen und Vorgänge im menschlichen Körper, die andererseits in dem uns umgebenden Gasgemisch, der Atmosphäre, Schwingungsvorgänge erzeugen und sich so in diesem Medium energetisch manifestieren. Diese Schwingungen in Form von hin- und herwechselnden Lage- und Druckzustandsveränderungen werden von Teilchen zu Teilchen des Mediums weitergegeben und werden so zu Schallwellen. Die spezifische Struktur dieser Schallwellen überträgt den Inhalt der Mitteilung vom Sprecher zum Hörer (Abb. 5).

Der Schall ist eine äußerst komplexe, aber zugleich sehr flüchtige Trägerstruktur. Jeglicher produzierte Schall entfernt sich sehr schnell von seiner Quelle oder wird in normal gedämpften Räumen sehr schnell absorbiert. Die Schallwellen in Luft können weder angehalten noch über längere Zeit konserviert werden. Deshalb haben wir auch keine direkten Zeugnisse von Sprachen, die in der Vergangenheit gesprochen wurden. Nur durch die schriftlich überlieferten Dokumente können wir eine Vorstellung von den Sprachen der älteren Vergangenheit gewinnen. Möglichkeiten, den Schall in geometrisch-analog, in elektrisch/magnetisch-analog oder in digital umgesetzter Form zu speichern und aus dieser Form wieder zurückzuwandeln, gibt es im Verhältnis zur Dauer des Vorkommens der menschlichen Lautsprache erst seit äußerst kurzer Zeit.

3.2. **Die Trägerstruktur**

Sprache insgesamt ist aber keineswegs mit dem akustischen Anteil ihrer Trägerstruktur, also mit dem Sprechschall, zu identifizieren, obgleich dieser für die Kommunikation und damit auch für das Tradieren unverzichtbar ist. Die als Schallwellen zu einem potentiellen Hörer, aber auch zum eigenen Hörorgan des Sprechers übertragenen Sprechschallschwingungen werden beim Sprecher durch die Artikulation erzeugt. Diese Erzeugung erfolgt primär durch Bewegungsvorgänge in seinem Schallerzeugungsapparat, der sich aus den Atmungs- und den oberen Verdauungsorganen zusammensetzt. Im phonetischen Zusammenhang wird dieser Schallerzeugungsapparat gewöhnlich als Sprechorgan oder Sprechapparat bezeichnet.

3.3. **Die Kommunikationskette**

Der Weg, auf dem die lautsprachliche Kommunikation von einem Sprecher zu einem Hörer abläuft, heißt *Kommunikationskette.* Eine relativ einfache Darstellung dieser äußerst komplizierten Transformationskette, die prinzipiell in unendlich viele Zwischenstufen aufgeteilt werden kann, findet sich in Abbildung 5. Die dort dargestellte Kommunikationskette beschreibt nur die lautsprachliche Kommunikation. Wenn zusätzlich wie beim normalen Sprechen über andere Kanäle kommuniziert wird, ist die Kommunikationskette wesentlich komplexer (Zwirner 1965, S. 18).

Unter **Kommunikation** ist im phonetischen Sinne *die von einem Hörer vorgenommene Extraktion semantischer Inhalte (Hauptinformation) aus den von einem Sprecher hervorgebrachten Sprechschallschwingungen (Trägerinformation) zu* verstehen.

Gesprochene Sprache begegnet uns hauptsächlich im Gespräch, im Dialog zwischen Sprecher und Hörer. Das Medium Luft zwischen ihnen dient der Übertragung der Sprechschallwellen. In der Darstellung der Kommunikationskette

(Abb. 5) bezeichnen die Pfeile die Richtung von den einzelnen Transformationsstufen zu den jeweils nächsten, und zwar vom Sprecher zum Hörer. Der Hörer kann jederzeit Sprecher werden und auch das kann sich jederzeit umkehren. Betrachten wir nun genauer die einzelnen Stufen in der durch die Zahlen angegebenen Reihenfolge:

1) Der Sprecher hat die Absicht, eine sprachliche Äußerung zu verwirklichen. Er bereitet nun die Kodierung eines semantischen Inhalts vor, und zwar zunächst durch Auswahl und Kombination der geeigneten sprachlichen Einheiten aller erforderlichen grammatischen Ebenen. Liegen diese als die *Hauptinformation* in der richtigen linearen Folge vor, können sie entsprechend ihrer Schallform zur Hervorbringung gebracht werden.
2) Der Sprecher aktiviert dabei gewisse Gehirnareale, welche untereinander in den Austausch von Nervensignalen treten und die Endprodukte solcher Signale schließlich zu den Bereichen des zentralen Nervensystems weiterleiten, die für die Sprechmotorik zuständig sind. Von den sprechmotorischen Zentren (oder sprechmotorisch-funktionalen Einheiten) des zentralen Nervensystems, zu dem das Groß- und Kleinhirn, das verlängerte Rückenmark und das Rükkenmark gehören, werden die Signale schließlich als Nervenimpulse auf den Weg zu den Sprechorganen geschickt.
3) Die *efferenten* Nervenbahnen (vom zentralen Nervensystem wegleitende Nerven) übernehmen die Signale aus dem zentralen Nervensystem und leiten sie zu den peripheren Sprechorganen weiter.
4) Die Sprechorgane – Atmungsorgane, Kehlkopf, Organe des Ansatzrohres –, welche die Signale von den efferenten Nervenbahnen erhalten, führen gewisse Bewegungen aus, die zur sprachlautbezogenen Schallerzeugung führen.
5) Im Kehlkopf und Ansatzrohr des Sprechers verursachen die artikulatorischen Bewegungen letztlich schwingungsartige unterschiedlich verlaufende Druckschwankungen, welche vom Mund des Sprechers (teils auch aus den Nasenlöchern) als Schallsignal in den Luftraum abgestrahlt werden und sich dort als Schallwellen ausbreiten.
6) Die Schallwellen, die entsprechend den darin kodierten sprachlichen Informationen strukturiert sind, werden durch das Medium Luft vom Sprecher zum Hörer übertragen.
7) Das vom Sprecher gesandte Schallsignal erreicht die Ohrmuschel des Hörers, dringt in den äußeren Gehörgang ein und versetzt das Trommelfell in Mitschwingungen.
8) Die Schwingungen des Trommelfells setzen sich als analoge Bewegungen der Gehörknöchelchenkette im Mittelohr fort. Das letzte Knöchelchen, der Steigbügel, bringt die Membran im ovalen Fenster zum Mitschwingen, wodurch der struk-

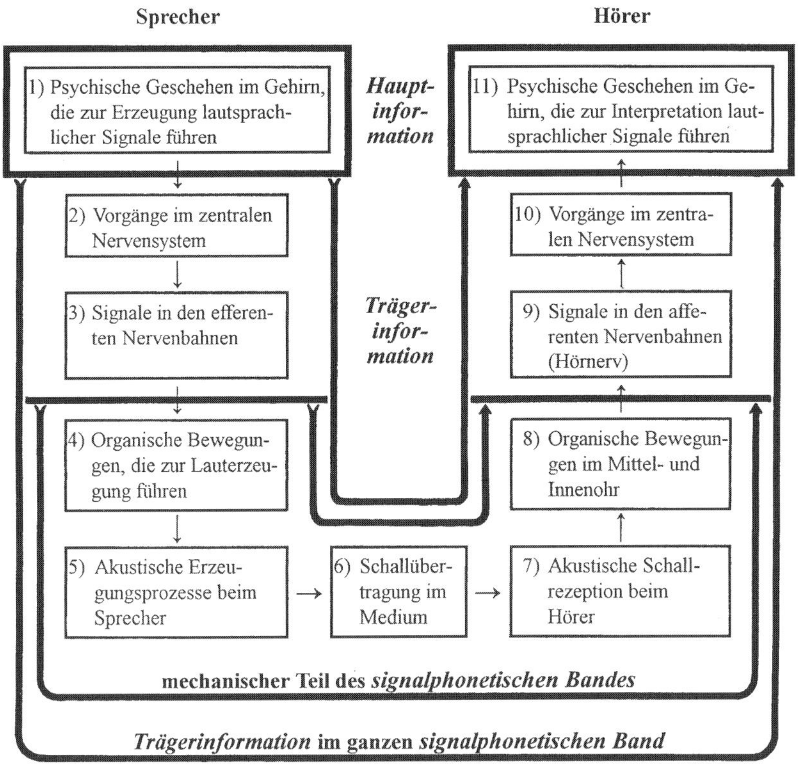

Abb. 5: Schematische Darstellung der Kommunikationskette mit Unterscheidung nach *Haupt- und Trägerinformation* (vgl. Ungeheuer 1977, S. 193) und Zuordnung von Abschnitten des *signalphonetischen Bandes* (vgl. Tillmann/Mansell 1980, S. 188ff.)

turierte Schwingungsablauf ins Innenohr übertragen wird. Dadurch nimmt das Signal die Form gewisser fortschreitender Bewegungen (Wanderwellen) auf der Basilarmembran an. Auf dieser Basilarmembran sind die Nervenendzellen (Haarzellen) lokalisiert. Aufgrund des Kontaktes ihrer Haare mit der Deckmembran werden die Haarzellen bei den Wanderwellenbewegungen aktiviert.

9) Das Aktivieren der Haarzellen verursacht im *afferenten* Hörnerven (zum zentralen Nervensystem hinleitender Nerv) Signale, die den Weg zum zentralen Nervensystem nehmen.

10) Im zentralen Nervensystem werden die Signale auf der Hörbahn vorverarbeitet und dabei weiter in Richtung Großhirnrinde gesandt.

11) Die auf der Hörbahn weitergeleiteten Signale werden zu den Großhirnzentren der auditiven Verarbeitung (oder auditiv funktionalen Einheiten des zentralen Nervensystems) gesandt. Der Hörer dekodiert daraus die Hauptinformation, also die Sprachformen und damit den semantischen Inhalt der Mitteilung.

3.4. Gestaltung der Kommunikation

Die in 3.3. in Kurzform dargestellte Kommunikationskette beschreibt nur die lautsprachliche Kommunikation. In weiterer Differenzierung heißt das, daß diese Betrachtungsweise diejenigen und nur diejenigen semantischen Inhalte betrifft, die sich gewissermaßen im Rahmen einer Zwischenkodierung in die Form von Sprachzeichen bringen lassen. Parallel zu dem, was sprachlich aussagbar ist, überträgt der Sprechschall jedoch praktisch immer auch situations-, zustands- oder handlungsbezogene Informationen nichtsprachlicher Art. In die Sprechschallschwingungen müssen beispielsweise auch Informationen über die Stimmungen und/oder Absichten eines Sprechers kodiert sein, denn als lebenserfahrener Hörer kann man durchaus derartige Informationen heraushören.

Darüber hinaus vollzieht sich die Kommunikation im allgemeinen zwischen Menschen gleichzeitig auf dem akustisch-auditiven und dem optisch-visuellen Kanal, sofern sie sich beim Sprechen auch gegenseitig sehen können. Die am Sprecher von außen sichtbaren Anteile der Sprechbewegungen können zum Verstehen der gesprochenen Lautsprache beitragen, bei Hörenden insbesondere unter starken Störschallbedingungen, bei hochgradig Hörgeschädigten als (geübtes) Hilfsmittel zum Verstehen (Absehen, Ablesen). Gestik und Mimik, die das Sprechen und Sprachverstehen begleiten, spielen oft eine große Rolle im Kommunikationsakt. Auf diese nichtsprachlichen Aspekte werden wir hier nicht genauer eingehen.

Der aktuelle Sprecher verfügt über ein gewisses, individuell unterschiedliches Zeicheninventar, das er für die Kommunikation aktivieren kann. Ebenso muß der aktuelle Hörer über einen entsprechenden Zeichenvorrat verfügen. Ein Teil des Zeicheninventars besteht aus überwiegend aktiv verwendeten Zeichen. Ein anderer Teil besteht aus überwiegend passiv verwendeten Zeichen, die relativ selten aktiv eingesetzt werden, die aber eine große Rolle für die Interpretation empfangener Mitteilungen spielen können. Wenn die Zeicheninventare von Sprecher und Hörer nicht übereinstimmen, kann dies Schwierigkeiten in der sprachlichen Kommunikation verursachen. Diese können aber oft nach kurzer Kommunikationszeit überwunden werden, da normalerweise beide Gesprächspartner lernfähig sind und deshalb relativ leicht ihre eigenen Zeicheninventare ergänzen können.

Neben dem Zeicheninventar besitzt jeder Gesprächsteilnehmer auch ein Erfahrungs- und Erkenntnisinventar, in dem er seine Erfahrungen und Erlebnisse in der ihn betreffenden Umwelt angesammelt hat. Diese *Widerspiegelung* der im Leben gemachten Erfahrungen und erworbenen Kenntnisse schlägt sich im Kommunikationsakt nieder. Das Resultat des Kommunikationsaktes wird häufig auf die Umwelt übertragen. Die *Reprojektion* auf die Umwelt bildet somit den Abschluß der

Kommunikation. *Widerspiegelung* und *Reprojektion* schließen den Kreislauf der Kommunikationskette.

3.5. **Ziel der Kommunikation**

Das Ziel des sprachlichen Kommunikationsaktes ist die Übertragung eines semantischen Inhalts – der Hauptinformation – vom Sprecher zum Hörer. Um die Übertragung zu ermöglichen, muß der Sprecher den Inhalt in kodierter Form übertragen. Der Sprechakt ist ein Akt der *Kodierung* in Sprachzeichen. Die diesem zugrundeliegenden Einheiten des *Kodes* sind die Phoneme und die suprasegmentalen Einheiten der Sprache. Diese Grundeinheiten werden wiederum durch Artikulation in Bewegungen und durch diese in Sprechschallschwingungen kodiert.

Wenn die akustischen Anteile der Trägerinformation, d. h. die Sprechschallwellen, in die der Sprachzeicheninhalt und damit auch der semantische Inhalt kodiert sind, beim Hörer ankommen, muß der Hörer die Hauptinformation aus der Trägerinformation zweistufig dekodieren. Es ist bisher weitgehend unbekannt, wie diese *Dekodierung* beim Hörer vor sich geht.

3.6. **Redundanz des sprachlichen Signals**

Da das Ziel des Kommunikationsaktes die Übertragung eines semantischen Inhalts ist, kommt es häufig nicht so sehr auf die exakte Form des Schallsignals an, sondern vor allem darauf, daß der Inhalt der Mitteilung erkennbar bleibt. Daß es möglich ist, sprachliche Inhalte trotz unvollständigen Sprechschalls zu übertragen, ist sehr günstig, da lautsprachliche Kommunikation oft unter Bedingungen stattfindet, die alles andere als ideal sind. Die Umgebung ist häufig mit Störschall gesättigt, der mit dem Sprechschall interferiert.

Erstaunlicherweise kann ein Hörer jedoch aufgrund der Fähigkeit des *selektiven Hörens* den Störschall in der zentralen Verarbeitung der Hörreize stark unterdrücken, bildlich ausgedrückt kann er ihn in starkem Maße wegfiltrieren. Zur Hauptsache hängt das mit der überwiegend durch beidohriges Hören bedingten Fähigkeit des Richtungs- und Raumhörens zusammen, was zwar wichtig, aber in dem hier besprochenen Zusammenhang weniger interessant ist. Hingegen muß in Fortführung des oben begonnenen Gedankenganges hinzugefügt werden, daß das selektive Hören auch eine Funktion der Tatsache ist, daß der Mensch trotz vorhandener Störungen an geläufigen Sprachformen und sinnvollen Bedeutungszusammenhängen gewissermaßen entlanghören kann, wobei er zu den tatsächlich erhaltenen Trägerinformationen den nicht auffaßbaren Teil kombinatorisch ergänzt.

Selbst unter ziemlich ungünstigen Bedingungen läßt sich so die lautsprachliche Kommunikation recht gut aufrechterhalten. Auf mehreren Ebenen ist Sprache nämlich ein extrem *redundantes* Kommunikationsinstrument. Allgemein wird unter *Redundanz* ein Informationsüberschuß verstanden. Unter *Redundanz* in der Sprache sind alle Elemente zu verstehen, die über das minimale Distinktive hinausgehen. Redundante Elemente sind nicht überflüssig. Ganz im Gegenteil, denn sie garantieren den Zusammenhalt auf der syntagmatischen Ebene und gewährleisten deshalb, daß das Sprechen normalerweise in einem relativ reibungslosen Ablauf realisiert und eben auch in dieser Form noch unter Störverhältnissen verstanden werden kann. Wäre der Kode der Sprache redundanzfrei, käme es also auf das Sprechen und Hören jedes Elements an, könnte er sehr leicht gestört werden. Beispiel eines redundanzfreien Kodes sind z. B. die Telephonnummern. Jeder weiß aus den Erfahrungen des täglichen Lebens, wie leicht es ist, durch Unaufmerksamkeit eine falsche Telephonverbindung zu bekommen.

3.7. **Die Rückmeldekreise**

Für den Sprecher selbst stellen die *Rückmeldungen* einen Kontrollmechanismus dar, der den richtigen Ablauf des Kommunikationsaktes auf der Produktionsseite gewährleistet. Es gibt für die Selbstwahrnehmung folgende *Rückmeldewege*:

1) *Die Rückmeldungen über das Hören selbstgesprochener Äußerungen*

Die auditiven Rückmeldungen sind für den Sprecherwerb des normalsinnigen Kindes von entscheidender Bedeutung. Auch der Jugendliche und Erwachsene benötigt sie zum fortlaufenden Erhalt seiner Artikulationsfähigkeit. Hörgeschädigten fehlen diese Rückmeldungen teilweise oder ganz. Auf zwei Wegen kann ein Sprecher sich selbst hören:

a) *Über Luftleitung:* Aufgrund der von seinem Ohr über den äußeren Rückmeldeweg wahrgenommenen Schallsignale kontrolliert und steuert der Sprecher seine Stimmlage, das Hervorbringen prosodischer Muster und der Sprachlaute. Außerdem paßt er seine Sprechweise der Gesprächssituation an.

b) *Über Knochenleitung:* Der vom Sprecher erzeugte Schall wird nicht nur über den äußeren Luftweg zum Außenohr geleitet, sondern als Körperschall auch über die Gewebs- und insbesondere die Knochenleitung direkt zum eigenen Innenohr. Die Wahrnehmung des Sprechschalles auf diesem inneren Rückmeldeweg ist von erheblicher Bedeutung für die Vorstellung, die der Mensch sich von seiner eigenen Stimme macht.

2) *Direkte innerkörperliche Rückmeldungen der selbsterzeugten Sprechbewegungsverläufe* (vgl. 9.2.2.):

a) *Der taktile innere Rückmeldeweg* macht das eigene Sprechen (überwiegend über die *Oberflächensensorik)* wahrnehmbar, und zwar in recht differenzierter und bewußt erfaßbarer Weise. In den Sprechorganen und um diese herum befinden sich Sensoren mit afferenten Nervenfasern, die taktile Reize oder diesen ähnliche Reize zum Gehirn leiten. Diese Signale werden interpretiert und dienen zur Beurteilung der Spannungszustände, der Vibrationen, der Luftströmungen und ihrer Verwirbelungen sowie der Bewegungen und Einstellungen der Sprechorgane. Entsprechend diesen Informationen und den daraus in der Vorstellung gespeicherten Wahrnehmungsmustern wird das Artikulieren ebenfalls kontrolliert und gesteuert. Hochgradig Hörgeschädigten stehen fast nur noch diese *„kinästhetischen Empfindungen"* zur Verfügung.

b) *Der propriozeptive innere Rückmeldeweg* (der überwiegend der weniger oder nicht wahrnehmbaren *Tiefensensorik* zuzuordnen ist) ist dem Sprecher normalerweise nicht bewußt. Zwischen die Muskelfasern von Muskeln sind spindelförmige Rezeptoren eingelagert, welche von efferenten und afferenten Nervenbahnen versorgt werden. Dieses sind *propriozeptive Rezeptoren,* die überwiegend in der Tiefe des Gewebes entstehende körpereigene Reize aufnehmen und dem Gehirn zurückmelden. Solche Rezeptoren sind zahlreich auch in der Sprechmuskulatur, so auch in den inneren Kehlkopfmuskeln und in den Zungenmuskeln vorhanden. Es ist schwierig, die Rolle dieses *propriozeptiven inneren Rückmeldekreises zu* erforschen, aber es kann davon ausgegangen werden, daß er sowohl für die Automatisierung wohl koordinierter Sprechabläufe im frühkindlichen Sprecherwerb (Neppert 1995a) als auch allgemein für die Gewährleistung und Erhaltung des hochkomplizierten Vorgangs des Sprechens von erheblicher Bedeutung ist.

II. Teil

Die Erzeugungsprozesse des Sprechens

Allgemeine Einleitung

In diesem Teil soll der Erzeugungsprozeß des Sprechens beschrieben werden. Traditionsgemäß gehört dieser Bereich zur artikulatorischen Phonetik. Bevor wir mit der Beschreibung der einzelnen an der Lautbildung beteiligten Mechanismen anfangen, soll kurz auf den Begriff der *Artikulation* und auf die Rolle der *Sprechorgane* eingegangen werden.

Der Begriff *Artikulation* hat in Linguistik und Phonetik mindestens vier Bedeutungen, die folgendermaßen zusammengefaßt werden können:

1) Etymologisch bedeutet *Artikulation* „Gliederung" (aus dem lat. *articulus* „kleines Glied"). Diese Bedeutung liegt vor, wenn von der *doppelten Gliederung der Sprache* (frz. *la double articulation du langage)* gesprochen wird (vgl. Kapitel 2, insbesondere 2.1.). Der wahrgenommene „Sprechstrom" wird in Einheiten verschiedener Art gegliedert. Sprache tritt immer in gegliederter Form auf.
2) *Artikulation* bezeichnet die Tätigkeit aller am Sprechprozeß beteiligten Organe. In diesem Sinne würden auch die Atmung und die Phonation zur Artikulation gehören. In der Phonetik wird eine so weite Bedeutung von Artikulation seltener verwendet.
3) *Artikulation* bezeichnet die Tätigkeit aller an der Lautbildung oberhalb des Kehlkopfes beteiligten Organe. In diesem Sinne gehören weder Atmung noch Phonation zur Artikulation. Diese Bedeutung ist wohl die in der Phonetik am häufigsten vorkommende oder verwendete.
4) *Artikulation* bezeichnet nur die Tätigkeit eines einzigen an der Lautbildung beteiligten Organs. In diesem Sinne sind Zusammensetzungen wie *Lippenartikulation, Velumartikulation* usw. recht häufig.

In diesem Buch soll der Begriff *Artikulation* in der oben angeführten dritten Bedeutung verstanden werden. Damit ist das Zusammenwirken aller an der Lautbildung oberhalb des Kehlkopfes beteiligten Organe gemeint.

Auch der Begriff *Sprechorgane* bedarf einer Erläuterung. Der Mensch besitzt von der Natur her keine Organe, die zum Sprechen bestimmt sind. Die sogenannten Sprechorgane gehören alle zu vitalen Bereichen unseres Körpers, insbesondere zum Atmungs- und Verdauungsmechanismus, welche für die Erhaltung des Lebens unerläßlich sind. Die vitale Funktion der Sprechorgane ist deren *Primärfunktion.* Schon bei der Ausübung ihrer Primärfunktionen können diese Organe Schall erzeugen. Diese Schallerzeugungsmöglichkeit nutzt der Mensch auf vielfältige Weise weitergehend aus, beispielsweise beim Erzeugen von Signalen wie Pfeifen,

Schreien, Schnarchen oder beim Summen, Singen und Pfeifen von Melodien, beim Stöhnen und zu sonstigen emotionalen Entäußerungen und schließlich auch beim Sprechen. Diese Organe werden also unter anderem für das Sprechen sozusagen ausgeliehen. Das Sprechen ist eine von deren *Sekundärfunktionen,* welche vom Individuum relativ spät entwickelt wird. Aus diesen Zusammenhängen sind zahlreiche Besonderheiten des Sprechsignals zu erklären, wie z. B. das Phänomen der kontinuierlichen Bewegungen dieser Organe. Falls sie diskrete Bewegungen ausführen sollten, wären sie für die Primärfunktion ungeeignet (Liberman 1981). Möglich ist es ebenfalls, daß die Erscheinungen der inhärenten Frequenz (vgl. Neppert 1999, S. 172ff.) und der inhärenten Intensität letzten Endes ihre Erklärung in der Primärfunktion der Sprechorgane finden.

Da die Sekundärfunktion Sprechen relativ spät erworben wird, ist sie auch relativ leicht störanfällig. Dadurch erklärt sich teilweise die Häufigkeit von Stimm-, Sprech- und Redeablaufstörungen. Die extrem feinen und komplexen Mechanismen des Sprechens, die eine ungeheuer genaue organische Koordination verlangen, um normales, natürlich klingendes Sprechen zu erzeugen, werden ziemlich leicht aus dem Gleichgewicht gebracht.

Es scheint aus Gründen der Systematik angebracht, die Lauterzeugung als Mechanismen auf vier Ebenen zu betrachten:

1) *Atmungsmechanismen,* welche die Rolle der Atmung an der lauterzeugenden und lautunterscheidenden Funktion (darunter auch an der Prosodie) spezifizieren.
2) *Laryngale Mechanismen,* die auch Phonationsmechanismen genannt wurden, welche die Rolle des Stimmlippenbereiches spezifizieren.
3) *Artikulationsmechanismen,* welche die Rolle der Organe des vornehmlich oralen Ansatzrohres spezifizieren.
4) *Nasalierungsmechanismen,* welche die Rolle der Nasenhöhle als zusätzlichen Resonanzraum spezifizieren.

Im Grunde genommen ist die Betrachtung der Lautbildung auf diesen vier Ebenen eine systematische bzw. didaktische Vereinfachung. In der Wirklichkeit muß man angesichts des Erfordernisses einer extrem genauen Koordination zwischen den Organen des Sprechapparates den ganzen Prozeß des Sprechens als eine Einheit betrachten.

4. Atmungsorgane, Atmung, Luftströmungsprozesse

4.1. Atmungsorgane

Die eigentlichen Atmungsorgane sind die Lungen, die in der Brusthöhle eingeschlossen sind. Da die Lungen selbst ein passives Gewebe sind, werden sie von außen durch Muskeln bzw. auch durch elastische Kräfte und durch die Schwerkraft bewegt. Am Atmungsvorgang nehmen mehr oder weniger stark fünf Muskelsysteme teil: Brustkorbmuskeln (Thoraxmuskeln), Brustmuskeln, Bauchmuskeln, Halsmuskeln und Rückenmuskeln. Die folgende tabellarische Übersicht faßt die am Atmungsprozeß beteiligten einzelnen Muskeln zusammen:

A. Ausatmungsmuskeln	
1) Brustkorbmuskeln: (Thoraxmuskeln)	a) Musculi intercostales interni (innere Zwischenrippenmuskeln) im knöchernen Teil der Rippen
	b) Musculi subcostales
	c) Musculus transversus thoracis
2) Bauchmuskeln:	a) Musculus transversus abdominis
	b) Musculus obliquus internus abdominis
	c) Musculus obliquus externus abdominis
	d) Musculus rectus abdominis
3) Rückenmuskeln: (bei angestrengter Ausatmung)	a) Musculus latissimus dorsi
	b) Musculus iliocostalis
	c) Musculus serratus posterior inferior
	d) Musculus quadratus lumborum
B. Einatmungsmuskeln	
1) Brustkorbmuskeln: (Thoraxmuskeln)	a) Zwerchfell (Diaphragma)
	b) Musculi intercostales interni (innere Zwischenrippenmuskeln) im knorpeligen Teil der Rippen
	c) Musculi intercostales externi (äußere Zwischenrippenmuskeln)
2) Halsmuskeln:	a) Musculus sternocleidomastoideus
	b) Musculus scalenus
3) Rückenmuskeln: (bei angestrengter Einatmung)	a) Musculus serratus posterior superior
	b) Musculus latissimus dorsi (d. h. seine Rippenfasern)
	c) Musculi levatores costarum
	d) Musculus iliocostalis cervicis
4) Brustmuskeln: (bei angestrengter Einatmung)	a) Musculus pectoralis major
	b) Musculus pectoralis minor
	c) Musculus serratus anterior
	d) Musculus subclavius

Die Abbildungen 11 und 12 zeigen die Wirkung der Ausatmungsmuskeln. Sie bewirken, daß das Volumen der Brusthöhle verkleinert wird. Das wiederum verringert das interne Volumen der Lungen, was dort zu einer kurzzeitigen Gasdruckerhöhung führt. Die so entstandene Druckdifferenz und/oder die ggfs. daraus resultierende Ausatmungsströmung stellen die Energiequellen für die Schallerzeugung dar.

In den Abbildungen 9 und 10 ist die Wirkung der wichtigsten Einatmungsmuskeln zu sehen. Sie bewirken gemeinsam, daß der Brustkorb angehoben, das Zwerchfell nach unten gezogen, und so das Volumen des Brustkorbes vergrößert wird. Bei Vergrößerung des internen Lungenvolumens entsteht dadurch ein Unterdruck, der die Ursache für das Einwärtsströmen der Einatmungsluft ist. Das Zwerchfell wird zu den Einatmungsmuskeln gerechnet, da es durch die Verkürzung seiner Muskelfasern zu einer deutlichen Volumenvergrößerung des Brustraumes beiträgt. Im Zuge der Ausatmung erschlaffen diese Muskelfasern wiederum, so daß das Zwerchfell durch das Wirken der Bauchmuskeln, die den Brustkorb nach unten und die Bauchdecke nach hinten ziehen, in die nach oben gewölbte Ruhelage zurückgedrängt wird (Abb. 7). Am Ausatmungsprozeß nimmt das Zwerchfell daher nur passiv teil.

Wir gehen hier nicht genauer auf die anatomischen Besonderheiten dieser Muskeln ein. Es kommt in der Phonetik darauf an, die Wirkungsweise dieser Muskelsysteme im ganzen zu verstehen. Im folgenden Paragraphen werden der Atmungsvorgang beschrieben und die für die Lauterzeugung relevanten Aspekte besonders hervorgehoben.

4.2. **Der Aufbau des Brustkorbes**

Die Atmungsorgane nehmen den größten Teil des Brustraumes ein. Der Brustkorb wird von zwölf Rippenpaaren begrenzt, die gelenkig an den zwölf Wirbeln der Brustwirbelsäule befestigt sind. Jede Rippe besteht aus einem hinteren knöchernen Teil und einem vorderen knorpeligen Teil, der vorn in Richtung Brustbein (Sternum) führt. Die sieben obersten Rippen sind mit Hilfe dieses knorpeligen Teiles ebenfalls gelenkig direkt mit dem Brustbein verbunden. Die Knorpelanteile der Rippen 8, 9 und 10 verbinden sich jeweils mit der nächsthöher liegenden Rippe und sind auf diese Weise alle an der 7. Rippe befestigt. Die Rippen 11 und 12 liegen frei, ohne eine Verbindung mit dem Brustkorb einzugehen (Abb. 6).

Nach unten oder caudal wird der Brustraum durch das Zwerchfell (Diaphragma) begrenzt, das die Trennwand zur Bauchhöhle bildet (Abb. 6 und Abb. 7). Das Zwerchfell ist eine dünne Muskelplatte, deren Muskelfasern in Grobbetrachtung radial verlaufen und ringsherum an der Wirbelsäule, an den Rippen und am Brustbein befestigt sind.

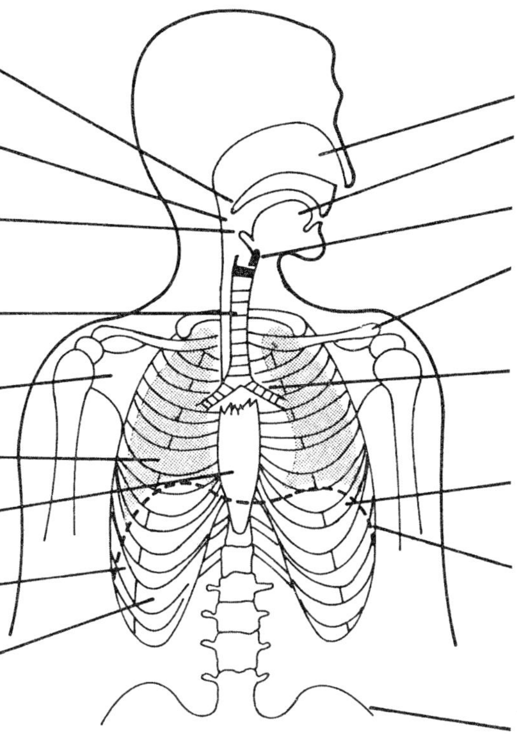

Abb. 6: Der Brustkorb von vorn

Die Muskelfasern, die zur Wirbelsäule verlaufen, sind länger als die vorn zum Brustbein ziehenden. Dieses bedeutet, daß die Beweglichkeit des Zwerchfells im Bereich der Wirbelsäule größer ist als vorne im Bereich des Brustbeines. Dieses hat für die Bauchatmung Bedeutung (4.5., Abb. 7).

Der mittlere Teil des Zwerchfells (Centrum tendineum) ist eine sehnenartige Platte mit relativ wenig Muskelfasern.

In der entspannten Lage nach Ausatmung ist das Zwerchfell nach oben gewölbt. Die Mitte der gewölbten Kuppel liegt dann etwa in der Höhe der Brustwarzen. Kontraktion der radialen Muskelfasern zieht die mittlere Sehnenplatte nach unten. Dieses bewirkt eine Volumenvergrößerung im Brustkorb.

Zwischen den Rippen befinden sich zwei teilweise übereinanderliegende Schichten relativ kurzer Muskeln, die Zwischenrippenmuskeln (Musculi intercostales) genannt werden. Die weiter innen liegenden heißen die inneren Zwischenrippenmus-

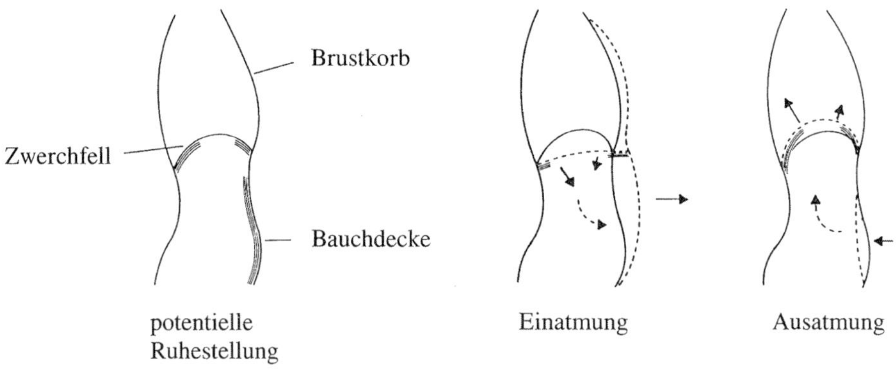

Abb. 7: Lageveränderung des Zwerchfells

keln (Musculi intercostales interni). Sie sind überwiegend vom Bereich des Brustbeines (und dort zwischen den knorpeligen Teilen der Rippen) bis zur Seite hin (und dort zwischen den knöchernen Teilen der Rippen) angebracht. Zur Wirbelsäule hin findet man sie nicht mehr. Ihre Fasern verlaufen von oben schräg nach hinten unten. Die äußeren Zwischenrippenmuskeln (Musculi intercostales externi) finden sich vom Bereich der Wirbelsäule bis zum Brustbein, dünnen sich jedoch nach vorn zunehmend aus. Ihre Faserrichtung ist entgegengesetzt und nahezu rechtwinklig zu der der inneren Zwischenrippenmuskeln. Sie verläuft von oben schräg nach vorn unten. Beide Muskelgruppen, insbesondere unter den Interni die vordersten Anteile und unter den Externi insbesondere die hintersten Anteile, heben jede Rippe in Richtung auf die jeweils nächsthöhere an, weil bei ihrer Kontraktion das Drehmoment (bezogen auf den vorderen und den hinteren Befestigungspunkt der Rippen am Brustbein und an der Wirbelsäule) auf die untere Rippe größer ist als auf die obere (Abb. 8).

Da die Rippenbögen zu den Seiten hin schräg nach unten hängen, müssen sie ferner beim Angehobenwerden zwangsläufig mit ihren Seitenteilen um den hinteren und vorderen Befestigungspunkt drehend nach außen schwenken. Daß dieses Auswärtsschwenken im Bereich der unteren Rippen stärker ist, ergibt sich aus der von oben nach unten zunehmenden Größe, Beweglichkeit und Schräglage der Rippenbögen.

Zur Hauptsache ist dieses Auswärtsschwenken der Rippenbögen das, was das Volumen des Brustkorbes nach den Seiten und etwas nach vorn vergrößert. Beide Muskelgruppen gehören also zu den Einatmungsmuskeln oder zu den Inspiratoren.

Einige Forscher nehmen allerdings an, daß die inneren Zwischenrippenmuskeln im Bereich des außen liegenden knöchernen Teils der Rippen auch an der Ausatmung beteiligt sind, was bei einer Erklärung über das Drehmoment unter Bezug auf den hinteren ohnehin stärker fixierten Befestigungspunkt auch plausibel ist.

Im Inneren des Brustkorbes, vor allem jedoch außen um diesen herum, befindet

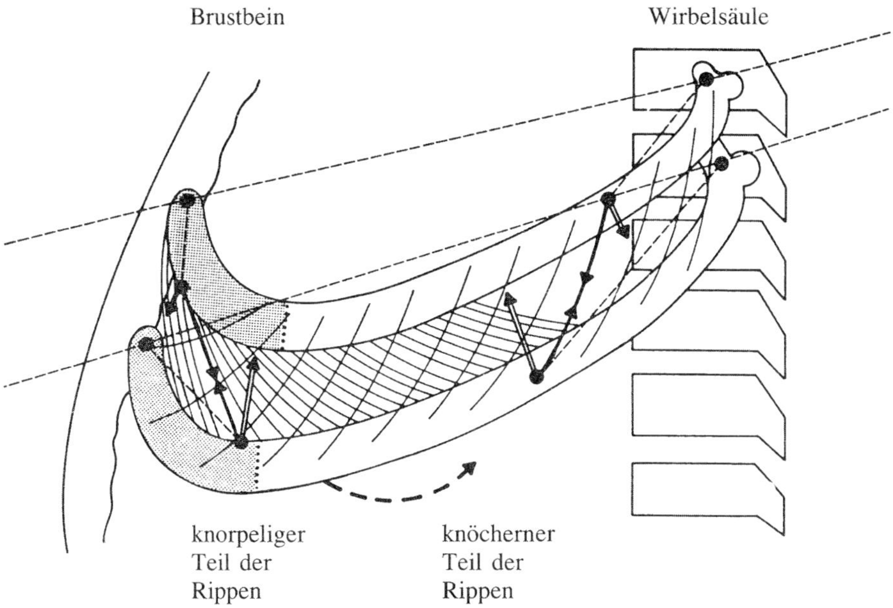

Abb. 8: Brustkorberweiterung durch Kontraktion der Zwischenrippenmuskeln

sich eine große Zahl weiterer Muskeln, die mehr oder weniger stark oder je nach Atmungsart mit unterschiedlichem Anteil bei der Ein- und Ausatmung in Funktion sind. Die Wirkungsrichtungen der wichtigsten dieser Muskeln werden in den Abbildungen 9 bis 12 schematisch dargestellt.

Viele dieser Muskeln werden oft als Atemhilfsmuskeln bezeichnet. Dabei und vor allem bei der Abgrenzung zwischen Haupt- und Hilfsmuskeln muß jedoch der Zweck der jeweiligen Hilfsfunktion beachtet werden. Einige Muskeln ergänzen oder unterstützen die Hauptatmungsmuskeln bei jeder Art von Ein- und Ausatmung. Beispielsweise wird die brustkorberweiternde Wirkung der Zwischenrippenmuskeln wesentlich dadurch gestützt, daß gleichzeitig die oberen Rippen und das Brustbein durch die Muskeln, die von dort aufwärtsziehen, mindestens fixiert (oder sogar im pathologischen Hilfsfall aufwärts gezogen) werden. Die beiden Brustmuskeln (Musculus pectoralis major, Musculus pectoralis minor) haben eine ähnliche Funktion und werden noch eher und kräftiger schon dann zum Anheben und vorderen Erweitern des Brustkorbes herangezogen, wenn nach körperlicher Anstrengung Tiefatmung erforderlich ist (Abb. 9, Abb. 10). Mit Hilfsfunktion kann

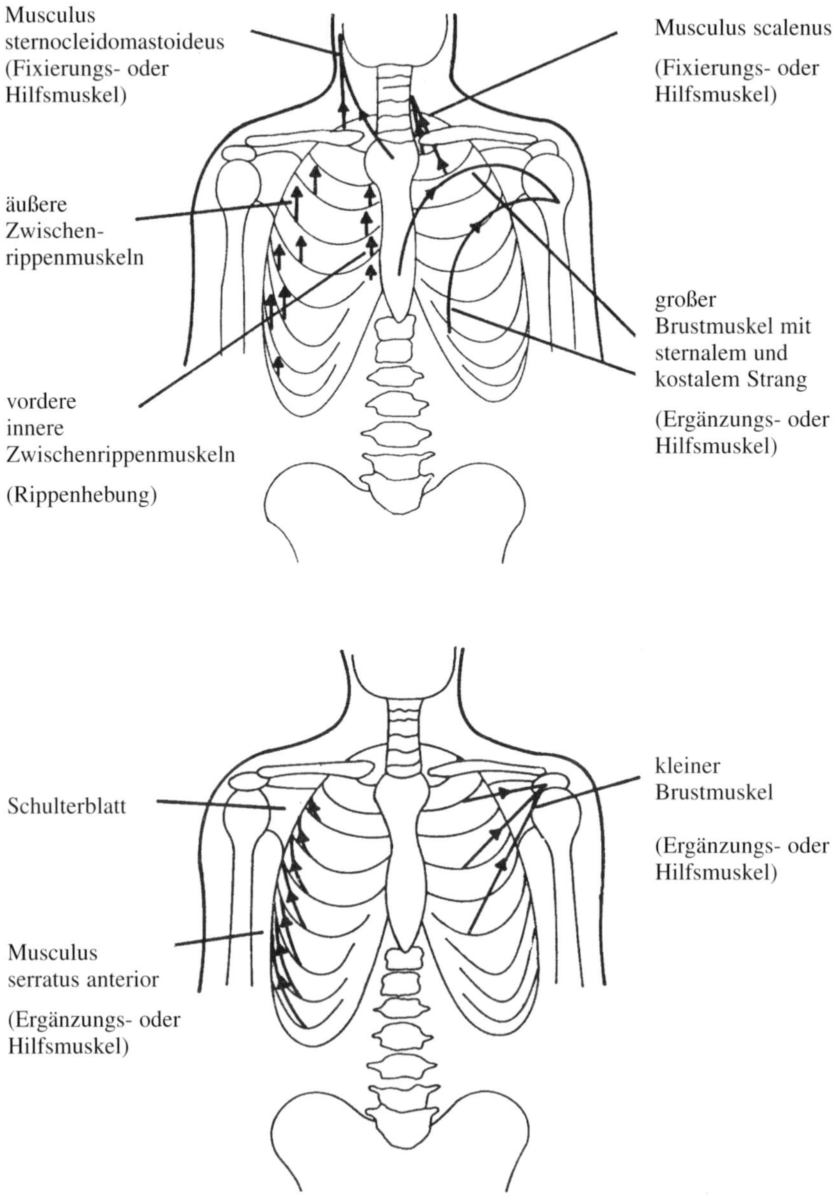

Abb. 9: Wirkung von Einatmungsmuskeln in Vorderansicht

also im pathologischen Fall (z. B. Asthma oder Emphysem) auch Ersatzwirkung, im Tiefatmungsfall Zusatzwirkung gemeint sein.

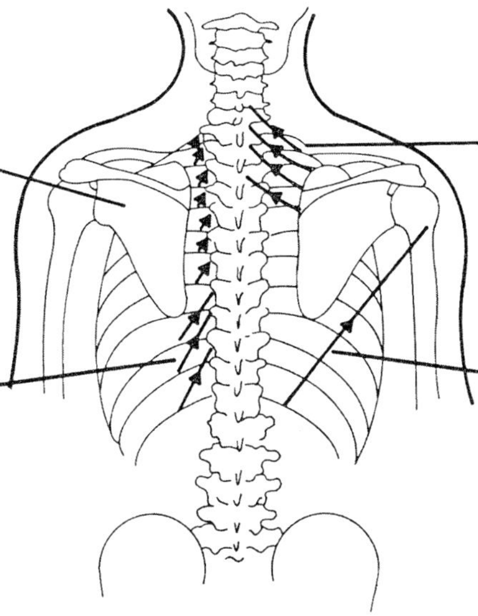

Abb. 10: Wirkung von Einatmungsmuskeln in Rückenansicht

Die Ausatmung erfolgt im wesentlichen durch elastische Rückstellkräfte des Gewebes. Alle Organe im Brustkorb ziehen auf diese Weise ständig nach innen. Das Ein- und Abwärtsziehen des Brustkorbes wird ferner durch die Schwerkraft begünstigt. Auch das Zwerchfell wird zumindest bei der Ruheatmung teilweise durch elastische Kräfte in seine obere Lage zurückgezogen. Da die bei der Einatmung erfolgte Kontraktion des Zwerchfells über die Verschiebung der Bauchhöhleneingeweide die Bauchdecke auswärts gedehnt hatte, drückt auch diese durch ihre Elastizität wiederum über die Eingeweideverschiebung das Zwerchfell nach oben zurück (Abb. 7), wenn dessen Muskulatur in den Entspannungszustand zurückgekehrt ist. Alle in den Abbildungen 11 und 12 für die Ausatmungsfunktion gekennzeichneten Muskeln haben daher in noch stärkerem Ausmaß nur eine Hilfsfunktion als die in den Abbildungen 9 und 10 besprochenen Einatmungsmuskeln.

Im Bedarfsfall der Tiefatmung oder beim Schreien kommt ihre Zusatzwirkung jedoch voll zur Geltung. Vor allem ist die Muskulatur der Bauchdecke (insbesondere Musculus rectus abdominis, Musculus transversus abdominis, Musculus obliquus abdominis) dann in der Lage, durch kurzes und kräftiges Einziehen das

Zwerchfell über die Eingeweideverschiebung sehr schnell sehr weit nach oben zu drücken.

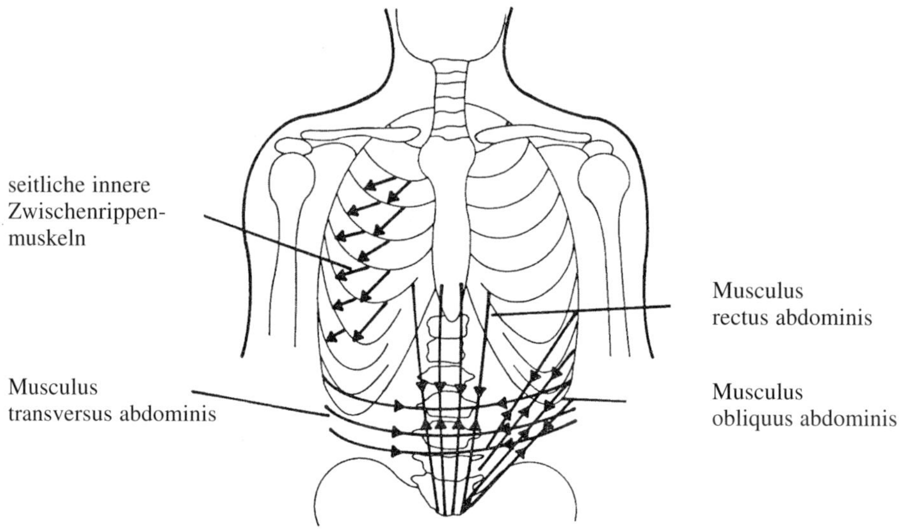

Abb. 11: Wirkung von Ausatmungsmuskeln in Vorderansicht

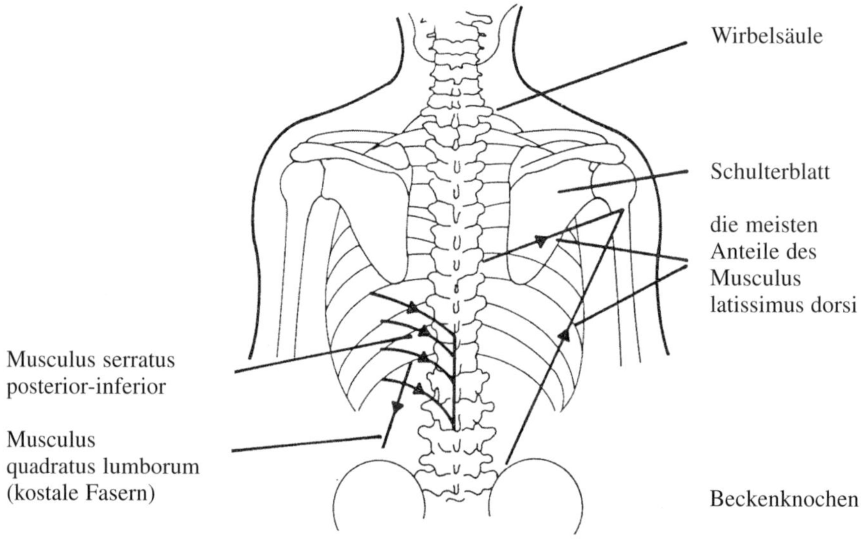

Abb. 12: Wirkung von Ausatmungsmuskeln in Rückenansicht

4.3. Das Atmungsorgan: Die Lunge

Im Brustraum befinden sich die Atmungsorgane, die beiden Lungen. Die rechte Lunge ist größer als die linke. Jede Lunge wird durch tiefe Einschnitte in Lungenlappen eingeteilt, die rechte Lunge in drei und die linke Lunge in zwei Lappen. Die Lungen bestehen aus passivem Gewebe und folgen in ihrer Volumenveränderung automatisch den Volumenveränderungen des Brustraumes. Jeder Lungenlappen (Lobus pulmonalis) ist zusammen mit den anderen Lappen seiner Lunge in einem Sack eingeschlossen. Die Haut, die diesen Sack darstellt, heißt Lungenfell. Die Innenflächen der linken und rechten Höhlung des Brustkorbes sind ebenfalls mit einer Haut ausgekleidet. Obgleich diese den Namen Rippenfell trägt, liegt sie nicht nur auf der Innenwand des Brustkorbes, sondern auch auf dem Zwerchfell und den Wandungen des inneren Trennraumes, durch den die Luft- und Speiseröhre sowie die großen Blutgefäße laufen und in dem der Herzbeutel liegt. So liegt das Rippenfell wie ein zweiter Sack um jede Lunge herum, ist aber nicht mit dieser, sondern mit dem außen liegenden Gewebe fest verbunden. Der sehr enge Spalt (capillärer Spalt, Pleuraspalt) zwischen den beiden Säcken ist mit einer Flüssigkeit gefüllt, so daß die Bewegungen der Lunge keinerlei Reibung an der Innenwand des Brustraumes verursachen. Durch das Rippenfell ist der Innenraum des Brustraumes luftdicht abgeschlossen.

Wird das Volumen des Brustkorbes vergrößert, so kann das Volumen im Pleuraspalt keine Volumenvergrößerung mitmachen, weil Flüssigkeiten in technischer Sicht inkompressibel sind. Physikalisch gesehen findet dennoch in der Flüssigkeit des Pleuraspaltes eine äußerst geringe (und praktisch nicht meßbare) Volumenvergrößerung und damit ein Druckabfall statt. Der statische Druck in der Flüssigkeit sinkt dabei so weit, daß der Gasdruck in den Lungen während des ganzen Vorganges der Brustkorbvergrößerung größer ist als der Druck in der Flüssigkeit. Dieser auf den Pleuraspalt bezogene Überdruck in den Lungen sorgt dafür, daß die Lungenwände sich mit dem Brustkorb ausdehnen. Die Bewegungen der Lungen sind in diesem Sinne von außen verursacht. Sie sind also passive Vorgänge. Das gilt auch für die Umkehrung des beschriebenen Vorganges.

Die Lungen bestehen aus zahlreichen kleinen Luftröhrchen, an deren Ende sich die Lungenbläschen (Alveoli) befinden. Diese Luftröhrchen oder Alveolargänge vereinigen sich aufwärts in jeder Lunge zu einem Stammast (Bronchus). Beide Bronchien vereinigen sich in der Höhe des 4. bis 5. Brustwirbels zur Luftröhre (Trachea), deren obere Begrenzung der Kehlkopf darstellt. Die Bronchien und die Luftröhre bestehen aus Knorpelringen, zwischen denen sich elastisches Gewebe befindet. An der Innenseite sind sie mit Schleimhaut ausgekleidet. Die Knorpel der

Luftröhre sind hufeisenförmig, und zwar mit dem offenen Teil nach hinten gerichtet. An der Hinterseite der Luftröhre verläuft die Speiseröhre (Oesophagus).

4.4. Die Luftaustausch- und Luftspeicherverhältnisse der äußeren Atmung

In den Lungenbläschen findet der zur Erhaltung des Lebens notwendige Gasaustausch zwischen den Bereichen der äußeren und der inneren Atmung statt. Wenn die im Bereich der inneren Atmung im Blut vorhandene $C0_2$-Menge einen kritischen Wert erreicht hat und dieses von mehreren Sensoren im Körper festgestellt worden ist, wird vom Atemzentrum in dem verlängerten Rückenmark die Einatmung reflektorisch in Gang gesetzt, so daß im Bereich der äußeren Atmung der Austausch von verbrauchter gegen frische Einatmungsluft stattfinden kann. Bei ruhiger Atmung beträgt die Atmungsfrequenz des Erwachsenen etwa 16 bis 20 Ein- und Ausatmungen pro Minute. Bei starker körperlicher Anstrengung steigt die Frequenz der Atmungsvorgänge und die Atemzüge werden tiefer.

Bei der Ruheatmung beträgt die ein- oder ausgeatmete Luftmenge etwa ½ l *Respirationsluft* (oder Atemzugvolumen). Bei tiefer Einatmung kann man zusätzlich etwa 1½ l *Komplementärluft* (inspiratorisches Reservevolumen) einatmen. Nachdem man nach vorangegangener Ruheatmung ½ l Respirationsluft ausgeatmet hat, kann man noch zusätzlich etwa 1½ l *Reserveluft* (expiratorisches Reservevolumen) ausatmen.

Diese drei Luftmengen machen zusammen die *Vitalkapazität* aus. Selbst nach tiefster Ausatmung bleibt immer etwa 1½ l *Residualluft (Residualvolumen)* in der Lunge, die nur nach dem Tode entweicht oder wenn die Lunge nach Öffnen des Brustraumes in sich selbst zusammenfällt. Die *Totalkapazität* (Vitalkapazität + Residualvolumen) der Lunge beträgt etwa 4½–6 l. Die Werte sind interindividuell unterschiedlich. Ihre Durchschnittswerte stehen in Abhängigkeit von Geschlecht und Alter. Es besteht außerdem eine ziemlich deutliche Beziehung zwischen den Durchschnittswerten der Körpergröße und der durchschnittlichen Vitalkapazität. Durch Training, z. B. bei Sport kann die Vitalkapazität bis zu 8 l vergrößert werden. In den Abbildungen 13a, b wird eine grob vereinfachte schematische Darstellung der Lungenvolumina und -kapazitäten gegeben.

In bezug auf die Dauerverhältnisse zwischen Ein- und Ausatmung ist zu erwähnen, daß bei der vitalen Atmung die Ausatmungsphase etwas länger ist als die Einatmungsphase. Das Verhältnis zwischen Ein- und Ausatmungsdauer beträgt im Durchschnitt 1:1,2 bzw. 1:1,1.

Bei der Sprechatmung verlängert sich vor allem die Ausatmungsphase, während die Einatmungsphase wie bei der vitalen Atmung kurz bleibt oder gelegentlich ge-

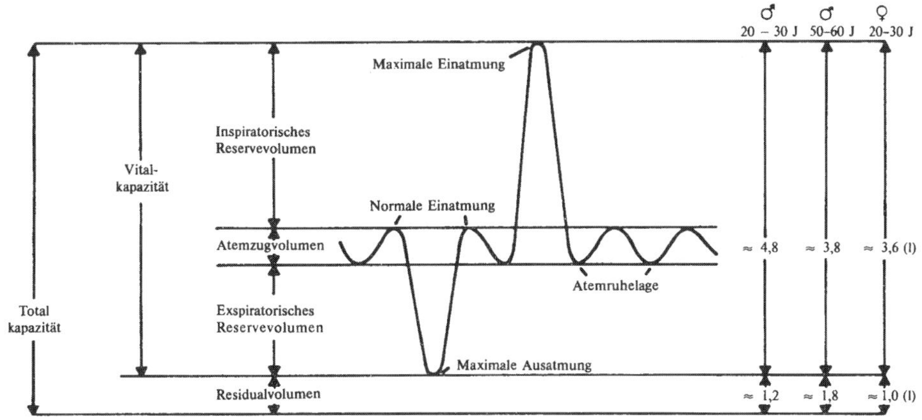

Abb. 13a: Atmungsvolumen und Lungenkapazitäten

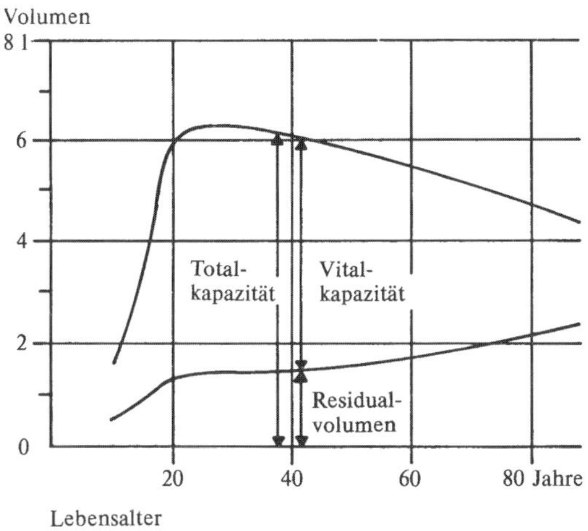

Abb. 13b: Vital- und Totalkapazität in Abhängigkeit vom Lebensalter (nach Dejours 1966; zitiert nach Schmidt/Thews 1985, S. 505)

kürzt wird, z. B. in Form einer zwischen Redeabschnitte geschalteten „Schnappatmung". Als Durchschnitt wird im allgemeinen das Dauerverhältnis von 1:7 angegeben. Dieses Verhältnis hängt aber von vielen Faktoren ab, wie z. B. vom Sprechertyp, von seiner Stimmung, von der Sprechsituation, von der syntaktischen Struktur des Textes und damit auch von der Textsorte.

4.5. **Der gesamte Atmungsvorgang**

Der *Atmungsvorgang* spielt sich folgendermaßen ab: In der *Einatmungsphase* wird das Zwerchfell, vor allem seine mittlere Sehnenplatte und diese besonders stark im Bereich der Wirbelsäule, von seinen radialen Muskeln herabgezogen. Dabei drückt es die Eingeweide der Bauchhöhle nach außen, was zu einer Spannungserhöhung in der Bauchdecke führt. Gleichzeitig sorgt die Kontraktion der vorderen inneren und der äußeren Zwischenrippenmuskeln sowie der die oberen Rippen anhebende Zug des großen und kleinen Brustmuskels für ein Auswärtsschwenken der Rippenbögen. Dieses Ausschwenken erfolgt im oberen Teil des Brustkorbes mehr nach vorn, nach unten zunehmend mehr nach den Seiten. Alle diese Bewegungen vergrößern das Volumen des Brustraumes, wobei innerhalb der Lungen, die den Volumenveränderungen des Brustraumes passiv folgen (4.3.), ein Unterdruck in Relation zum atmosphärischen Außendruck entsteht. Der höhere atmosphärische Druck schiebt dann die Außenluft durch die Mund- und/oder die Nasenhöhle, durch den pharyngalen Raum (Schlund) und durch die Luftröhre bis in die Lungen hinein, bis ein vollständiger Luftdruckausgleich zwischen Innen und Außen erreicht ist. Daraufhin kann nun die *Ausatmungsphase* einsetzen.

Bei der *Ausatmung* wird das Zwerchfell in seine nach oben gewölbte Lage zurückbewegt. Dazu ist es erforderlich, daß sich die Muskeln im Zwerchfell selbst relativ weit entspannen. Die wirkenden Kräfte sind bei der Ruheatmung die im Abschnitt 4.2. beschriebenen nach oben ziehenden elastischen Rückstellkräfte der Organe im Brustkorb und die indirekt nach oben drückenden Rückstellkräfte der bei der Einatmung in Dehnungsspannung versetzten Bauchdecke. Soll in kurzer Zeit besonders viel Luft ausgeatmet werden, so werden die Bauchdeckenmuskeln zu schneller und kräftiger Kontraktion innerviert. Im Abschnitt 4.2. wurde auch schon darauf hingewiesen, daß die zusammenziehenden elastischen Rückstellkräfte der Organe im Brustkorb und teilweise die Schwerkraft dafür sorgen, daß der vordere Brustkorbanteil sich nach unten und innen zurückbewegt. Bei stärkerer Ausatmung werden zusätzlich bestimmte Brust- und Rückenmuskeln, insbesondere auch solche, die in die Bauchdecke einstrahlen, aktiv. Alle diese Bewegungen verkleinern das Volumen des Brustraumes. Die Lungen folgen passiv dieser Volumenverkleinerung, was dazu führt, daß gegenüber dem äußeren atmosphärischen Druck ein Überdruck in der Lunge entsteht. Dieser drückt nun die in den Lungen befindliche Luft durch die Luftröhre, durch den pharyngalen Raum und durch den Mund- und/oder den Nasenraum nach außen, bis die Luftdruckdifferenz zum Ausgleich gekommen ist. In dieser Art wiederholt sich der Atmungsvorgang bei jeder Ein- und Ausatmungsphase.

Wenn beim Atmungsvorgang nur die Wirksamkeit des Zwerchfells und in Wechselwirkung dazu die der Bauchdecke betrachtet wird, so spricht man in systematischer Abgrenzung von *Bauchatmung (Abdominalatmung).* Wenn bestimmte Individuen überwiegend in dieser Weise atmen, so spricht man auch typologisch von Bauchatmung. Unter *Brustatmung (Thoracalatmung)* versteht man entsprechend die systematisch ausgegrenzten Vorgänge im Brustkorbbereich oder den Atmungstyp, der durch deren Überwiegen gekennzeichnet ist.

In der Wirklichkeit treten beide Atmungstypen immer kombiniert auf, wenn auch mit unterschiedlichen Anteilen. Bei der kombinierten Atmung ist auch noch die zeitliche Koordination von einem gewissen Interesse. Bauch- und Brustatmung erfolgen weitgehend synchron. Leichte Abweichungen von der Gleichzeitigkeit kommen stets vor, und dabei ist ein Voreilen der Bauchatmung häufiger als ein Nacheilen.

Atmungsfrequenz, Dauer- und Geschwindigkeitsverhältnisse beim Ein- und Ausatmen, Atemtiefe, Atemtypus und zeitliche Koordination lassen sich mit dem Gürtelpneumatographen nach Gutzmann und mit dessen Weiterentwicklung zum Elektropneumographen durch Stoltz (1978) registrieren und teilweise messen (Gutzmann 1906; von Essen 1979, S. 20ff.). Eine ausführliche Darstellung über Registrier- und Meßmethoden im Bereich der Atmung findet sich im übrigen bei von Essen (von Essen 1979, S. 14–32).

4.6. Die Rolle der Atmung beim Sprechen

Die Atmungsorgane liefern die notwendige Energie für das Sprechen. Diese Energie liegt primär als Druckdifferenz zwischen Innen- und Außenluft vor. Beispielsweise wird bei der Ausatmung durch Verkleinerung des Lungenvolumens eine Druckerhöhung in der Lunge erzeugt. Wie hoch dabei der Luftdruck wird, hängt einerseits vom in den Lungen eingeschlossenen Luftvolumen und andererseits von der Spannung der Ausatmungsmuskeln – insbesondere der Bauchmuskeln – ab (Abb. 14).

Normalerweise wird in der Ausatmungsphase (Exspiration) gesprochen. In der Einatmungsphase (Inspiration) ist Sprechen zwar auch, z. B. pathologisch bei Stotterern oder bei kleinen Kindern, die stark emotional aufgeladen sind, möglich. Inspiratorisches Sprechen gehört jedoch offenbar in keiner bisher bekannten Sprache zum normalen Sprechen (Ladefoged/Zeitoun 1993). Das hängt mit Sicherheit damit zusammen, daß die Masse des Atmungsorganismus (und teilweise auch der darin bewegten Luft) zu groß – und daher auch zu träge – ist, als daß ein schneller Wechsel zwischen inspiratorischem und exspiratorischem Luftstrom innerhalb der Dauer eines Sprechlautes oder eines noch kürzeren Übergangs zwischen Sprechlauten stattfinden könnte. Ferner läßt sich inspiratorisch im allgemeinen nur ein verhauchter und stärker aperiodischer Stimmschall erzeugen als bei normaler exspiratorischer Phonation, und das bei wesentlich stärkerem Luftverbrauch und mit geringerem Schallpegel. Zumindest ist also ein länger anhaltendes inspiratorisches Erzeugen von Stimme unökonomisch. Auf jeden Fall muß es wegen der relativ starken Austrocknung der Schleimhaut im Stimmlippenbereich und der damit verbundenen Reizung des Gewebes als unphysiologisch bewertet werden. Im Normalfall wird daher mit der Ausatmung gesprochen, also bezogen auf den aktuellen atmosphärischen Druck mit einem pulmonalen Überdruck.

Die Atmungsorgane selbst erzeugen keinen Sprachschall. Sie liefern dafür aber die notwendige Energie in Form von Luftdruckdifferenz (potentieller Energie) und/oder Luftströmung (kinetischer Energie). Dennoch kann bei der Lautbildung die Richtung der Luftströmung innerhalb des Ansatzrohres gewechselt werden, aber dieser Wechsel geht nicht weiter als bis zum Kehlkopf. Bei allen bisher bekannten Lautbildungen herrscht unterhalb des Kehlkopfes stets Überdruck.

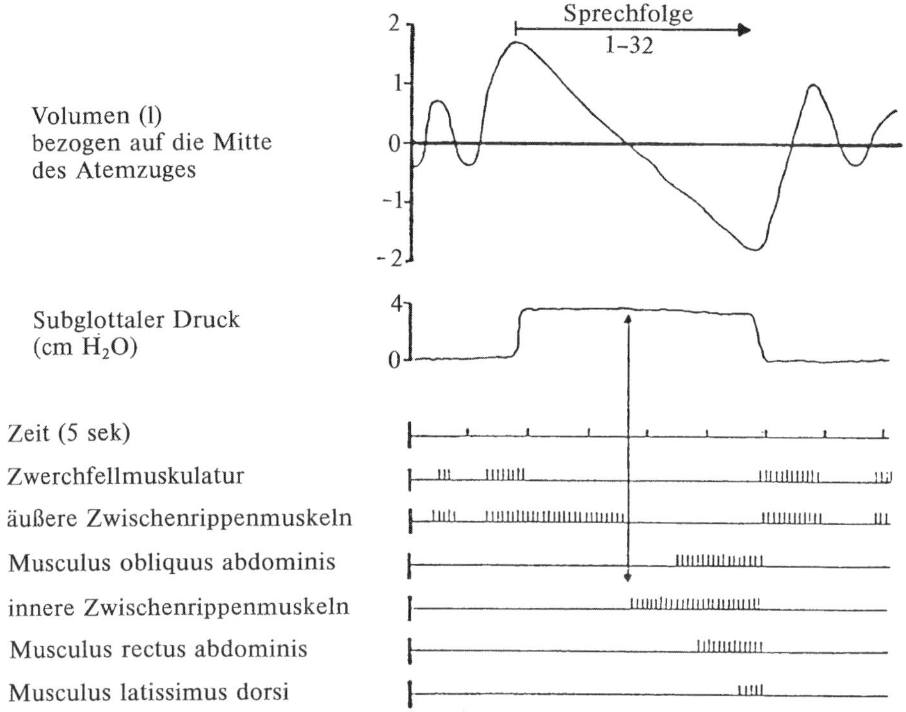

Abb. 14: Aktivitätsabfolge von Ausatmungsmuskeln beim Zählen von 1 bis 32. Nach tiefer Einatmung verringert sich das auf ein mittleres Volumen bezogene Lungenvolumen. Der subglottale Druck, gemessen durch die Wand zwischen Trachea und Oesophagus, bleibt die ganze Zeit ungefähr konstant (nach Draper u. a. 1967).

4.7. **Die Luftströmungsmechanismen**

Soweit bisher bekannt, müssen wir mindestens vier Luftströmungsmechanismen unterscheiden, welche die Energiegrundlagen für die Lauterzeugung liefern und damit auch der Lautunterscheidung dienen können:

1) *Der pulmonale egressive Luftstrommechanismus*
Die Luft wird unter dem Einfluß der Ausatmungsmuskulatur nach außen gedrückt. Dieser exspiratorische Luftstrommechanismus ist der häufigste, z. B. ist es der einzige in den europäischen Sprachen vorkommende (mit der Ausnahme von einigen Kaukasussprachen). Beispiele wären daher praktisch alle Laute europäischer und anderer Sprachen, z. B. die Verschlußlaute [p t k].

2) *Der glottal-egressive Luftstrommechanismus*
Voraussetzungen sind der Verschluß des Nasendurchgangs und eine Verschlußbildung in der Mundhöhle. Durch eine Aufwärtsbewegung der geschlossenen Glottis wird die Luft im Pharynxraum und im Mundhohlraum zusammengedrückt. Dabei entsteht im Ansatzrohr eine Druckerhöhung. Der Mundverschluß wird zuerst gelöst, und kurz danach erfolgt das Lösen des glottalen Verschlusses. Verschlußlaute, die so gebildet werden, heißen *Ejektive* [pʼtʼkʼ].

3) *Der glottal-ingressive Luftstrommechanismus*
Voraussetzungen im Rahmen der Bildung eines stimmhaften Verschlußlautes sind der Verschluß des Nasendurchgangs und eine Verschlußbildung in der Mundhöhle. Während der pulmonale egressive Luftstrom nach außen (genauer gesagt bis zur Verschlußstelle im Mundhohlraum) strömt, wird die vibrierende Glottis nach unten gezogen. Dadurch sinkt der intraorale Luftdruck. Wenn die Glottis ihre tiefste Stellung erreicht hat, wird der orale Verschluß gelöst, und der nachfolgende Vokal kann einsetzen. Verschlußlaute, die auf diese Weise gebildet werden, heißen *Implosive* [ɓɗɠ]. Implosive können möglicherweise auch ohne glottale Vibration, d. h. stimmlos sein. In diesem Falle ist die Glottis während der Abwärtsbewegung geschlossen.

4) *Der velar-ingressive Luftstrommechanismus*
Die Zungenoberfläche hat zunächst Kontakt mit der Gaumenwölbung. Zwischen der Zunge und der Gaumenwölbung (im Bereich des harten oder weichen Gaumens) wird durch Rückwärtsziehen vor allem des vorderen Teils und durch Abwärtsbewegung vor allem des mittleren und hinteren Teils der Zunge ein Hohlraum gebildet und vergrößert, in dem Luftverdünnung stattfindet. Wenn die Luft von außen in diesen Hohlraum hineingelassen wird, entsteht ein Explosivlaut. Auf diese Weise werden Schnalze (clicks) gebildet, von denen es zahlreiche Typen in einigen Sprachen im südlichen Afrika gibt. Beispiele, siehe Abbildungen 3a und 3b.

Schnalze sind von Ein- und Ausatmung völlig unabhängig und werden ausschließlich durch Verschieben von Luft zwischen Hohlräumen unterschiedlichen Druckes innerhalb des Ansatzrohres gebildet (Panconcelli-Calzia 1919/1920, S. 39).

Wie es bei der Beschreibung der Luftstrommechanismen klar geworden ist, ist ihr Zustandekommen von der Wirkungsweise des Kehlkopfes nicht unabhängig. Dies zeigt wiederum die wichtigen funktionellen Zusammenhänge zwischen den einzelnen Teilen des Sprechapparates, die wir nochmals betonen möchten, obwohl wir aus pädagogischen Gründen den Sprechprozeß auf vier Ebenen betrachten (siehe S. 45 f.).

Abschließend sei noch einmal darauf hingewiesen, daß es sich bei den hier besprochenen Luftströmungsmechanismen um die energetischen Grundlagenvorgänge für die Lautbildungen handelt. Die spezifische Lautbildung wird darüber hinaus hauptsächlich durch die Artikulationsstellen und die Artikulationsmodi bestimmt. Aber auch diese Artikulationsmodi können durch Luftströmungsmechanismen wie Verwirbelung und strömungsdynamische Mitverursachung von Öffnungs-, Verschluß- und vor allem Vibrationsvorgängen charakterisiert sein. Diese Vorgänge sind hier nicht thematisiert worden. Diesbezüglich sei auf den Abschnitt 6.12. verwiesen.

5. Phonation

5.1. Der Kehlkopf und seine Primärfunktionen

Der oberste Knorpel der Luftröhre ist im Gegensatz zu den übrigen hufeisenförmigen Knorpeln ein ganzer Ring. Dieser ist gleichzeitig der Basisknorpel des Kehlkopfes (Larynx) des Menschen, der häufig als Phonationsorgan bezeichnet wird. Die Primärfunktion des Kehlkopfes ist jedoch die des Schutzes der Luftwege. Beim Schlucken von Speisen und Getränken oder beim Verschlucken von Fremdkörpern wird der Eingang in die Luftröhre reflektorisch durch mehrere Kehlkopfmuskeln verschlossen (Sphinkterfunktion). Falls dennoch Flüssigkeiten oder irgendwelche Teilchen in die Luftröhre eindringen, bilden die Stimmlippen sofort einen hermetischen Verschluß, woraufhin die Ausatmungsmuskulatur den subglottalen Druck stark erhöht, so daß nach der folgenden Öffnung der Stimmlippen die fremden Teilchen stoßartig aus der Luftröhre hinausgeblasen werden können. Diesen reflektorischen Vorgang nennen wir Husten. Auf diese Primärfunktionen des Kehlkopfes werden wir hier nicht eingehen, sondern wenden uns seiner Stimmbildungsfunktion und anderen Lauterzeugungsfunktionen zu.

5.2. Das Knorpelgerüst des Kehlkopfes

Der Kehlkopf besteht aus Knorpeln, die durch Haftbänder zusammengehalten und durch Muskeln bewegt werden (Abb. 15). Der oben schon erwähnte Basisknorpel des Kehlkopfes heißt *Ringknorpel* (Cartilago cricoidea), der gleichzeitig die obere Begrenzung der Luftröhre darstellt. Er hat etwa die Form eines Siegelringes, dessen breite Fläche nach hinten gerichtet ist. Oberhalb des Ringknorpels befindet sich der *Schildknorpel* (Cartilago thyroidea). Dieser besteht aus zwei annähernd viereckigen Platten, die vorne zusammengewachsen sind. Die hinteren Ecken haben je einen Fortsatz nach unten und nach oben, die Hörner genannt werden. Die kleinen Hörner weisen nach unten und verbinden den Schildknorpel mit dem Ringknorpel. Die großen Hörner sind nach oben gerichtet und verbinden den Schildknorpel mit dem *Zungenbein* (Os hyoideum). Die beiden vorn zusammengewachsenen Platten des Schildknorpels stehen beim Mann in einem Winkel von etwa 90°, bei der Frau in einem Winkel von etwa 120° zueinander. Die vordere Spitze ist von außen am Hals spürbar und tritt bei vielen Menschen, insbesondere bei Männern, als „Adamsapfel“ hervor.

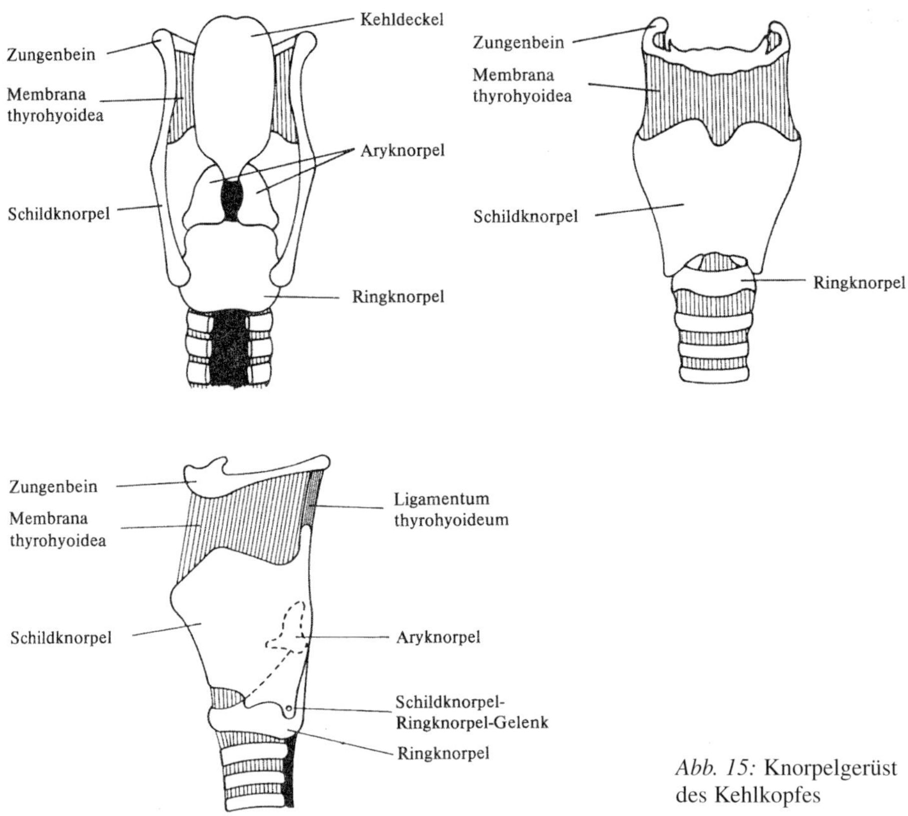

Abb. 15: Knorpelgerüst des Kehlkopfes

Auf dem breiten hinteren Teil des Ringknorpels befinden sich zwei pyramidenförmige kleine Knorpel. Diese sind die *Aryknorpel* (Cartilago arytaenoidea, pl. Cartilagines arytaenoideae), auch Stellknorpel genannt. Deren in Richtung des Schildknorpels gerichteter Fortsatz heißt Stimmbandfortsatz (Processus vocalis), der zur Seite gerichtete Fortsatz heißt Muskelfortsatz (Processus muscularis). Auf der Spitze der Aryknorpel befinden sich zwei kleine Knorpel, der santorinische und der wrisbergische Knorpel. Sie sind lediglich Gewebestützen und spielen keine Rolle bei der Lautbildung.

Den oberen Abschluß des Kehlkopfes bildet der *Kehldeckel* (Cartilago epiglottica), der aus der vorderen Spalte (Incisura thyroidea) des Schildknorpels herausragt. Beim Schluckakt schließt er den Zugang zur Luftröhre, so daß die Nahrung in die Speiseröhre geleitet wird. Das große Horn des Schildknorpels ist durch daran ansetzende Haftbänder mit dem Zungenbein verbunden, an dem die Muskeln der Zunge ansetzen.

5.3. Die inneren Kehlkopfmuskeln

Die *inneren Kehlkopfmuskeln* (Abb. 16 und 17) haben ihre Ursprungs- und Ansatzstelle innerhalb des Kehlkopfes selbst.

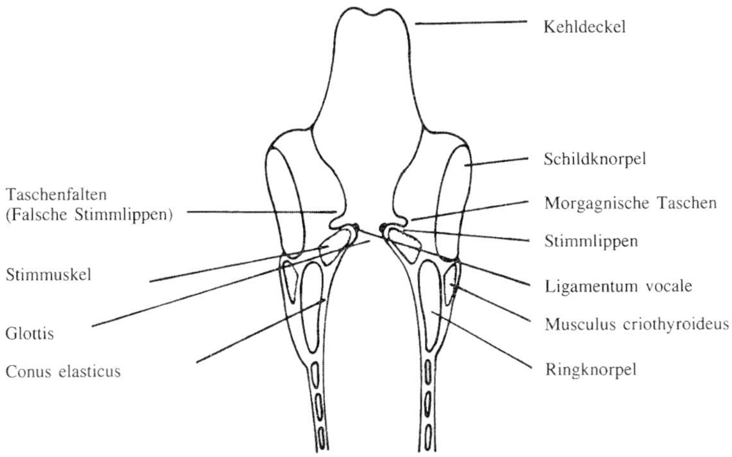

Abb. 16: Dorsaler Querschnitt durch den Kehlkopf

Es handelt sich um sieben paarige und einen unpaarigen Muskel:

1) *Musculus cricothyroideus* auf dem vorderen seitlichen Teil des Ringknorpels bis zum Schildknorpel. Durch seine Aktion wird der Schildknorpel nach vorne gekippt und so der Abstand zwischen Ringknorpel und Schildknorpel an deren Vorderkanten verringert. Da die Stimmlippen an der Innenseite des Schildknorpels befestigt sind, bewirkt der Cricothyroideus eine Zunahme der Spannung der Stimmlippen, und zwar durch deren Verlängerung, und damit steigt im Falle der Phonation die Frequenz der Stimmlippenschwingungen.
2) Der *Musculus thyroarytaenoideus,* häufig auch *Musculus vocalis* genannt, erstreckt sich von der Innenseite der vorderen Mittellinie des Schildknorpels bis zu den Processus vocales der Aryknorpel. Dies ist der in den Stimmlippen liegende Muskel, dessen Aufgabe es ist, die Spannungs- und Masseverhältnisse der Stimmlippen zu verändern. Auch dies beeinflußt wesentlich die Schwingungsfrequenz der Stimmlippen.
3) Der *Musculus cricoarytaenoideus lateralis* (Abb. 17 und 18) zieht vom vorderen Seitenteil des Ringknorpels bis zum Processus muscularis jedes Aryknorpels. Bei Aktion schließt er mit Hilfe der Einwärtsdrehung der Aryknorpel den muskulösen Teil der Glottis.
4) Der *Musculus arytaenoideus transversus* oder *Interarytaenoideus* liegt zwischen den beiden Aryknorpeln auf deren Rückseite. Er ist der einzige unpaarige in-

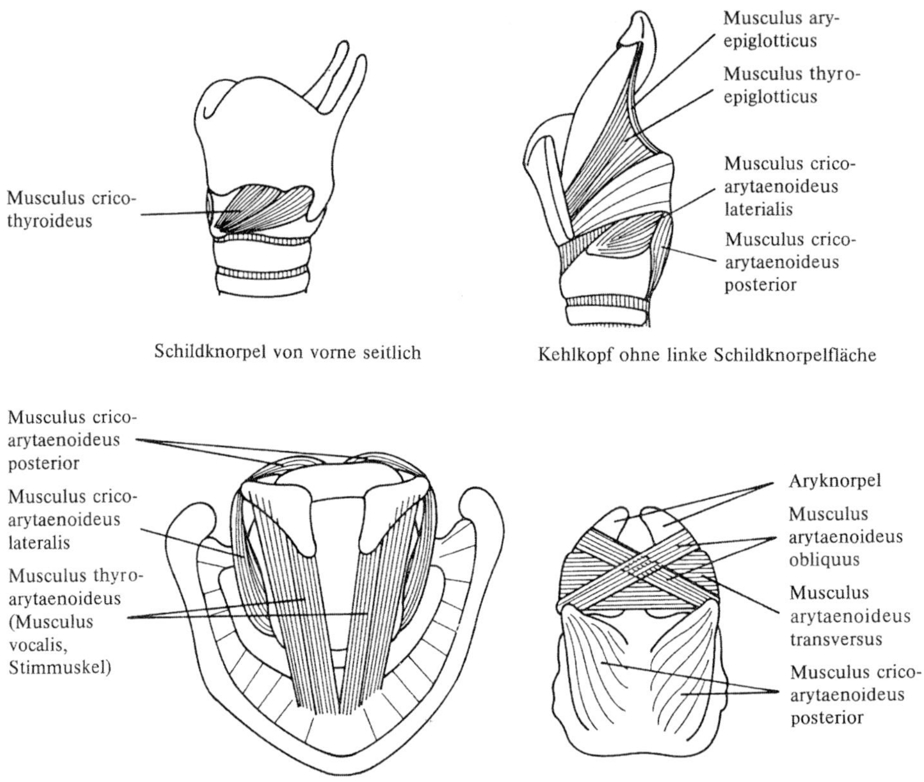

Schildknorpel von vorne seitlich — Kehlkopf ohne linke Schildknorpelfläche

Ary-, Ring- und Schildknorpel von oben — Ary- und Ringknorpel von hinten

Abb. 17: Die inneren Kehlkopfmuskeln

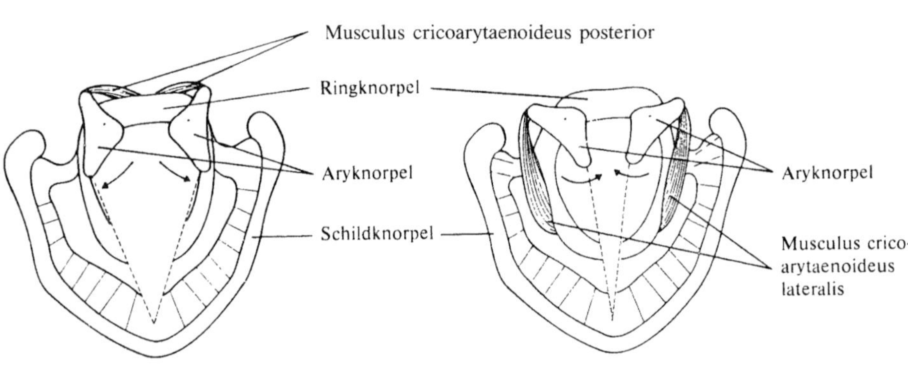

Abb. 18: Die Glottis von oben gesehen. Links die Öffnung der Glottis durch den Cricoarytaenoideus posterior. Rechts Schließung des muskulösen Teils der Glottis durch den Cricoarytaenoideus lateralis

nere Kehlkopfmuskel. Bei Aktion schließt er durch Zusammenziehen der Aryknorpel den knorpeligen Teil der Stimmritze, das sogenannte Flüsterdreieck.

5) Der *Musculus cricoarytaenoideus posterior*, häufig auch *Posticus* genannt, erstreckt sich von der Hinterseite des Ringknorpels bis zu den Processus musculares der Aryknorpel. Bei Aktion werden die Aryknorpel nach hinten gezogen und vorn aufgeschwenkt, und die Stimmritze wird geöffnet. Der Posticus ist der einzige Stimmritzenöffner des Kehlkopfes.

Die erstgenannten fünf Muskeln sind alle wesentlich an der Stimmbildung beteiligt. Die folgenden drei sind überwiegend mit den Funktionen des Kehlkopfes, die mit dem Schluckakt zusammenhängen, verbunden.

6) Der *Musculus arytaenoideus obliquus* liegt kreuzförmig auf dem Interarytaenoideus.

7) Der Musculus *aryepiglotticus* ist die Fortsetzung des Arytaenoideus obliquus. Beide Muskeln verengen den Kehlkopfeingang und haben Einfluß auf die Senkung des Kehldeckels.

8) Der *Musculus thyroepiglotticus* zieht vom Innenrand des Schildknorpels bis zum Kehldeckelrand. Bei Aktion zieht er den Kehldeckel nach oben und öffnet somit den Kehlkopfeingang.

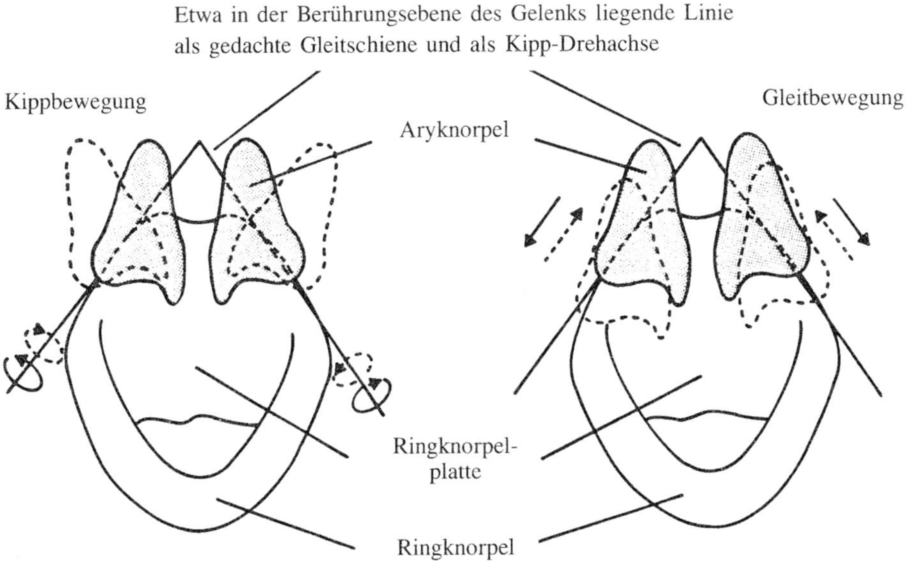

Abb. 19: Kipp- und Gleitbewegung der Aryknorpel schematisch von vorn oben, dargestellt als kombinierter Bewegungsvorgang zum Öffnen und Schließen der knorpeligen Glottis (nach Sonesson 1970)

5.4. Das Innere des Kehlkopfes

Der ganze Kehlkopf ist mit Schleimhaut ausgekleidet. Die Schleimhaut der Luftröhre konvergiert, im Frontalschnitt betrachtet, etwa auf der Höhe des oberen Randes des Ringknorpels von beiden Seiten zur Mittellinie. Vorne wird diese Verengung der Luftröhre in der Mitte des Schildknorpels aufgehängt und hinten an den Processus vocales der Aryknorpel. Diese Verengung der Luftröhre heißt *Conus elasticus*. Dessen obere Ränder sind die *Stimmlippen*. Die Stimmlippen bestehen aus dem *Stimmband* (Ligamentum vocale) und dem darunter liegenden *Stimmuskel* (Musculus vocalis). Die Öffnung zwischen den Stimmlippen heißt *Stimmritze* oder *Glottis*. Oft wird auch der für die Phonation wichtigste Organbereich, bestehend aus Stimmritze und den beiden *Stimmlippen*, als Glottis (oder Stimmapparat) bezeichnet. Oberhalb der Stimmlippen befinden sich auf jeder Seite kleine Einbuchtungen, die *morgagnische Taschen* (Ventriculi Morgagni) genannt werden. Dort befinden sich Drüsen, die die Stimmlippen feucht halten. Darüber befindet sich je eine Falte, die etwas weniger als die Stimmlippen zur Mitte konvergiert. Diese Falten werden Taschenbänder, Taschenfalten oder falsche Stimmlippen genannt. (Abb. 15 und 16).

5.5. Die Verbindung zwischen Kehlkopf und Zungenbein

Von den zahlreichen Haftbändern und Membranen des Kehlkopfes verdient die *Membrana hyothyroidea* (Abb. 20) besonders erwähnt zu werden. Sie verbindet den unteren Rand des Zungenbeins mit dem oberen Rand des Schildknorpels. Sie schafft somit eine Verbindung zwischen Zungenbein und Kehlkopf, welche zur

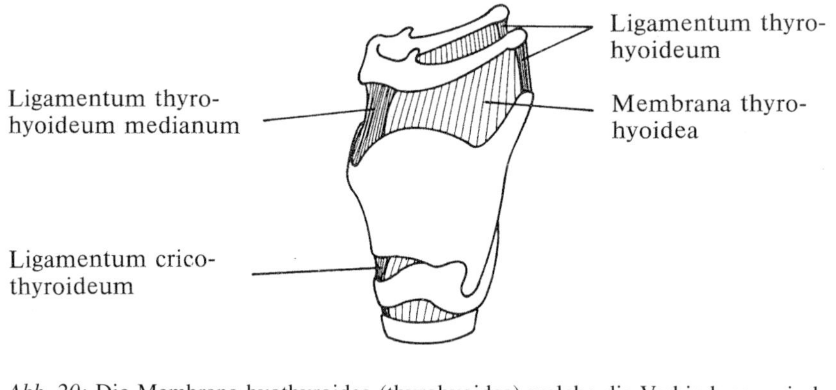

Abb. 20: Die Membrana hyothyroidea (thyrohyoidea) welche die Verbindung zwischen Zungenbein und Schildknorpel herstellt

Folge hat, daß jede Zungenbewegung sich auf den Kehlkopf und somit auch auf die Stimmlippen auswirkt. Dies ist zur Erklärung einiger Besonderheiten des lautsprachlichen Signals von Bedeutung.

5.6. **Die äußeren Kehlkopfmuskeln**

Als äußere Kehlkopfmuskeln (Abb. 21) werden diejenigen Muskeln bezeichnet, die am Kehlkopf ansetzen, jedoch ihre Ursprungsstelle außerhalb des Kehlkopfes haben. Die Bezeichnung *äußere Kehlkopfmuskeln* ist insofern mißverständlich, als einige Verfasser dazu alle Muskeln rechnen, die irgendwie die Lage des Kehlkopfes als Ganzes bestimmen können. Dies wird hier nicht gemacht. Es werden ausschließlich die Muskeln zu den äußeren Kehlkopfmuskeln gerechnet, die ihre Ansatzstelle innerhalb des Kehlkopfes aufweisen. Das sind folgende Muskeln:

1) Der *Musculus sternothyroideus* zieht vom Brustbein (Sternum) bis zum Schildknorpel. Bei Aktion zieht er den Schildknorpel nach unten und erhöht somit die Spannung der Stimmlippen. Man hat deshalb vermutet, daß er an der Frequenzänderung der Stimmlippenschwingungen beteiligt ist, aber das ist bisher nicht nachgewiesen worden. Mindestens scheint es hier sehr große individuelle Schwankungen zu geben.
2) Der *Musculus thyrohyoideus* oder *Musculus hyothyroideus* zieht vom Zungenbein (Os hyoideum) bis zur vorderen seitlichen Fläche des Schildknorpels. Bei Aktion verringert er den Abstand zwischen Zungenbein und Schildknorpel und beeinflußt so die Spannung der Stimmlippen sowie den vertikalen Spannungszustand in der Glottis.

Nahezu alle Lageveränderungen des Zungenbeins, das über die *Membrana hyothyroidea* (Abb. 20) mit dem oberen Rand des Schildknorpels verbunden ist, haben einen Einfluß auf die Lage des Kehlkopfes. Diejenigen Muskeln, die das Zungenbein bewegen, teilen sich in obere und untere Zungenbeinmuskeln ein. Die oberen Zungenbeinmuskeln sind mit den Zungenmuskeln identisch und werden im Abschnitt 6.7. behandelt. Die unteren Zungenbeinmuskeln, sofern sie Einfluß auf die Lage des Kehlkopfes haben, seien kurz erwähnt. Es sind die folgenden:

1) Der *Musculus sternohyoideus* zieht vom Brustbein bis zum Zungenbein. Bei Aktion zieht er das Zungenbein nach unten und hat dadurch einen Einfluß auf die Lage des Kehlkopfes.
2) Der *Musculus omohyoideus* reicht vom Oberrand des Schulterblattes bis zum Zungenbein. Er besteht aus zwei Bündeln, die durch eine Sehne voneinander getrennt sind. Bei Aktion zieht er das Zungenbein nach unten.
3) Letztlich wäre in diesem Zusammenhang der *Musculus stylopharyngeus*, der am

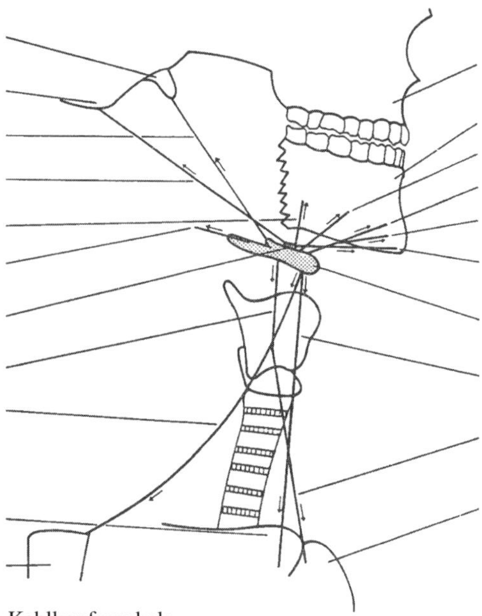

Abb. 21: Die äußeren Kehlkopfmuskeln

Processus styloideus seinen Ursprung hat und am hinteren und oberen Rand des Schildknorpels ansetzt, zu erwähnen. Bei Aktion zieht er den Kehlkopf nach oben.

5.7. **Der Phonationsvorgang**

Der Kehlkopf wird in der Phonetik als das Phonationsorgan betrachtet, obwohl die Phonation (Stimmerzeugung) nur eine Sekundärfunktion des Kehlkopfes ist. (Vgl. auch die Beschreibung des „Knallgenerators" Glottis im akustischen Zusammenhang in 7.5.) Um die Phonation zu ermöglichen, müssen die Stimmlippen die Stimmritze schließen oder so weit einengen, daß der Luftdruck unterhalb der Glottis (subglottal) im Falle der Verengung geringfügig, im Falle des Verschlusses deutlich steigt. In der bei noch stattfindender Zusammenführung enger werdenden Düse, und zwar der Düse zwischen den Stimmlippen, und auch noch unter dieser im Conus elasticus, nimmt die Strömungsgeschwindigkeit der ausströmenden Luft im Vergleich zu den mit größeren Rohrquerschnitten versehenen Bereichen der Trachea und des Pharynx zu, wodurch in der Düse ein Unterdruck entsteht. In der nach gehaltenem Verschluß sich wieder öffnenden Düse herrscht nach Wiederaufbau der Durchströmung ebenfalls ein Unterdruck.

Diese naturgegebene Tatsache, daß in einem als abgeschlossen betrachtbaren System der statische Druck mit dem Anstieg der relativen Strömungsgeschwindigkeit fällt und mit deren Nachlassen ansteigt, ist von Daniel Bernoulli (1700–1782) in seiner Strömungsgleichung beschrieben worden. Dieser relative Unterdruck in der Glottis ist es, der im wesentlichen die zum Verschluß führende Kraft zur Verfügung stellt, und diese Kraftwirkung wird in der Phonetik oft als Sogeffekt oder Bernoulli-Effekt bezeichnet. Ausführlicher haben wir diese physikalischen Zusammenhänge an anderen Stellen dargestellt (Neppert 1995b; Neppert 1999, S. 119–128).

Die schwingungsähnlichen Öffnungs- und Verschlußvorgänge der Glottis beginnen mit einem solchen durch Unterdruck verursachten Verschluß, wenn die Ausatmungsströmung beim Zusammenführen der Stimmlippen schon stark genug ist. Beginnt die Ausatmungsfunktion erst nach dem vollzogenen Zusammenführen, so muß zunächst der subglottale Druck so weit ansteigen, daß die Stimmritze von unten her gesprengt wird. Hat sich danach in der Stimmritzendüse die Strömung hinreichend beschleunigt, führt der relative Unterdruck (Bernoulli-Effekt) wieder zum Verschluß.

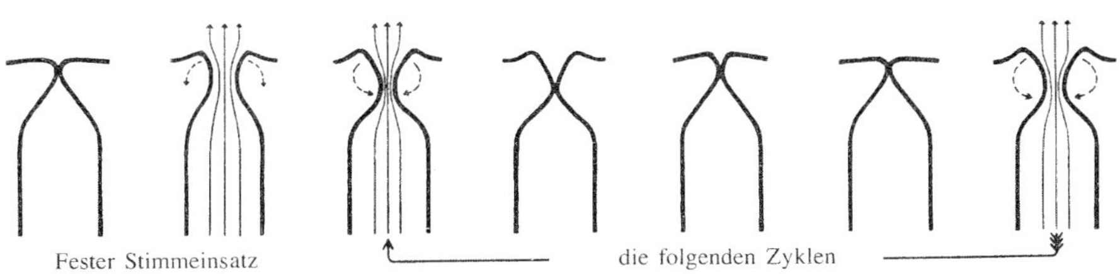

Abb. 22: Schematische Darstellung des Phonationsvorganges im Frontalschnitt durch Glottis, Conus elasticus und Trachea (Neppert 1999, S. 119ff.)

Da die Schleimhaut im Conus elasticus etwas loser auf dem sich darunter befindlichen Gewebe liegt als unten in der Luftröhre und vor allem an den Rändern der Stimmlippen, kommt es nicht zuerst an den Stimmlippenrändern, sondern weiter unten im Conus elasticus zum primären Verschluß. Das gilt jedenfalls für die normale Sprechstimme, die nahezu identisch ist mit dem Brustregister der Sängerstimme. Der im Conus elasticus vollzogene Verschluß wandert darauf nach oben, und zwar dadurch, daß sowohl der Sogeffekt (wegen der oberhalb des Verschlusses noch vorhandenen Strömung) als auch ein weiteres starkes Absinken des Druckes (wegen des ausbleibenden Luftnachschubes) mit Verzögerung auch weiter oben das Zusammenführen der Stimmlippen bewirken. Währenddessen beginnt gleichzeitig von unten her durch Anstieg des subglottalen Druckes die nächste Versprengung.

Im oberen Bereich der Glottis werden vor allem das Stimmband und der mit einer gewissen Vorspannung versehene Stimmuskel bei der Versprengung gedehnt, was zu einer Erhöhung der vorhandenen Gewebespannung führt. Die daraus resultierenden Rückstellkräfte unterstützen in diesem Bereich der Glottis den Verschlußvorgang. Vor allem sorgen die hier jeweils eingestellten Masse- und Spannungsverhältnisse dafür, daß derjenige Anteil des Öffnungs- und Verschlußzyklusses, der an den Stimmlippenrändern in grober Annäherung mit einer freien Schwingung verglichen werden kann, in seiner Dauer und in seinem zeitlichen Ablauf stabilisiert wird. Mit anderen Worten: Die Gewebe- und vor allem die Muskelelastizität haben wesentliche Bedeutung für Einstellung, Erhaltung und Veränderung einer ungefähren Periodizität dieser zyklischen Vorgänge.

Im Ablauf dieser Zyklen entstehen in der Glottis selbst und unmittelbar über der Glottis impulsartige Druckschwankungen, die ihrerseits hauptsächlich aerodynamisch, also nach dem Bernoulli-Effekt, zu erklären sind. Dabei ist vor allem ein sehr kurzzeitiges und starkes Absinken des Druckes kurz vor dem Verschluß zu erkennen, weil die Strömungsgeschwindigkeit ja mit dem Engerwerden der Düse enorm ansteigt. Daß dabei die Strömungsgeschwindigkeit und dadurch der Unterdruck nicht gegen unendlich gehen, wird natürlich durch die im System wirksamen Massenträgheiten und vor allem durch Reibung verhindert. Diese so entstandenen Impulse können in Vereinfachung als periodisch auftretende einzelne Knälle aufgefaßt werden, die jedoch wegen ihres kurzzeitigen Abstandes nicht separat, sondern in einer eine gewisse Mindestzeit andauernden Folge als Stimmklang wahrgenommen werden.

In direkter Abhängigkeit von der Frequenz der Öffnungs- und Verschlußzyklen, der sogenannten Stimmlippenschwingungen, liegt dann also eine Knallfolgefrequenz vor. Die Aufzeichnung dieser Druckschwankungen als Schwingungskurve (Oszillogramm) stellt diese Knallfolgefrequenz als Periodenfrequenz dar. Nach Spektralanalyse (also bei Betrachtung eines Schalles im fourieranalytischen Modell) ist damit rein zahlenmäßig die Frequenz der 1. harmonischen Teilschwingung (auch Grundfrequenz genannt) identisch. In der Phonetik ist es zur Gewohnheit geworden, diese Frequenz pauschal als Grundfrequenz zu bezeichnen. Sie ist die akustische Entsprechung einer an einem Klang wahrnehmbaren Tonhöhe.

In der hier dargestellten Theorie bilden die Elastizität der Muskeln, der subglottale Druck und vor allem die Druckverhältnisse in Strömungen (Aerodynamik) die entscheidenden Komponenten, die in einem sich selbst regulierenden System die schwingungsähnlichen Bewegungszyklen ermöglichen. Deshalb wird diese Theorie die *myoelastisch-aerodynamische Theorie der Stimmgebung* genannt (van den Berg, J. W. 1958; 1968). Es sind nicht Nervenimpulse, die die Stimmlippenvibration erzeugen, wie es von Husson (1950, 1960; 1962) in seiner *neurochronaxischen Theorie* behauptet wurde. Die motorischen Nerven regulieren lediglich die Adduktion, die Abduktion, eine gewisse Formveränderung und vor allem die Spannung der Stimmlippen und schaffen somit die Voraussetzungen dafür, daß die sich in Öffnungs- und Verschlußphasen darstellenden Bewegungszyklen, die traditionell in der Phonetik im allgemeinen immer noch als Stimmlippenvibrationen bezeichnet werden, zustandekommen können.

5.8. **Im Kehlkopf gebildete Laute und Lautmerkmale**

Im Kehlkopf werden einige Sprechlaute gebildet. Ebenfalls werden im Kehlkopf zahlreiche Merkmale segmentaler und suprasegmentaler Art gebildet. Da es hierüber noch einige Unklarheiten gibt, werden wir unsere Aufzählung auf diejenigen Merkmale beschränken, die mit Sicherheit in einer Sprache eine distinktive Funktion ausüben:

1) Im Kehlkopf werden folgende Laute gebildet:

a) [ʔ] der glottale Verschlußlaut. Die Stimmlippen bilden einen festen Verschluß, der darauf folgend durch erhöhten subglottalen Druck gesprengt wird. Diese als „Knacks“ hörbare Versprengung wird unmittelbar vor einem nachfolgendem Vokal auch als fester Vokaleinsatz bezeichnet. Beginnt mit diesem Vokal die Phonation, so setzt diese nach vorher erfolgter Zusammenführung der Stimmlippen mit einer ersten (meist auch noch mit weiteren) kräftigen Versprengung ein.

In einigen Sprachen tritt der glottale Verschlußlaut als selbständiger Sprachlaut auf, in anderen wie z. B. im Deutschen als sogenannter fester, harter bis pathologisch gepreßter Einsatz, der vor betontem Vokal steht: *ein* [ʔaɪn].

b) [h] glottaler stimmloser Engelaut. Die Stimmlippen bilden eine enge Düse, in der Luftverwirbelungen entstehen. Da dieser Hauchlaut keine besondere Ansatzrohrform hat, wird er sehr stark von der Lautumgebung gefärbt.

c) [ɦ] glottaler stimmhafter Engelaut. Die Stimmlippen vibrieren mit relativ großer Öffnung, durch die eine relativ große Luftmenge austritt. Oft nähern sie sich in der eigentlichen Verschlußphase nur kurz an. Auf jeden Fall strömt so viel Luft, daß es im Glottisbereich zu Verwirbelungen kommt.

2) Die Lautmerkmale, die auf Glottisaktivität beruhen, sind die folgenden:

a) *Stimmlosigkeit*: Mit Ausnahme der Bildung des [ʔ] bildet die Glottis eine dreieckige Öffnung (Abb. 23) wie bei der Exspiration. Sowohl der muskulöse Teil als auch der knorpelige Teil der Glottis sind offen. Beispiele: [p f m̥ ḁ]

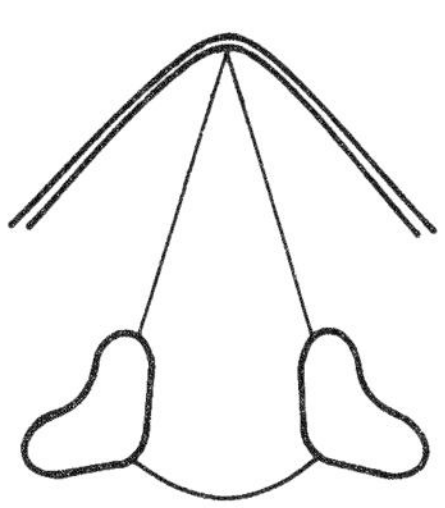

Abb. 23: Schematische Darstellung der Glottisstellung bei stimmlosen Lauten (Ausnahme: [ʔ])

b) *Stimmhaftigkeit:* Die Glottis ist in ihrer ganzen Länge geschlossen (Abb. 24). Der muskulöse Teil vibriert auf jeden Fall, teilweise gegebenenfalls auch der knorpelige Teil. Beispiele: [b v z l a]

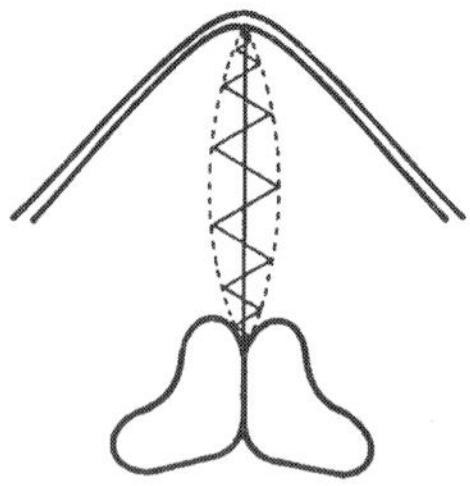

Abb. 24: Schematische Darstellung der Glottis bei stimmhaften Lauten. Die Vibration der Stimmlippen wird durch die Zackenlinie symbolisiert.

c) *Aspiration*: Die Glottis ist offen wie bei der Stimmlosigkeit, bewegt sich aber, so daß die Stimmritze langsam geschlossen wird (Abb. 25). Während der Schließungsbewegung ist ein Hauchlaut hörbar. Dieser Bewegungsvorgang

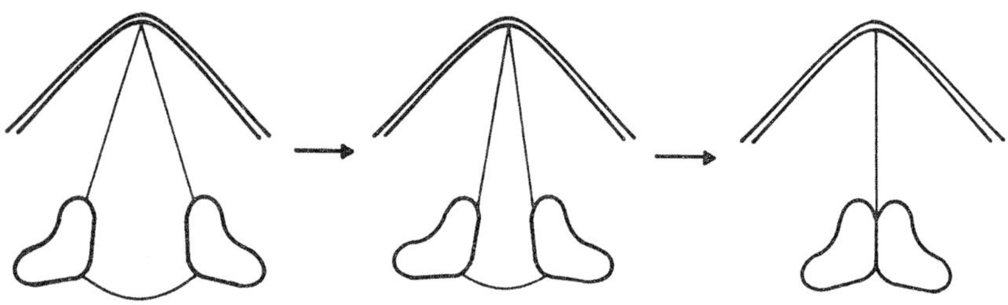

Abb. 25: Schematische Darstellung der Glottisschließung im zeitlichen Verlauf beim Erzeugen der Aspiration vor einem Stimmeinsatz

ist meistens mit einer supraglottalen Bewegung koordiniert, so daß das Maximum der glottalen Öffnung mehr oder weniger mit dem Lösen des supraglottialen Verschlusses zusammenfällt. Beispiele: [p^h t^h k^h]

d) *Murmeln (Murmelstimme* oder *behauchte Stimme)*: Der muskulöse Teil der Glottis vibriert, aber der knorpelige Teil der Glottis bleibt offen, so daß eine große Luftmenge entweicht (Abb. 26). Bei bestimmten Erkrankungen (z. B. Transversusparese) kann diese Art der Stimmbildung pathologischerweise ständig vorhanden sein. Die relativ große entweichende Luftmenge kann Luftverwirbelungen erzeugen. Die Murmelstimme kann auch mit einer mehr oder weniger offenen muskulösen Glottis erzeugt werden, solange die Stimm-

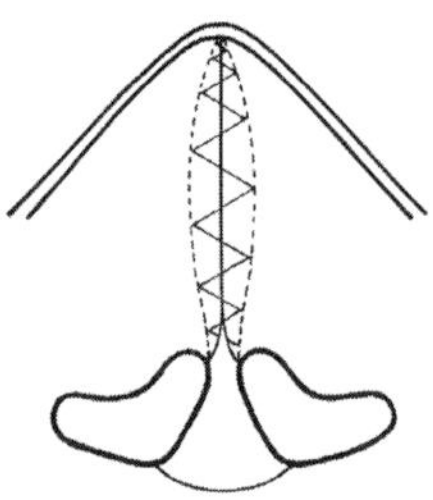

Abb. 26: Schematische Darstellung der Glottis beim Erzeugen der Murmelstimme. Der muskulöse Teil der Glottis vibriert, während der knorpelige Teil offen bleibt.

lippen vibrieren. In der phonetischen Beschreibung indischer Sprachen wird die Murmelstimme traditionell *stimmhafte Aspiration* genannt. Beispiele: [m̤ z̤ b̤ a̤] oder [mʱ zʱ bʱ aʱ]

e) *Laryngalisierung* (engl. *creaky voice* oder *vocal fry):* Der knorpelige Teil der Glottis ist fest geschlossen, ein Teil der muskulösen Glottis ebenfalls, aber ein Teil derselben ist offen und vibriert mit geringer Amplitude (Abb. 27).

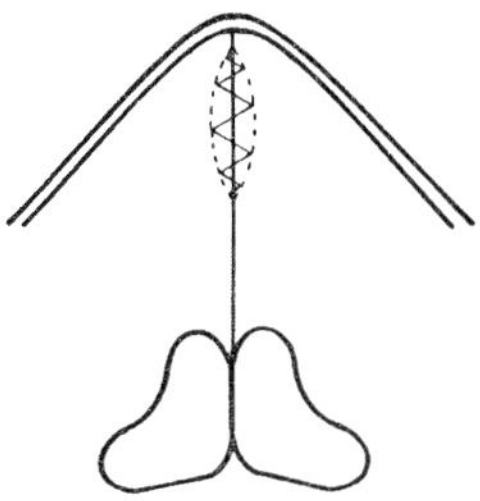

Abb. 27: Schematische Darstellung der Glottis beim Erzeugen der Laryngalisierung. Nur ein Teil der muskulösen Glottis vibriert mit geringer Frequenz und mit starken Schwankungen von Periode zu Periode (Aperiodizität)

Häufig sind einzelne Glottisschläge wahrnehmbar, da die Vibrationsfrequenz häufig aperiodisch und stets sehr niedrig ist (häufig zwischen 90 und 40 Hz). Pathologisch kann die Laryngalisierung auch als Dauerstimmbildung vorkommen und wird dann je nach Ausprägung als brüchige oder knarrige Stimme bezeichnet. Beispiele: [m̰ b̰ z̰ a̰]

f) *Glottalisierung:* Ein glottaler Verschluß wird unmittelbar nach dem Lösen eines oralen Verschlusses gelöst. Beispiele: [pˀ tˀ kˀ].

Neben diesen phonetischen Merkmalen, die in der Glottis gebildet werden, muß auch das *Flüstern* hier erwähnt werden. In keiner bisher untersuchten Sprache scheint es geflüsterte Sprechlaute als normale Sprachlaute zu geben. Das Flüstern ist vor allem bei den stimmhaften Lauten von Interesse, aber auch die übrigen Laute können geflüstert werden. Beim Flüstern ist die Glottisöffnung für die Laute, die im normalen Sprechen stimmhaft sind, geringer als für die stimmlosen. Das für diese eigentlich stimmhaften Laute als Schallgrundlage dienende Rauschen wird entweder durch eine Öffnung der muskulösen oder nur durch eine Öffnung der knorpeligen Glottis (des sogenannten Flüsterdreiecks) realisiert. Da Flüstern durchgehend mit einer relativ großen glottalen Öffnung verbunden ist, ist der Luftverbrauch beim Flüstern sehr hoch.

Die schon genannten Merkmale, die in der Glottis gebildet werden, sind als segmental einzustufen, d. h. sie bilden einen integrierenden Teil der Sprachlaute, die sie kennzeichnen. Außerdem ist die Tätigkeit der Glottis, insbesondere die Stimmlippenvibration, entscheidend für zahlreiche suprasegmentale Elemente, darunter besonders für die Intonation, für die Betonung (Akzent) und für den Ton als sprachliche Kategorie in Tonsprachen.

6. Artikulation

6.1. Die Artikulationsorgane

Wie schon erläutert wurde (S. 45), werden wir hier unter *Artikulation* die Tätigkeit der an der Lautbildung beteiligten supraglottalen Organe verstehen. Wir werden zuerst die Physiologie und Anatomie der einzelnen Organe erläutern und anschließend auf deren phonetische Bedeutung eingehen.

6.2. Das Ansatzrohr

Unter Ansatzrohr (Abb. 28) (engl. *vocal tract*, frz. *conduit vocal*) versteht man die Gesamtheit der Hohlräume oberhalb des Kehlkopfes, in denen die Artikulation realisiert wird. Folgende drei Hohlräume sind zu unterscheiden:

1) Der *Pharynxraum* (oder Schlund) reicht vom Kehlkopf bis in die Höhe des Velums. Es ist üblich den Pharynxraum in drei Teile einzuteilen. Der unterste Teil, der *Laryngopharynx,* erstreckt sich von den Stimmlippen bis zum Zungenbein; der mittlere Teil, der *Oropharynx,* reicht vom Zungenbein bis zum Velum, und der oberste Teil, der *Nasopharynx,* erstreckt sich vom Velum bis zu den Choanen. Nach vorne wird der Pharynxraum durch den vorderen Gaumenbogen abgegrenzt. Häufig wird der kurze Abschnitt zwischen den Gaumenbögen, der den Eingang in den Pharynx darstellt, als Rachen bezeichnet. Wir ziehen es jedoch vor, diesen Terminus zu vermeiden.
2) Der *Mundhohlraum* reicht von dem vorderen Gaumenbogen als seiner hinteren bis hin zu den Mundlippen als seiner vorderen Begrenzung. Der Mundhohlraum ist nicht einheitlich gestaltet. Zwischen den Zähnen und den Wangen, die die seitliche Begrenzung des Mundhohlraumes bilden, befinden sich schmale relativ deutlich abgegrenzte Teilhohlräume. Der Einfachheit halber rechnet man jedoch in der Lautbeschreibung damit, daß der Mundhohlraum ein relativ einfacher Resonanzraum sei.
3) Der *Nasenhohlraum* oberhalb des Mundhohlraumes besteht aus zwei etwa gleichen Teilen, die durch die Nasenscheidewand *(Septum nasi)* getrennt werden. Zum großen Teil ist der Nasenhohlraum durch die Nasenmuscheln (Conchae) ausgefüllt, zwischen denen die Luft durch schmale Kanäle geleitet wird. Wegen des Vorhandenseins der Nasenmuscheln ist das Volumen der Nasenhöhle

erheblich kleiner als es in den schematischen Darstellungen und Sagittalschnitten, die unmittelbar neben der Nasenscheidewand geführt werden, zu sein scheint. Wegen dieser anatomischen Verhältnisse ist jedoch die innere Oberfläche des Nasenhohlraumes von erheblicher Größe. Ausgekleidet ist die Oberfläche des Nasenhohlraumes mit der Nasenschleimhaut, deren oberer Teil als die *Riechzone (Regio olfactoria)* und deren unterer Teil als die *Atmungszone (Regio respiratoria)* bezeichnet wird.

Das ganze Ansatzrohr ist (die Zähne ausgenommen) mit Schleimhaut und weichem Gewebe ausgekleidet.

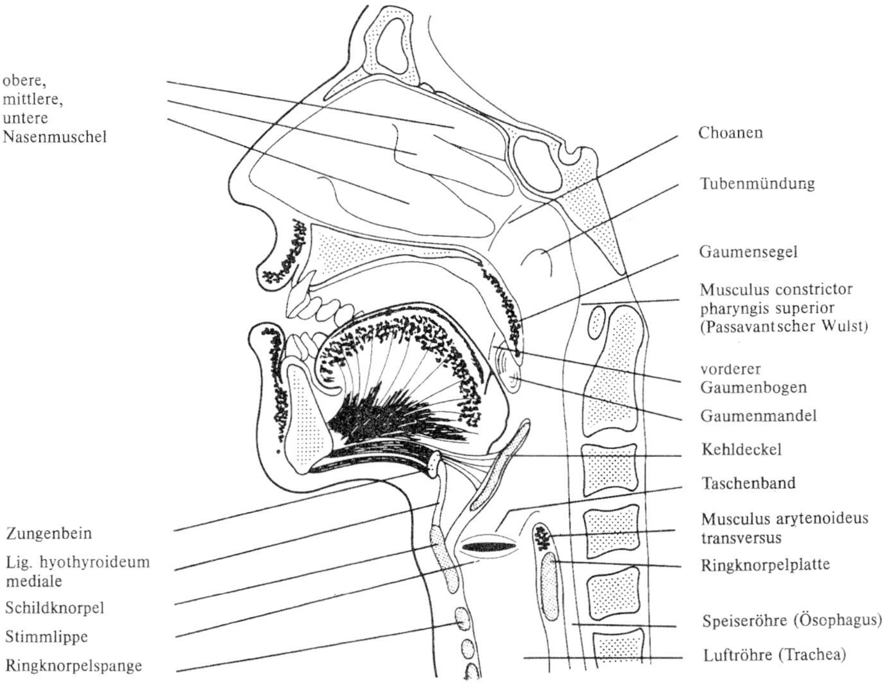

Abb. 28: Das Ansatzrohr mit Hohlräumen

6.3. **Der Unterkiefer**

Der *Unterkiefer* (*Mandibula*) ist ein hufeisenförmiger Knochen, der die Basis der Mundhöhle bildet. Er besteht aus dem *Corpus mandibulare* und den beiden seitlich emporragenden Ästen (Ramus mandibulare, pl. Rami mandibulares).

Der Unterkiefer ist mit dem Schläfenbein (Os temporale) des Schädels gelenkig verbunden. Durch diese gelenkige Verbindung kann sich der Unterkiefer ähnlich

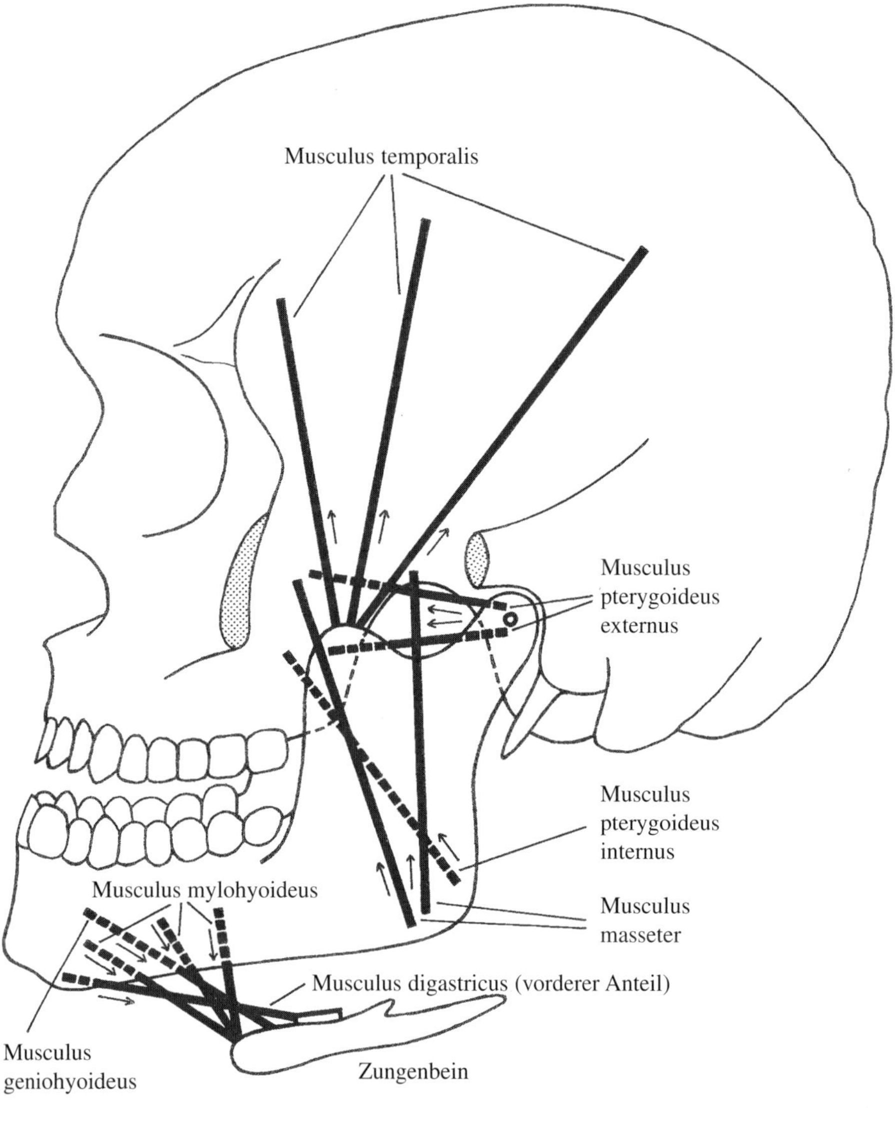

Abb. 29: Muskeln des Unterkiefers. Der Musculus pterygoideus externus verläuft nach vorn und etwas schräg nach innen. Der Musculus pterygoideus internus verläuft nach vorn oben und dabei stark schräg nach innen. Der Musculus masseter ist oben an dem hier herausgetrennten Teil des Jochbeins befestigt.

wie ein Hebel bewegen. Die Auf- und Abwärtsbewegung vollzieht sich vor allem im vorderen Teil, während sie im hinteren Teil unbedeutend ist. Außerdem kann der Unterkiefer ein wenig vor- und rückwärts verschoben werden. Eine dritte Bewegungsmöglichkeit ist die seitliche Bewegung. Diese wird allerdings normalerweise zum Artikulieren nicht verwendet, sondern dient der Primärfunktion, dem Kauen.

Die wichtigsten Muskeln, die den Unterkiefer anheben, sind der *Musculus temporalis* und der *Musculus masseter.* Der *Musculus pterygoideus externus* (oder: lateralis) bewegt den Unterkiefer vorwärts, und der *Musculus pterygoideus internus* (oder: medialis) ist zur Hauptsache für die seitliche Bewegung verantwortlich (Abb. 29).

Der Mundboden wird von zwei Muskeln gebildet. Der *Musculus mylohyoideus* erstreckt sich von der *Linea mylohyoidea* an der Innenseite des Unterkiefers bis zum breiten Teil (Corpus) des Zungenbeins. Unmittelbar darüber liegt der *Musculus geniohyoideus.* Beide Muskeln ziehen den Unterkiefer nach unten bzw. das Zungenbein nach vorne. Der *Musculus digastricus* besteht aus zwei Bündeln zwischen dem Innenrand des Unterkiefers und dem Zungenbein sowie dem Zungenbein und dem *Processus mastoideus* (Abb. 21). Sein vorderer Anteil zieht den Unterkiefer nach unten bzw. das Zungenbein nach oben.

6.4. **Der Oberkiefer**

Der *Oberkiefer* (*Maxilla*) bildet die obere Grenze der Mundhöhle. Er besteht aus dem Oberkieferknochen (Os palatinum), der etwa ein Drittel des harten Gaumens (Palatum durum) bildet. Der vordere Teil des harten Gaumens besteht aus dem Gaumenfortsatz (Processus palatinus) und dem hufeisenförmigen Alveolarfortsatz (Processus alveolaris). Der Oberkiefer trennt die Mundhöhle und die Nasenhöhle voneinander ab.

6.5. **Das Velum**

Das *Velum (Gaumensegel)* bildet nach hinten die Fortsetzung des harten Gaumens. Das Velum ist ein komplexes Muskelbündel. Dessen wichtigste Muskeln sind der *Levator veli palatini,* der das Velum anhebt, und der *Tensor veli palatini,* der das Velum spannt. Der hinterste Teil des Velums, das *Zäpfchen (Uvula),* ist durch die Tätigkeit des *Musculus uvulae* frei beweglich.

Das Velum schließt vom oberen und mittleren Pharynxraum aus den Zugang zur Nasenhöhle ab bzw. öffnet ihn. Bei Ruheatmung hängt es hinunter bis auf den Zungenrücken und gestattet so, daß die Ein- und Ausatmungsluft ungehindert durch den Nasen-Pharynxkanal (velopharyngale Enge) strömen kann. Beim Schluckakt wird der Zugang zur Nase geschlossen.

Wenn der Querschnitt dieses Nasendurchgangs (velopharyngale Enge) in der Lautbildung etwa 5 mm^2 erreicht, wird die Nasalierung hörbar. Durch die Tätigkeit des Velums werden *orale* Laute (Zugang zum Nasenhohlraum geschlossen) von *nasalierten* und *nasalen* Lauten (Zugang zum Nasenhohlraum offen) unterschieden. Bei einigen Lauten, insbesondere bei [h] und A-Vokalen, ist normalerweise eine geringe Öffnung zur Nasenhöhle vorhanden. Sie ist jedoch so gering, daß keine Nasalität hörbar wird.

Der harte und weiche Gaumen bilden zusammen die *Gaumenwölbung* aus.

6.6. **Der Pharynx**

Den hinteren Abschnitt des Ansatzrohres bildet der *Pharynx*. Der Pharynx ist ein weiches Rohr, das unmittelbar vor der Wirbelsäule liegt. Er besteht im wesentlichen aus drei ringförmigen Muskelbündeln. Das höchstgelegene ist der *Constrictor pharyngis superior*, dessen oberster Teil dem Velum gegenüberliegt und bei Aktion den *Passavantschen Wulst* bilden kann. Dieser Wulst kann dem Velum mehr oder weniger entgegenkommen und so den Zugang zur Nasenhöhle schließen helfen. Im Mittelbereich liegt der *Constrictor pharyngis medius* und im untersten der *Constrictor pharyngis inferior*. Das pharyngale Rohr und das ganze Ansatzrohr sind mit weicher Schleimhaut ausgekleidet.

6.7. **Die Zunge**

Die *Zunge* (*Lingua*) ist das bewegliche Organ oberhalb des Mundbodens (6.3.). Sie besteht aus zwei Muskelsystemen:

1) Die *äußeren Zungenmuskeln* (Abb. 30) haben zwar ihre Ansatzstelle in der Zunge, aber ihren Ursprung außerhalb. Es sind:
   a) Der *Musculus genioglossus* kommt vom inneren Rand des Unterkiefers. Seine Muskelfasern erstrecken sich fächerförmig in den Zungenkörper hinein bis hin zum Zungenbein. Der *Genioglossus* zieht die Zungenwurzel nach vorne und den Zungenkörper nach oben.
   b) Der *Musculus hyoglossus* erstreckt sich vom Zungenbein in den hinteren Teil der Zunge hinein. Der *Hyoglossus* zieht den Zungenkörper nach unten und nach hinten.
   c) Der *Musculus styloglossus* erstreckt sich vom *Processus styloideus* des Schläfenbeins (Os temporale) nach unten und seitlich in den Zungenkörper hinein. Der *Styloglossus* zieht den Zungenkörper nach hinten und nach oben.

Einige Verfasser rechnen auch den *Musculus geniohyoideus* (6.3.), der die Lage des Zungenbeins stabilisiert und deshalb für die Zungenstellung wichtig ist, zu den äußeren Zungenmuskeln. In unserer Systematik haben wir diesen Muskel jedoch zu den Unterkiefermuskeln gerechnet. Das gleiche gilt für den *Musculus digastricus* (6.3.).

2) Die *inneren Zungenmuskeln* (Abb. 30) haben sowohl ihre Ursprungs- als auch ihre Ansatzstelle innerhalb der Zunge selbst. Es sind:

a) Der *Musculus longitudinalis superior* liegt horizontal unterhalb der Oberfläche der Zunge von der Hinterzunge bis hin zur Zungenspitze. Er zieht die Zungenspitze nach oben und nach hinten.

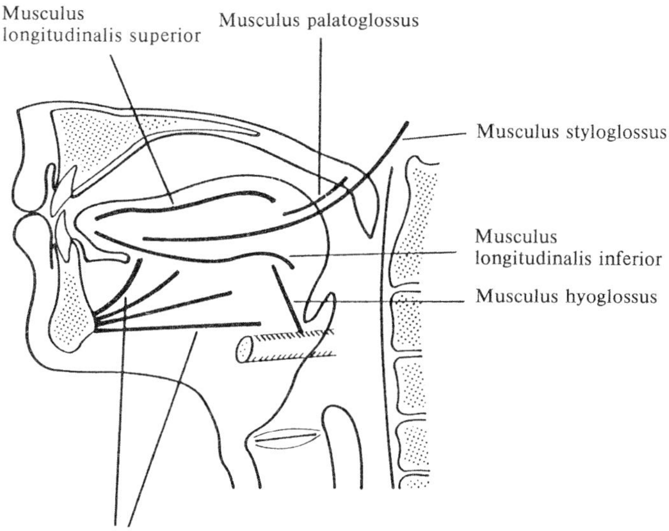

Abb. 30a: Schematische Darstellung der Zungenmuskeln von der Seite

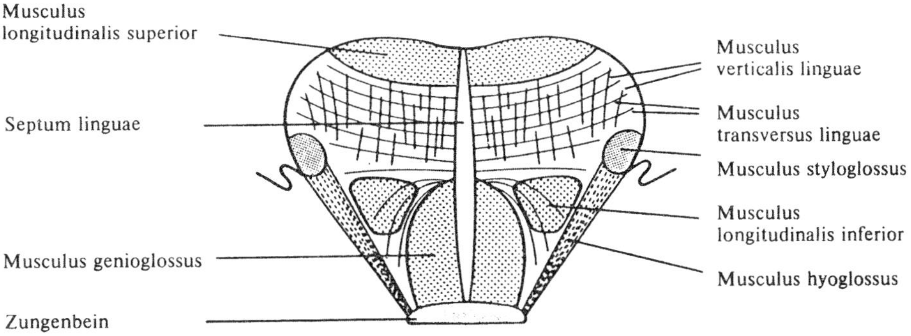

Abb. 30b: Querschnitt der Zunge in schematischer Darstellung

b) Der *Musculus longitudinalis inferior* liegt horizontal oberhalb der Unterfläche der Zunge von der Hinterzunge bis hin zur Zungenspitze. Er zieht die Zungenspitze nach unten.

c) Der *Musculus verticalis linguae* besteht aus Muskelfasern, die von unten nach oben quer durch den Zungenkörper verlaufen.

d) Der *Musculus transversus linguae* besteht aus Muskelfasern, die sich von der Mitte der Zunge bis hin zu den Zungenrändern erstrecken.

Grob charakterisiert kann gesagt werden, daß die äußeren Zungenmuskeln die *Lage der Zunge* bestimmen, während die inneren Zungenmuskeln die *Form* oder die *Feinform der Zunge* steuern.

6.8. **Die Lippen**

Die vordere Abgrenzung des Ansatzrohres bilden die *Mundlippen* (*Labium, Pl. Labia*) (Abb. 31). Sie bestehen aus dem Musculus orbicularis oris, dessen Fasern

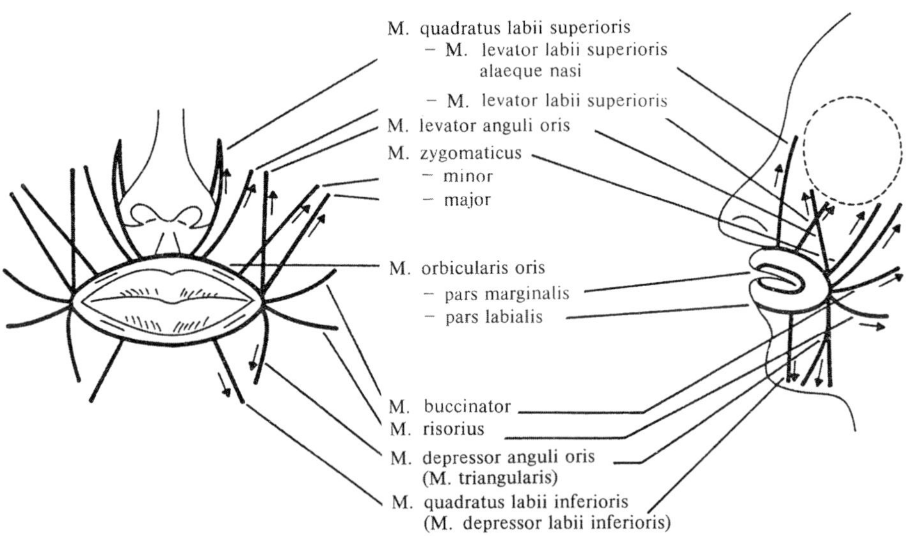

Abb. 31: Die Gesichts- und Lippenmuskeln

den Mund kreisförmig umschließen. Der *Orbicularis oris* schließt die Lippen und steuert auch das Vorstülpen der Lippen.

Die Lippenstellung wird außerdem durch eine ganze Reihe von Gesichtsmuskeln mitgestaltet.

Die wichtigsten Gesichtsmuskeln, die hier wirken, sind:

1) Der *Musculus zygomaticus* zieht vom Jochbein bis zum Mundwinkel. Er zieht die Mundwinkel auf- und seitwärts.
2) Der *Musculus quadratus labii inferioris* zieht die Unterlippe ab- und seitwärts.
3) Der *Musculus quadratus labii superioris* zieht die Oberlippe nach oben.

6.9. **Die Zähne**

Für die Lautbildung sind die Zähne (Abb. 32), deren Primärfunktion das Zerkleinern der Nahrung ist, von großer Bedeutung. Die Zahnformel des bleibenden Gebisses sieht folgendermaßen aus:

Oberkiefer	3	2	1	2	2	1	2	3
Unterkiefer	3	2	1	2	2	1	2	3
	a	b	c	d	d	c	b	a
	linke Hälfte				rechte Hälfte			

a: 12 Große Backenzähne (Molares)
b: 8 Kleine Backenzähne (Praemolares)
c: 4 Eckzähne (Canini)
d: 8 Schneidezähne (Incisivi)

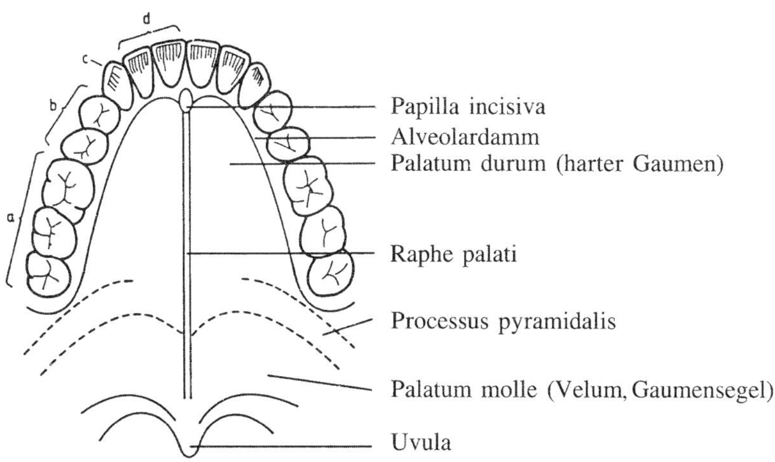

Abb. 32: Die Zähne des Oberkiefers in palatographischer Darstellung

Beide Kieferhälften sind zueinander symmetrisch. Wenn die Lautbeschreibung üblicherweise auf der Grundlage des Sagittalschnitts vorgenommen wird, werden nur die Schneidezähne in die Lautbeschreibung einbezogen. Dies bringt Probleme für eine umfassende Beschreibung der Lautbildung mit sich, da die dritte Dimension des Ansatzrohres in der traditionellen Lautbeschreibung praktisch ignoriert wird. Diese Probleme kann man jedoch gegenüber den Vorteilen der Systematik als relativ geringfügig ansehen, wenn es schwerpunktmäßig um die Lautbestimmung in Sprachen und weniger um eine exakte Lautbildungsbeschreibung geht.

6.10. **Der Sagittalschnitt des Ansatzrohres**

Die traditionelle Lautbeschreibung bezieht sich vorherrschend auf die Betrachtung des Sagittalschnittes, d. h. des vertikalen von hinten nach vorn gerichteten Medianschnittes durch den Kopf und damit durch die Artikulationsorgane. In der Nasenhöhle wird dieser Schnitt allerdings seitlich neben der Nasenscheidewand geführt.

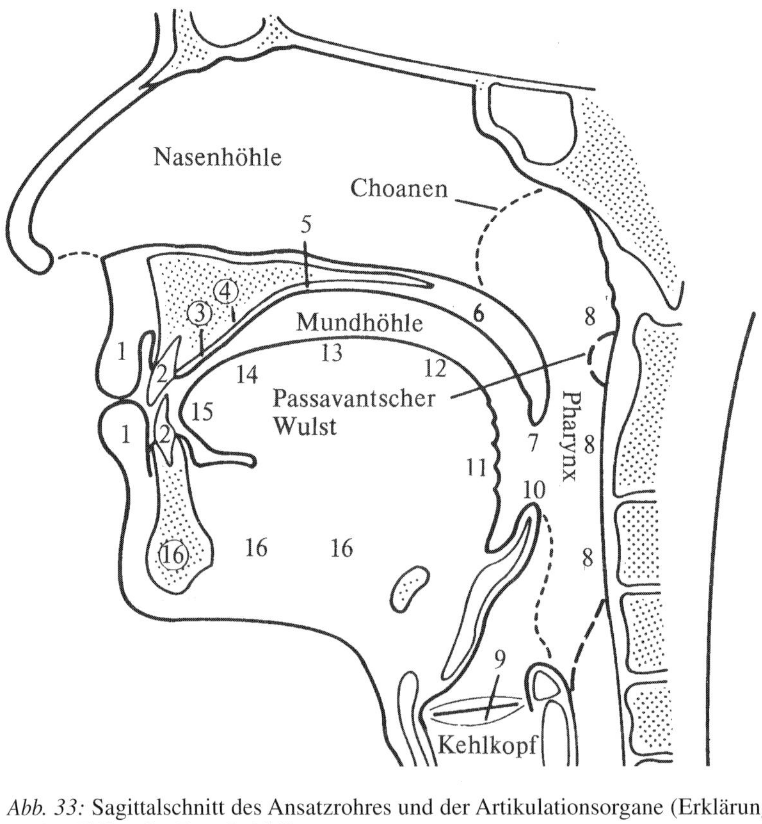

Abb. 33: Sagittalschnitt des Ansatzrohres und der Artikulationsorgane (Erklärungen zu den Ziffern im Text S. 85 f.)

Obwohl eine solche Lautbeschreibung sich nur auf zwei Dimensionen gründet, können auf diese Weise die meisten Lautbildungen mit hinreichender Genauigkeit bestimmt werden. Da aber die Artikulationsorgane in Wirklichkeit dreidimensional sind, müssen bei vielen Lautbildungen noch weitere Einzelheiten ergänzt oder präzisiert werden, weil z. B. seitliches Aufwölben des Zungenrandes, wie es für viele Lautbildungen erforderlich ist, oder der Grad der Lippenspreizung im Sagittalschnitt nicht darstellbar sind. Abbildung 33 zeigt den Sagittalschnitt der Sprechorgane.

Durch Ziffern bezeichnet sind die Organe oder Organteile, die phonetisch bedeutsam sind. Dabei handelt es sich u. a. um Teile von Organen, die biologisch als Einheit funktionieren, jedoch phonetisch als unabhängige Organe anzusehen sind. Dabei muß besonders hervorgehoben werden, daß eine solche phonetische Bestimmung notwendig ist, um linguistische Kategorien unterscheiden zu können:

Artikulationsorgan	Phonetischer Begriff	Bewegungsmöglichkeit
1) Lippen (Ober- und Unterlippe)	labial	a) Auf- und Abwärtsbewegung b) Vor- und Rückwärtsbewegung
2) Schneidezähne (obere und untere)	dental	keine
3) Alveolardamm (Alveolen)	alveolar	keine
4) Vordergaumen (Präpalatum)	präpalatal	keine
5) Hochgaumen (Palatum)	palatal	keine
6) Gaumensegel (Velum)	velar	Schwenkende Auf- und Aufwärtsbewegung (gleichzeitig Vor- und Rückwärtsbewegung des hinteren Teils)
7) Zäpfchen (Uvula)	uvular	Auf- und Abwärtsbewegung
8) Pharynxwand	pharyngal	keine (ausgenommen der Passavantsche Wulst)
9) Stimmlippen	laryngal (glottal)	sehr komplex (siehe Kap. 5)

Artikulationsorgan	Phonetischer Begriff	Bewegungsmöglichkeit
10) Epiglottis (Kehldeckel)	epiglottal	Schwenkende Auf- und Abwärtsbewegung
11) Zungenwurzel		a) Auf- und Abwärtsbewegung b) Vor- und Rückwärtsbewegung
12) Hinterzunge	postdorsal	
13) Mittelzunge	medio-dorsal	
14) Vorderzunge	prädorsal	
15) Zungenspitze (Apex linguae)	apikal	Auf- und Abwärtsbewegung
	retroflex	Nach hinten gebogen
	prädorsal	Hinter den unteren Schneidezähnen
	laminal	Mit der Zungenspitze und den Zungenrändern gegen die unteren Zähne
16) Unterkiefer (Mandibula)		a) Auf- und Abwärtsbewegeung b) Vor- und Rückwärtsbewegung c) Seitliche Bewegung

Die beweglichen Organe werden häufig *aktive Artikulationsorgane* und die unbeweglichen *passive Artikulationsorgane* genannt. Eine solche Einteilung ist jedoch nicht notwendig und auch nicht unbedingt genau. Insbesondere die gelegentlich anzutreffende Zuordnung, daß die aktiven Artikulationsorgane in der Mundhöhle unten und im Pharynxraum vorn, die passiven in der Mundhöhle oben und im Pharynxraum hinten lokalisiert seien, stellt eine wenig hilfreiche Vereinfachung dar.

So sind die unteren Schneidezähne zwar selbst unbeweglich, aber dank der Beweglichkeit des Unterkiefers nicht unveränderlich in ihrer Stellung. Die obere und untere Lippe sowie das oben befindliche Velum sind beweglich. Auch kann sich der oberste Teil der Pharynxwand, d. h. der *Passavantsche Wulst* vorstülpen. In sehr wenigen Sprachen werden Laute an der Epiglottis und an der Zungenwurzel gebildet, obwohl diese Organe durchaus beweglich sind. Dennoch tragen beide durch ihr Vorhandensein mehr oder weniger stark zur lautspezifischen Hohlraumgestaltung bei. Für das /a/, insbesondere für das hintere (dunklere) [ɑ] ist die Einengung des Pharynx durch Rückverlagerung der Zungenwurzel (Radix linguae) bestimmend. In der phonetischen Terminologie ist jedoch kein phonetischer Begriff, der sich auf die Zungenwurzel bezieht, gebräuchlich. Gelegentlich liest man aber dafür die Bezeichnung radikal.

6.11. Zur Unterscheidung zwischen Vokal und Konsonant

Die traditionelle Artikulationsbeschreibung, die sich trotz einiger Ungenauigkeiten bewährt hat, verwendet teilweise unterschiedliche Kriterien für die Abgrenzung zwischen Vokalen und Konsonanten. Als *Konsonant* wird ein Laut definiert, *der durch ein Hindernis im Ansatzrohr oder in der Glottis gebildet wird und normalerweise nicht den Silbengipfel bildet. Als Vokal wird ein Laut definiert, der ohne Hindernis im Ansatzrohr gebildet wird, der nahezu immer stimmhaft ist und normalerweise den Silbengipfel bildet.* Weil keine Hindernisbildung vorliegt, findet sich auch die Bezeichnung *Öffnungslaut*.

Diese Definitionen von Konsonant und Vokal sind nicht absolut allgemeingültig. Nicht alle vorkommenden Fälle in den Sprachen der Welt werden davon erfaßt. So kommen in etlichen Sprachen silbenbildende Nasale und Liquiden vor. Das gilt beispielsweise auch für Endungsformen in der deutschen Umgangslautung, insbesondere unter bestimmten Dialekteinflüssen. Das [h] wird häufig mit so geringer relativer Enge gebildet, daß man kaum von einem Hindernis sprechen kann.

Bei alledem ist der Begriff Hindernis ohnehin nur bezogen auf den exspiratorischen Luftstrom und relativ zu dessen Stärke zu sehen. So kann ein und derselbe Querschnitt einer Engebildung in Relation zu einer großen Strömungsgeschwindigkeit ein starkes Hindernis, gegenüber einer schwachen Strömung (fast) gar kein Hindernis sein. Bildet man beispielsweise ein [i] und behält man die Artikulationsstellung bei, während man die Phonation durch einfache Ausatmung ersetzt, so entsteht ein rauschender Laut, der etwa dem [ç] entspricht. Die Querschnittsfläche an der engsten Stelle bei der Artikulation des [i] kann sogar geringer sein als die Querschnitte bei der Erzeugung von Konsonanten, die durch Engebildung charakterisiert sind, z. B. im Vergleich zum [l].

In Sprachen, in denen stimmlose Vokale vorkommen, ist es nicht ohne weiteres gegeben, daß diese den Silbengipfel bilden. Wenn jedoch von allen genannten Problemfällen abgesehen wird, sind diese Definitionen von Vokal und Konsonant in schätzungsweise 98% der Fälle anwendbar.

Konsonanten werden zumindest nach den Kriterien von

1) Artikulationsmodus (Artikulationsart),
2) Artikulationsstelle und
3) Stimmbeteiligung

klassifiziert. Je nach dem betreffenden Sprachlautsystem müssen gelegentlich andere Kriterien zusätzlich verwendet werden, z. B. Aspiration, Labialisierung oder andere sekundäre Modifikationen.

Vokale werden zumindest nach den Kriterien von

1) Artikulationsstelle,

2) Öffnungsgrad und
3) Rundung
klassifiziert. In einigen Vokalsystemen müssen noch zusätzliche Kriterien herangezogen werden, wie z. B. Nasalierung, Retroflexion, Stimmlosigkeit und eventuell noch weitere Kriterien.[3]

6.12. **Der Artikulationsmodus**

Unter *Artikulationsmodus* oder *Artikulationsart* versteht man in der traditionellen Phonetik, *die Art und Weise, wie der Luftstrom im Ansatzrohr oder in der Glottis gehemmt bzw. modifiziert wird.* Diese Definition ist nicht ganz problemlos, denn neben dem Luftstrom sind auch noch Auswirkungen von Druckdifferenzen und reine resonanzbedingte Qualitätsbeeinflussungen durch Hohlraumveränderungen bei den lautlichen Vorgängen im Spiel, die unter Artikulationsmodus zusammengefaßt werden. Das diesen Vorgängen Gemeinsame ist die Tatsache, daß es sich um Artikulationseinstellungen oder -vorgänge handelt, die nicht bestimmte einzelne Sprechlaute darstellen, sondern als Merkmale einer Klasse von Sprachlauten fungieren. Fast immer jedoch ist mindestens ein Minimum an Luftströmung mit der Erzeugung dieser Merkmale verbunden, durchaus aber nicht immer deren unmittelbare Ursache. Weiterhin ist dieser Luftstrom außer in Sonderfällen, insbesondere in pathologischen, praktisch immer ein exspiratorischer. Da also irgendeine Form oder Ausprägung eines exspiratorischen Luftstromes oft entweder Ursache für das betreffende Merkmal oder zumindest begleitendes Indiz dafür ist, bleiben wir bei der oben angegebenen traditionellen Definition, merken jedoch an, daß der Begriff *Luftstrom* sehr weit verstanden werden muß und teilweise stellvertretend für andere mit dem Luftstrom verbundene oder parallel dazu vorhandene Vorgänge steht.

Ein weiteres Systematisierungsproblem ist die Beteiligung oder Nicht-Beteiligung der Phonation. Zum Artikulationsmodus wird gewöhnlich nicht die Vibration der Stimmlippen (5.7.), d. h. die Stimmhaftigkeit, gerechnet. Einige Phonetiker betrachten jedoch in voller Logik der oben angegebenen Definition die Frage der Stimmbeteiligung auch als Artikulationsmodus.

[3] In älteren phonetischen Beschreibungen gibt es die Begriffe *Halbvokal* und *Halbkonsonant*. Es scheint besser, diese Klassifizierung völlig aufzugeben. Nach der hier angegebenen Teilung zwischen Vokal und Konsonant sind *Halbvokale* und *Halbkonsonanten* (auch gelegentlich *Semivokale* und *Semikonsonanten* genannt) der traditionellen Art einfach entweder Vokale oder Konsonanten.

Wenn die Frage der Stimmbeteiligung nicht zum Artikulationsmodus gerechnet wird, können wir mindestens 13 Artikulationsmodi angeben, wie in der folgenden Aufzählung dargelegt wird:

Name	Kurze Beschreibung	Beispiele
1) Oral	Das Velum schließt den Zugang zur Nasenhöhle, so daß keine Luft durch die Nase entweichen kann. Die schallerzeugenden Strömungs- und Druckausgleichsvorgänge samt deren artikulatorischer Verursachung und alle schallmodifizierenden Hohlraumveränderungen, welche die Resonanzverhältnisse für alle an der Lautbildung beteiligten Schallelemente variieren, finden im pharyngo-oralen Ansatzrohr statt.	[i v p w]
2) Nasal	Das Velum hängt nach unten und an irgendeiner Stelle der Mundhöhle befindet sich ein Totalverschluß, so daß die Luft nur durch die Nase entweichen kann. Die bei stimmlosen Nasallauten schallerzeugenden Strömungsvorgänge finden in dem pharyngo-nasalen Ansatzrohr, speziell in den Kanälen zwischen den Nasenmuscheln, statt. Das vor allem bei den stimmhaften Nasallauten evidente Klassenmerkmal der Nasalqualität hat seine Ursache in dem resonatorischen Mitwirken des Nasenhohlraumes mit seinen spezifischen, aber nicht veränderbaren Hohlraum- und Oberflächencharakteristika (Raumform, Oberflächengröße und stark schleimbedeckte Schleimhautauskleidung). Die zur resonatorisch bedingten Schallmodifizierung erforderliche Hohlraumveränderung wird durch den hinter der jeweiligen oralen Verschlußstelle liegenden pharyngooralen Ansatzrohrteil bestimmt.	[m m̥ n]
3) Nasaliert	Eine orale Lautbildung (siehe Ziff. 1) mit herabhängendem Velum, also zusätzlich mit nasa-	[ã ẽ s̃ z̃]

Name	Kurze Beschreibung	Beispiele
	ler Bildung. Die Luft kann durch den Mund und durch die Nase entweichen. Die bei nasalierten Lauten vorhandenen schallerzeugenden Strömungsvorgänge finden zur Hauptsache, allerdings in abgeschwächter Form, im pharyngo-oralen Ansatzrohrteil statt. Ebenfalls in diesem Ansatzrohrteil wird die zur resonatorisch bedingten Schallmodifizierung erforderliche Hohlraumveränderung durchgeführt. In jedem Fall kommt die Nasalqualität, wie beim nasalen Artikulationsmodus (siehe Ziff. 2) erläutert, dazu. *Anmerkung:* Die Modi Ziff. 2 und 3 werden häufg, wie beispielsweise in der Lauttafel der IPA (Abb. 3a, b), zu dem Artikulationsmodus Nasal zusammengefaßt. Für die Beschreibung regulärer Lautsysteme ist diese Vereinfachung im allgemeinen ausreichend, für abweichende pathologische Artikulationen nicht (6.22.1. S. 109–115).	
4) Zentral	Der Luftstrom kann nur durch die Mitte des Mundhohlraumes entweichen. Dort finden die entscheidenden Schallerzeugungsvorgänge statt, oder die für diese Luftführung erforderliche Hohlraumgestaltung bedingt die resonatorisch bedingte Schallmodifikation, ohne daß in dieser Beziehung ein mehr oder weniger stark vorhandener Luftstrom eine entscheidende Funktion hat.	[i p s f]
5) Lateral	Der Luftstrom kann nur seitlich durch eine oder durch beide Seiten der Mundhöhle entweichen. Die bei dieser Luftführung erforderliche Hohlraumform bedingt die für die Mehrzahl der lateralen Laute entscheidende resonatorische Schallmodifikation. Bei stimmlosen lateral gebildeten Lauten, bei denen wiederum	[l l̥]

Name	Kurze Beschreibung	Beispiele
	die Wirkung des Luftstromes wesentlich ist, tritt durch dessen Verwirbelung in den seitlichen Öffnungen zwischen Zungenrand und Alveolardamm ein Rauschen wie bei Engelauten auf (siehe Ziff. 7).	
6) Verschluß	Völliges aktives Schließen des Luftdurchgangs zwischen zwei oder drei Artikulationsorganen und anschließende aktive Wiedereröffnung. Dabei erfolgt Abbremsung, Unterbrechung und Beschleunigung des Luftstroms sowie Aufbau, Erhaltung und Ausgleich einer Druckdifferenz zur Erzeugung lautklassenspezifischer Schallformen (impulsartiger Abfall und Anstieg der Lautstärke und Rauschimpulse an bestimmten Stellen) während der Verschluß- und Öffnungsvorgänge. Dabei laufen außerdem in Abhängigkeit von der Artikulationsstelle und von der Form des verschlußbildenden Organs spezifische Veränderungen der Hohlraumform im pharyngooralen Ansatzrohrteil ab, und dies hat Konsequenzen für die resonatorisch bedingte Schallmodifikation während dieser relativ schnellen Bewegungen bei der Verschlußbildung und der Öffnung.	[p t k k͡p]
7) Enge	Zeitweilige Verengung zwischen Artikulationsorganen, so daß in der Luftströmung in und hinter der Enge (Düse) Wirbel entstehen. Diese stellen sich in der Schallform des Rauschens dar. Die Verengungen und Erweiterungen erzeugen als Hohlraumveränderungen zusätzlich resonatorisch bedingte Schallmodifikationen.	[s f v ç]
8) Affrikate	Völliges aktives Schließen des Luftkanals wie bei dem Artikulationsmodus Verschluß (siehe	[ts dz tʃ pf]

Name	Kurze Beschreibung	Beispiele
	Ziff. 6) mit anschließender nur leichter Wiederöffnung und Beibehaltung einer Enge (siehe Ziff. 7).	
9) Vibrant	Strömungsdynamisch verursachtes Vibrieren (in der Art eines periodischen Flatterns) eines Artikulationsorgans gegen ein feststehendes anderes, selten auch zwei gegeneinander vibrierende Organe, z. B. beim bilabialen [ʙ] („Kutscher-R"). Wechsel zwischen Verschluß oder Beinahe-Verschluß einerseits und Öffnung andererseits (intermittierender Verschluß) erzeugt Amplitudenmodulation des Schalles und gegebenenfalls in schwacher Ausprägung ähnliche Schallformen wie bei dem Artikulationsmodus Verschluß als lautklassenspezifisch bezeichnet (siehe Ziff. 6), hier allerdings mehrfach in schneller Folge. Artikulationsstellung und -bewegungen erzeugen auch in diesem Fall resonatorisch bedingte Schallmodifikationen.	[r ʀ]
10) Tap	Ein Artikulationsorgan wird sehr schnell gegen ein anderes Artikulationsorgan bewegt und ebenso schnell gelöst, was etwa dem Vorgang einer *„einmaligen Vibration"* (siehe Ziff. 9) oder dem einer sehr kurzen Verschlußbildung (siehe Ziff. 6) entspricht.	[ɾ]
11) Flap	Ein Artikulationsorgan berührt im Vorbeigleiten ein anderes Artikulationsorgan. Dabei entstehen sehr kurzzeitig ähnliche Düseneffekte wie bei den Enge-Lauten (siehe Ziff. 7).	[ṛ ɹ]
12) Approximant	Annäherung von zwei Artikulationsorganen, ohne daß der Zwischenraum so eng wird, daß bei der relativ schwachen Luftströmung Luftverwirbelungen entstehen können. Wie beim	[w j]

Name	Kurze Beschreibung	Beispiele
	vokalischen Artikulationsmodus (siehe Ziff. 13) hat also der Luftstrom keine Artikulationsfunktion. Entscheidend ist die resonatorisch bedingte Schallmodifikation durch Veränderung der Hohlraumform.	
13) Vokal	Bei Totalverschluß des velopharyngalen Nasenzugangs durchgehende unterschiedlich eingeengte Öffnung des pharyngo-oralen Ansatzrohrteiles. Es kommen keine strömungs- oder druckdifferenzbedingten Effekte vor. Die Luftströmung hat also keine artikulatorische Funktion. Die Einstellung der Hohlraumform (bei Diphthongen und in Lautübergängen auch die gleitende Veränderung der Hohlraumform) modifiziert die Resonanzverhältnisse und damit die Schallform des Stimmklanges als Veränderung der Qualität (darstellbar als Schallspektrum).	[a i u]

Die Artikulationsmodi sind teilweise kombinierbar, aber teilweise schließen sie sich gegenseitig aus. Die Artikulationsmodi *oral*, *nasal*, *nasaliert* teilen alle Sprachlaute in drei Kategorien ein. Entweder ist ein Sprachlaut nasal oder oral oder beides zugleich (nasaliert). Der Definition zufolge schließen sich diese drei Modi gegenseitig aus. Bei systematischer Zusammenfassung von nasaliert und nasal schließen sich die Modi *oral* und *nasal* gegenseitig aus.

Das gleiche gilt beispielsweise auch für die Artikulationsmodi *zentral* und *lateral*. Kein Laut kann normalerweise gleichzeitig zentral und lateral sein.

Bei nasaler Lautbildung gibt die Unterscheidung nach *zentral* und *lateral* wenig Sinn. Diese Modi können also mit *nasal* nicht kombiniert werden. Dagegen sind *zentral* und *lateral* Spezifizierungen des *oralen* Modus, können also durchaus mit *oral* kombiniert werden.

Die ersten fünf Artikulationsmodi (oral, nasal, nasaliert, zentral, lateral) geben im wesentlichen die resonatorisch wirksamen Grundformen des Ansatzrohrhohlraumes an. Stellvertretend für diese akustisch bedeutsamen Hohlraumformen kann man wie in der von uns akzeptierten traditionellen Definition des Artikulationsmodus die Durchgangswege des mehr oder weniger wirkenden exspiratorischen Luftstromes betrachten.

Die weiteren Artikulationsmodi geben in vereinfachender Betrachtungsweise Spezifizierungen an, die zu den ersten fünf hinzutreten können; allerdings handelt es sich um Spezifizierungen auf unterschiedlichen Ebenen. Im wesentlichen geben sie örtliche Einstellungsarten und -grade oder bestimmte Ablaufsereignisse im Rahmen einer eingestellten resonatorischen Grundform an. So ist z. B. *lateraler Engelaut* [ɬ] durchaus denkbar und auch sprachlich attestiert, obwohl die meisten Engelaute zentral sind. Auch ist die Kombination von *Enge* und *Vibrant* [ř] belegt und ohne weiteres möglich.

Der Artikulationsmodus *Affrikate* kann als Sequenz von *Verschluß* und *Enge* betrachtet werden. Aus diesem Grund erkennen einige Phonetiker *Affrikate* nicht als einen eigenständigen Artikulationsmodus an. Für die Anerkennung sprechen jedoch andere sprachfunktionelle und artikulatorische Gründe, weshalb wir es vorziehen, *Affrikate* als besonderen Artikulationsmodus zu betrachten.

Die Artikulationsmodi *Tap* und *Flap* könnten eventuell als *Varianten* von *Vibranten* angesehen werden. Ein *Tap* wird im Deutschen gelegentlich als „*Einschlagsvibrant*" bezeichnet, während für *Flap* bisher keine besondere Terminologie vorgeschlagen wurde. Es ist jedoch genauer, drei Artikulationsmodi zu unterscheiden, wie es von uns vorgeschlagen und hier durchgeführt wird.

Die Artikulationsmodi 1. bis 12. charakterisieren und unterscheiden Konsonanten. Im Gegensatz dazu steht der 13. Artikulationsmodus *Vokal*, unter den alle Vokale, aber keine Konsonanten fallen. Einige Phonetiker betrachten *Vokal* nicht als Artikulationsmodus, sondern als etwas ganz anderes, als eine Kategorie für sich. Wenn man jedoch anerkennt, daß *Vokal* verglichen mit *Approximant* nur durch eine graduelle Erweiterung des Mundkanals charakterisiert ist, scheint es doch gerechtfertigt, *Vokal* als einen eigenständigen Artikulationsmodus zu betrachten.

6.13. **Die Artikulationsstelle**

Die zweite Dimension, nach der alle Sprachlaute klassifiziert werden müssen, ist die der *Artikulationsstelle.* Unter Artikulationsstelle versteht man *den Ort im Ansatzrohr, an dem zwischen zwei Organen der Abstand am geringsten ist.* Wenn es sich als Extrem auf der einen Seite um Verschlußlaute handelt, ist der Abstand gleich Null, da die Organe sich berühren. Bei Vokalen kann auf der anderen Seite dieser Abstand relativ groß sein. Einige Konsonanten wie z. B. [k͡p ɡ͡b] müssen nach dieser Definition der Artikulationsstelle als an zwei Artikulationsstellen gleichzeitig gebildet angesehen werden.

Liste von Artikulationsstellen (vgl. S. 84, Abb. 33 ohne Bezug auf die dortigen Ziffern):

Name	Kurze Beschreibung	Beispiele
1) Bilabial	Beide Lippen sind beteiligt	[p b m β]
2) Labiodental	Unterlippe gegen obere Schneidezähne	[f v]
3) Linguolabial	Zungenspitze gegen Ober- oder Unterlippe	[b̼ d̼ m̼ l̼]
4) Interdental	Zungenspitze zwischen den Schneidezähnen	[θ ð]
5) Dental	Zungenspitze gegen die oberen Schneidezähne	[t̪ d̪]
6) Laminaldental (denti-alveolar)	Mit flacher Zunge gegen die Zahnkrone	[t̻ l̻ s̻]
7) Apikal-alveolar (coronal alveolar)	Zungenspitze gegen die Alveolen	[t d n]
8) Laminal-alveolar	Mit flacher Zunge die Zungenränder gegen die Alveolen	[t l]
9) Präpalatal	Zungenspitze bzw. Vorderzunge gegen den Vordergaumen	[ʃ ʒ]
10) Apikal-retroflex	Nach oben oder nach hinten gebogene Zungenspitze gegen den Vordergaumen oder sogar gegen den Hochgaumen	[ɖ ɳ ɽ ʂ]
11) Palato-alveolar (laminal-postalveolar)	Mit flacher Zunge die Zungenspitze oder die Vorderzunge gegen die Übergangszone zwischen Alveolen und Vordergaumen	[t̠ d̠ l̠]
12) Palatal	Mittelzunge gegen den Hochgaumen	[j ç ɲ]
13) Velar	Mittelzunge bzw. Hinterzunge gegen das Velum oder an die Grenze zwischen hartem und weichem Gaumen	[k g ŋ x]
14) Uvular	Hinterzunge gegen das Zäpfchen	[ʀ ɴ ɢ q]
15) Pharyngal	Hinterzunge (Zungenwurzel) gegen die Pharynxwand	[ħ ʕ]
16) Epiglottal	Die Epiglottis legt sich gegen die Pharynxwand oder verengt den Kehlkopfeingang ohne ihn völlig zu schließen	[ʜ ʡ]
17) Laryngal (glottal)	Verschluß oder Enge zwischen den Stimmlippen	[ʔ h ɦ]

Ebenso wie es prinzipiell beim Artikulationsmodus im Kontinuum zwischen maximaler Öffnung und Verschluß unendlich viele Grade gab, muß in der Realität auch die Anzahl der Artikulationsstellen zwischen ganz vorn und ganz hinten als unendlich groß angesehen werden. Es geht jedoch wie immer in der Phonetik auch hier darum, eine Kategorisierung zu schaffen, die linguistisch distinktive Oppositionen feststellen und beschreiben kann. Wir glauben, mit der oben gegebenen Auflistung einen tragfähigen Kompromiß zwischen dem Streben nach Universalität und der Notwendigkeit zur Beschränkung gefunden zu haben, dürfen jedoch nicht verschweigen, daß unter Phonetikern kein volles Einvernehmen über die Anzahl der anzunehmenden Artikulationsstellen besteht. So werden beispielsweise *postalveolar* (an der Grenze zwischen Alveolen und Vordergaumen) und *postpalatal* (an der Grenze zwischen hartem und weichem Gaumen) als weitere Artikulationsstellen angegeben. Die hier vorgeschlagene Einteilung nach 17 Artikulationsstellen wird jedoch den Lautsystemen der meisten Sprachen gerecht.

Kaum eine Sprache verwendet alle diese Artikulationsstellen. So hat das Deutsche z. B. keine Interdentalen, und reine Dentale kommen im Deutschen auch nicht vor. Sofern derartige Laute angegeben werden, handelt es sich um alveodentale [t d n], die aber der Einfachheit halber als *Dentale* bezeichnet werden. Solche Vereinfachungen, die nicht immer anatomisch-physiologisch exakt sind, sind in der Phonetik und in Sprachbeschreibungen sehr häufig. Man mag es bedauern, daß es so ist, muß sich aber damit abfinden.

6.14. **Die Stimmbeteiligung**

Das Kriterium der Stimmbeteiligung ist ein binäres Kriterium und unterscheidet funktionell stimmhafte von funktionell stimmlosen Lauten. Dieses Kriterium betrifft normalerweise nur Konsonanten, da Vokale gewöhnlich stimmhaft sind (6.16.).

Wenn man von Schallelementen und deren hörbaren Lautmerkmalen ausgeht, wäre hier eine Dreiteilung angebracht und zwar folgendermaßen: Die *stimmlosen* Laute sind eindeutig dadurch bestimmt, daß in ihnen der Stimmklang nicht vorkommt. Sie bestehen aus Rauschen (oder ähnlich unbestimmtem Schall, der als Geräusch bezeichnet wird). Die *stimmhaften* Laute enthalten alle den Stimmklang; sie lassen sich jedoch weiter aufteilen in die *rein stimmhaften* und in die *gemischt stimm-/rauschhaften*. Für die linguistische Kategorisierung ist es jedoch im allgemeinen ausreichend, nur binär nach Vorhandensein und Abwesenheit der Stimme zu unterscheiden.

Physiologisch wird unter *stimmhaft* verstanden, daß die Vibration der Stimmlippen (die *Phonation)* für die Lautbildung entscheidend ist und unter *stimmlos,* daß keine solche Vibration für die Identität des Lautes notwendig ist.

In der Sprachbeschreibung hingegen werden die Sprachlaute zweigeteilt in Laute, die *inhärent stimmlos* oder *inhärent stimmhaft* sind. Damit ist gemeint, daß sie ihrem wahrnehmungsmäßig erfaßten Wesen nach, nicht unbedingt in der aktuellen Realisierung, stimmlos oder stimmhaft sind.

Wenn ein Laut, der an sich stimmhaft ist, in der Realisierung gelegentlich mehr oder weniger stimmlos wird, wird dies in der phonetischen Transkription mit ◦ bezeichnet: [b̥ d̥ g̊ n̥]. Wird dagegen ein an sich stimmloser Laut gelegentlich mehr oder weniger stimmhaft, wird dies mit ˇ bezeichnet: [s̬ f̬ t̬ k̬].

Man muß also zwischen der gelegentlichen und der inhärenten Stimmhaftigkeit bzw. Stimmlosigkeit unterscheiden. In der Realisierung können die Sprechlaute *halbstimmhaft* (bzw. beliebig anteilig) oder *halbstimmlos* (bzw. beliebig anteilig) sein. Funktionell, also bei der Kategorisierung in Sprachlautsystemen, sind sie nur entweder *stimmhaft* oder *stimmlos.*

In Sprachlauttabellen wie beispielsweise in der Lauttafel der IPA (vgl. Abb. 3a, b) wäre die Stimmbeteiligung eigentlich die dritte Koordinate eines dreidimensionalen Diagrammes. In der Praxis wird jedoch meistens die Lösung wie in den IPA-Tafeln gewählt, daß die stimmlosen und stimmhaften Laute paarweise in den Spalten der Dimension der Artikulationsstelle stehen.

6.15. **Sekundäre Modifikationen bei den Konsonanten**

Als sekundäre Modifikation wird *eine zusätzlich an anderer Stelle vorliegende Verengung bezeichnet, deren Verengungsgrad geringer ist als der Grad der Verengung an der primären Artikulationsstelle.* Es handelt sich also um eine zusätzliche Verengungsstelle zur eigentlichen Artikulationsstelle. Die Zahl der möglichen sekundären Modifikationen ist recht groß. Es ist angesichts des geringen Kenntnisstandes in der Phonetik vieler Sprachen wohl auch nicht möglich, eine erschöpfende Aufzählung der sekundären Modifikationen zu geben. Im folgenden zeigen wir jedoch die am häufigsten vorkommenden auf:

Name	Kurze Beschreibung	Beispiele
1) Labialisierung	Rundung bzw. Vorstülpen der Lippen	$[s_{w}\ l_{w}]$
2) Labiovelarisierung	Gleichzeitige Bildung an den Lippen und am Velum	$[g^{w}\ k^{w}]$

Name	Kurze Beschreibung	Beispiele
3) Palatalisierung	Annäherung der Vorderzunge an den Vorder-gaumen (Präpalatum) oder Verlagerung derArtikulationsstelle auf den harten Gaumen	[tʲ dʲ nʲ lʲ]
4) Retroflexion (Retroflexierung)	Zungenspitze nach oben bzw. nach hinten gebogen	[ɽ ɳ ɖ ʂ]
5) Velarisierung	Verlagerung der Artikulationsstelle in Richtung auf das Velum	[lˠ dˠ sˠ] oder [ɫ ɗ̴ s̴]
6) Pharyngalisierung	Verlagerung der Hinterzunge (bzw. der Zungenwurzel) in Richtung auf die Pharynxwand	[lˤ dˤ sˤ] oder [tᴰ dᴰ sᴰ]
7) Nasalierung	Mehr oder weniger weite Öffnung der velo-pharyngalen Enge	[z̃ ȷ̃ ã]

Zahlreiche andere Modifikationen kommen vor, z. B. in Lautverbindungen. Solche jedoch, die auf glottaler Ebene entstehen, sind besser als laryngale Elemente zu betrachten. Jedoch ist diese Frage in der Phonetik nie endgültig gelöst worden. Letzten Endes ist diese Problematik weitgehend eine Definitionsangelegenheit, die wiederum davon abhängig ist, ob man die glottale Ebene der Artikulation zurechnet oder – wie wir es getan haben – dem Bereich der Phonation.

Modifikationen, die ausschließlich im lautlichen Kontext entstehen, betrachten wir nicht als sekundär. Sie sind kontextuell, müssen aber selbstverständlich in einer engen phonetischen Transkription berücksichtigt werden.

6.16. **Die Vokale**

Vokale, die für sich einen Artikulationsmodus darstellen, werden nach den Kriterien (1) *Öffnungsgrad*, (2) *Artikulationsstelle* und (3) *Rundung* klassifiziert und sind normalerweise stimmhaft.

Unter *Öffnungsgrad* versteht man d*ie Entfernung zwischen Zungenrücken und dem nächstliegenden Punkt der Gaumenwölbung Die Artikulationsstelle ist der Punkt auf der Zungenoberfläche, an dem der Öffnungsgrad des Mundkanals am geringsten ist.* Mit wenigen Ausnahmen fällt die Artikulationsstelle mit dem höchsten Punkt der Zungenwölbung (oder des Zungenrückens) zusammen. Unter *Rundung* wird normalerweise *das Runden und Vorstülpen der Lippen* verstanden.

In der Realisierung der gesprochenen Sprache werden die Vokale so gebildet, daß die Artikulationsstellen als Punkte in etwa auf zwei sich kreuzenden Kurven liegen (Abb. 34).

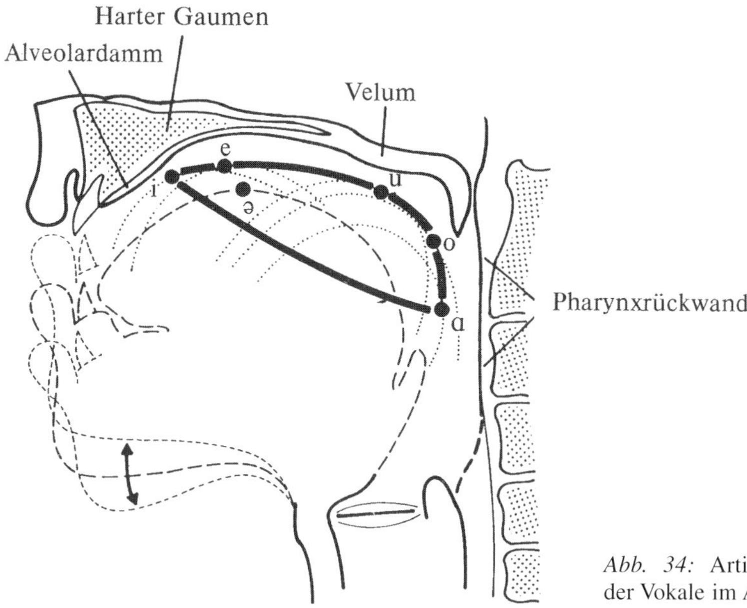

Abb. 34: Artikulationsstellen der Vokale im Ansatzrohr

An den Kreuzungspunkten der Kurven liegen die Artikulationsstellen der Vokale [i] und [ɑ] (bzw. [a]). Die Artikulationsstellen der anderen Vokale liegen auf den Kurven oder innerhalb der von beiden Kurven begrenzten Fläche.

In der Sprachbeschreibung wird diese Darstellung normalerweise weiter schematisiert und in der Form eines artikulatorischen Vierecks präsentiert (Abb. 35). Fallen in einer Sprache die /a/-Laute zusammen, so reduziert sich das Viereck auf ein Dreieck.

Horizontal wird die *Artikulationsstelle* abgetragen und vertikal der *Öffnungsgrad*. Für Vokale werden üblicherweise nur drei Artikulationsstellen angegeben: (1) *Palatal* (vorne) für vordere Vokale, die häufig Vorderzungenvokale genannt werden, (2) *zentral* für Vokale, die häufig Mittelzungenvokale genannt werden und (3) *velar* (hinten) für hintere Vokale, die häufig Hinterzungenvokale genannt werden.

Für den *Öffnungsgrad* werden üblicherweise vier Grade angenommen:

1) *Geschlossen* für Vokale mit hoher Zungenstellung wie [i] und [u].
2) *Halbgeschlossen* für Vokale wie [e] und [o].
3) *Halboffen* für Vokale wie [ɛ] und [ɔ].
4) *Offen* für Vokale mit niedriger (tiefer) Zungenstellung wie [a] und [ɑ].

Da das Vokaltrapez mit seinen Koordinaten Artikulationsstelle und Öffnungsgrad

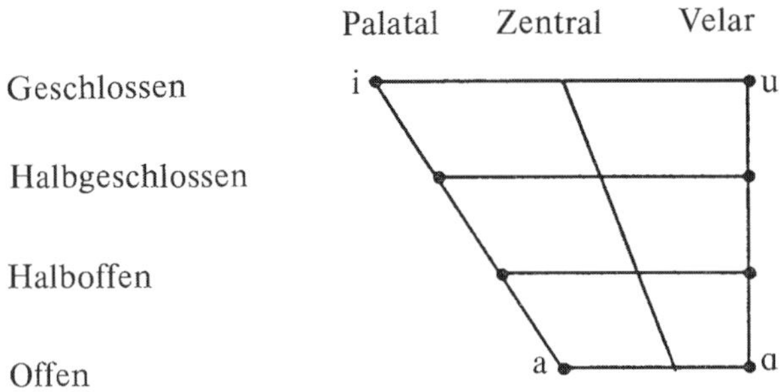

Abb. 35: Ein artikulatorisches Vokaltrapez

schon zweidimensional und eine drei- oder mehrdimensionale Darstellung auch hier schwer handhabbar ist, muß die Rundung als dritte Dimension irgendwie besonders gekennzeichnet werden. Gewöhnlich geschieht dies mittels des Transkriptionszeichens selbst oder durch eine andere besondere Kennzeichnung. Dasselbe gilt auch für andere eventuelle Parameter wie z. B. für die Nasalierung.

6.17. **Das Kardinalvokalsystem**

Ein häufig verwendetes Beschreibungsmodell des Vokalsystems ist das des Kardinalvokalsystems. Ein Kardinalvokal ist ein bestimmter fixierter und unveränderlicher Referenzpunkt innerhalb des Vokalbereiches (6.16.). Zu diesem Referenzpunkt werden andere Vokalqualitäten in Beziehung gebracht. Die Referenzpunkte bilden das Kardinalvokalsystem. Jede Vokalqualität aus dem Lautsystem jeder Sprache kann nun in Beziehung zu diesen Referenzpunkten gebracht werden.

Das Kardinalvokalsystem wurde vom englischen Phonetiker Daniel Jones entwickelt. Danach sind die Extrempunkte des Systems artikulatorisch bestimmt: [i] ist der höchste, engste und am weitesten vorn gebildete Vokal und [ɑ] der niedrigste, weiteste (tiefste) und am weitesten hinten gebildete Vokal. Diese Kardinalvokale haben Lautqualitäten, die laut Jones aus ihren genau definierten artikulatorischen Stellungen resultieren sollen. Die übrigen Kardinalvokale werden nun auf auditiver Ebene relativ zu diesen zwei Vokalen bestimmt (Abb. 36). Die Gesamtheit aller in den artikulatorischen Koordinaten möglichen Vokale bildet auditiv und akustisch gesehen ein Kontinuum. Im Bereich zwischen [i] und [ɑ] werden nun auf der linken und unteren Begrenzungskurve drei Vokalqualitäten gesetzt: [e], [ɛ] und [a]. Die Vokalreihe [i] bis [ɑ] besteht aus fünf Vokalen, zwischen denen angeblich auditiv gleiche Abstände bestehen. Auf der rechten Begrenzungskurve werden ebenfalls drei Vokale in angeblich *auditiv gleichen Abständen* angebracht: [ɔ], [o] und [u]. Die Stellungen der vier Vokale [i a ɑ u] wurden außerdem anhand von Röntgenaufnahmen ermittelt.

Diese acht Vokale werden die *primären Kardinalvokale* (Abb. 35) genannt und von 1 bis 8 durchnummeriert und in ein Vokaltrapez eingetragen. Die Vokale [u o ɔ] sind *gerundet*; die übrigen fünf Vokale sind *ungerundet*.

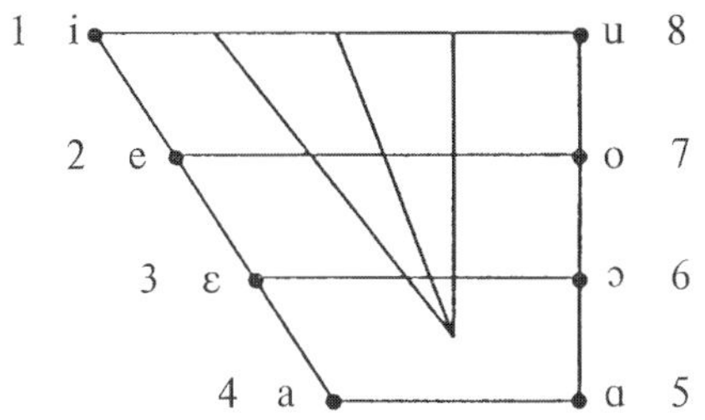

Abb. 36: Die primären Kardinalvokale

Die wichtigsten Prinzipien des Kardinalvokalmodells können wie folgt zusammengefaßt werden:

1) Die Kardinalvokale sind willkürlich gewählte Vokalqualitäten. Sie sind deskriptive Elemente, aber nicht etwas, was allgemeingültig in Sprachen wirklich existiert.
2) Die Qualität der Kardinalvokale ist unveränderlich und auditiv genau definiert.
3) Sie sind periphere Vokale. Der höchste Punkt der Zunge liegt für jeden Kardinalvokal auf den Begrenzungskurven des Bereiches, in dem die Artikulationsstellen der Vokale liegen können (vgl. Abb. 34).
4) Die Kardinalvokale sind in angeblich *auditiv gleichen* Abständen zueinander lokalisiert.
5) Die Anzahl der Kardinalvokale beträgt acht.

Soweit seien hiermit die wichtigsten Punkte aus der Theorie der Kardinalvokale von Daniel Jones dargestellt. Es muß noch einmal betont werden, daß nur [i] und [ɑ] in diesem System artikulatorisch definiert sind. Alle anderen Vokalqualitäten sollen auditiv eingeordnet sein. Von der auditiven Vokalqualität kann jedoch *nicht* auf die artikulatorische Stellung geschlossen werden. So hat man aufgrund von Röntgenphotographien festgestellt, daß den angeblich auditiv gleichen Schritten, die die Kardinalvokale voneinander trennen, nicht artikulatorisch gleiche Schritte der Artikulationsstellenverschiebung entsprechen. Diese Diskrepanz zu kennen ist sehr wichtig. Häufig wird über diese Problematik nicht nachgedacht, sondern es wird einfach angenommen, daß den auditiven Qualitäten artikulatorische Konstellationen eindeutig zuzuordnen seien. (Zur Frage der Kardinalvokale vgl. auch Collins/Mees 1995; 1999.)

6.18. Sekundäre Kardinalvokale

Das in 6.17. kurz beschriebene Kardinalvokalsystem könnte in dieser Form als Basis für die Beschreibung des Vokalsystems jeder Sprache verwendet werden. Es schien jedoch, vor allem wegen der großen Variabilität in den Lautsystemen, zweckmäßig, eine Reihe sekundärer Kardinalvokale zu definieren (Abb. 37). Die vorderen sekundären Kardinalvokale sind im Gegensatz zu den primären vorderen Kardinalvokalen gerundet, und die hinteren sind entsprechend ungerundet. Eine Ausnahme bildet das [ɒ], das gerundet ist. Außerdem werden drei zentrale gerundete und drei zentrale ungerundete Vokale definiert. Somit besteht also das aus den primären und sekundären Vokalen zusammengesetzte gesamte Kardinal-vokalsystem aus 22 Vokalqualitäten.

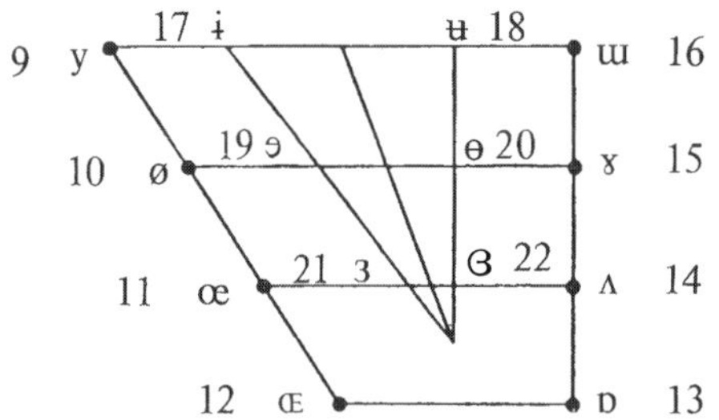

Abb. 37: Die sekundären Kardinalvokale

Bei der Darstellung der Kardinalvokale im artikulatorischen Trapez ist es üblich, daß die vorderen ungerundeten Vokale an der Peripherie stehen. In der Reihe der hinteren Vokale stehen die gerundeten Vokale an der Peripherie, so daß das vollständige Kardinalvokalsystem wie in Abbildung 38 aussieht:

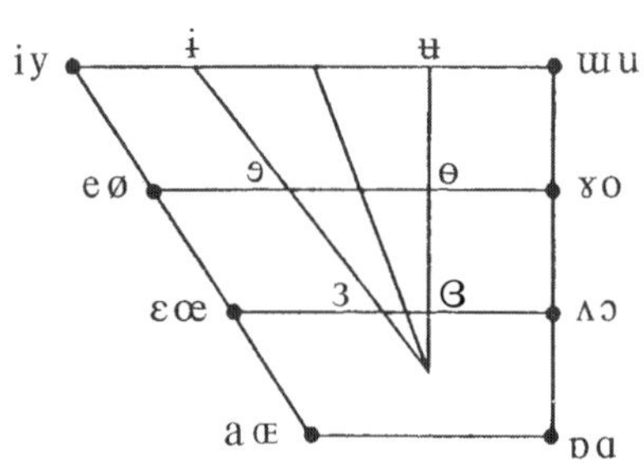

Abb. 38: Das Kardinalvokalsystem: Primäre und sekundäre Kardinalvokale

6.19. Sekundäre Modifikationen

In vielen Fällen sind die drei Dimensionen Artikulationsstelle, Öffnungsgrad und Rundung ausreichend, um alle Vokale einer Sprache ausreichend zu charakterisieren. In zahlreichen Fällen müssen jedoch zusätzliche Parameter herangezogen werden, die als sekundäre Modifikationen bezeichnet werden können. Die wichtigsten dieser sekundären Modifikationen sind:

1) *Nasalierung*

Vokale sind, wenn nicht anders vermerkt, oral. Sie können jedoch zusätzlich durch die velo-pharyngale Öffnung zur Nasenhöhle leicht eine Nasalresonanz erhalten. Diese Nasalierung wird in der phonetischen Transkription durch die Tilde, also durch das Zeichen ~ über dem Vokalzeichen angegeben: [ã ɔ̃ œ̃ ɛ̃ ẽ]. Realistisch wäre es durchaus, daß die Nasalierung in zwei bis drei Graden angegeben werden könnte. Gewöhnlich rechnet man jedoch nur mit einem Nasalierungsgrad.

2) *Retroflexion (Retroflexierung)*

Während der Vokalartikulation wird die Zungenspitze nach hinten gebogen. Die Retroflexion wird in der Umschrift durch einen nach hinten gebogenen Haken angegeben:

Amerikan. Englisch *bird* [bɝ:d] „Vogel“.

3) *Stimmlosigkeit*

Vokale sind gewöhnlich stimmhaft und kommen in allen bisher bekannten Sprachsystemen stimmhaft vor. In einigen Sprachen gibt es jedoch auch stimmlose Vokale. Häufig, jedoch nicht zwingend, sind die stimmlosen Vokale an eine bestimmte konsonantische Umgebung gebunden. Stimmlosigkeit des Vokals wird durch einen untergesetzten kleinen Kreis angegeben: [ḁ i̥ u̥].

4) *Lippenverengung*

Lippenverengung charakterisiert den schwedischen Vokal in *nu* [nʉ:] „jetzt“ im Gegensatz zu *ny* [ny:] „neu“, dessen Vokal gerundet ist. In phonetischen Beschreibungen des Schwedischen spricht man häufig von zwei Graden der Lippenrundung. Wahrscheinlich ist es doch richtiger, den geringeren Rundungsgrad als Lippenverengung zu bezeichnen.

5) *Vorwärtsgezogene Zungenwurzel*

In einigen afrikanischen Sprachen gibt es Vokale, die sich fast nur durch die Stellung der Zungenwurzel unterscheiden. Für den einen Vokal befindet sich die Zungenwurzel weiter vorne als für den anderen. Die vorwärtsgezogene Zungenwurzel (advanced tongue root = ATR) ist ein Unterscheidungsmerkmal innerhalb des Vokalsystems. Abbildung 39 (nach Ladefoged 1964) zeigt Vokale mit vorwärtsgezogener und zurückgezogener Zungenwurzel in der afrikanischen Sprache Igbo.

6) *Glottalisierung*

Glottalisierte Vokale (Dantsuji 1982) kommen in der in China gesprochenen Yi-Sprache vor. Es scheint, daß diese Vokale mit glottaler Verengung gesprochen werden. Die Grundfrequenz der glottalisierten Vokale ist niedriger als die der

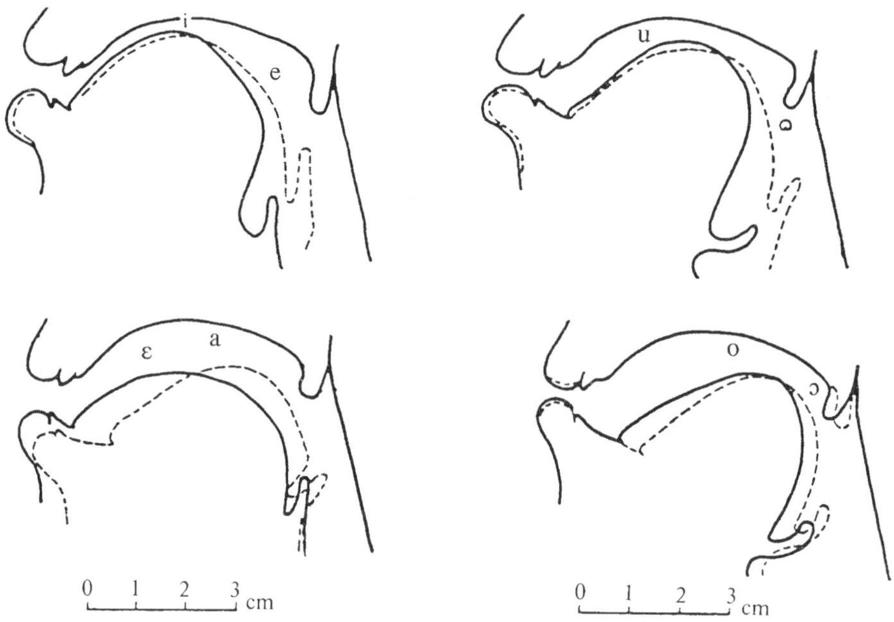

Abb. 39: Skizzenaus einem Röntgenfilm: Die Zungenstellungen in zwei Sätzen mit Igbo Vokalen (nach Ladefoged 1964)

nicht-glottalisierten. Da sie relativ offen sind, haben sie einen F_1 der höher, und einen F_2, der höher oder niedriger steht als bei den nicht-glottalisierten Vokalen (zu F_1 und F_2 vgl. 7.5.). Die Glottalisierung der Vokale in Yi ist von den Tönen der Sprache unabhängig und kann daher nicht als suprasegmental betrachtet werden.

6.20. **Diphthonge**

Als *Diphthong* wird ein vokalisches Element bezeichnet, das aus *zwei kontinuierlich ineinander übergehenden vokalischen Klangfarben besteht und einen Silbenkern bildet*. Es gibt zwei Kriterien zur Klassifizierung der Diphthonge. Das eine Kriterium ist artikulatorisch und bezieht sich auf den Öffnungsgrad. Das andere Kriterium ist prosodisch und bezieht sich auf die Stellung des Akzents:

1) *Artikulatorische Klassifizierung*
   - a) *Fallende Diphthonge* (schließende Diphthonge) sind solche, deren zweites Element geschlossener als das erste ist: [aɪ aʊ aɔ ɔi].
   - b) *Steigende Diphthonge* (öffnende Diphthonge) sind solche, deren zweites Element offener als das erste ist: [ia ua oa iɔ iə].

c) *Gleichmäßige Diphthonge.* Beide Elemente haben den gleichen Öffnungsgrad: [iu ui].

2. Prosodische Klassifizierung

a) *Fallende Diphthonge.* Das erste Element trägt den Akzent: [ío ói ái ía] oder [io̯ oi̯ ai̯ ia̯] oder [i^{o} o^{i} a^{i} i^{a}].

b) *Steigende Diphthonge.* Das zweite Element trägt den Akzent: [ió oí aí iá] oder [i̯o o̯i a̯i i̯a] oder [^{i}o ^{o}i ^{a}i ^{i}a].

c) *Unbestimmte Diphthonge* (auch *Schwebelaute* genannt). Es läßt sich nicht feststellen, welches Element den Akzent trägt.

Im allgemeinen wird das artikulatorische Kriterium vorgezogen. Prosodische Kriterien sind jedoch häufig in Dialektuntersuchungen anzutreffen.

Ein Diphthong wird in der phonetischen Transkription gewöhnlich durch zwei Vokalzeichen transkribiert, die den Ausgangspunkt und den Endpunkt der Bewegungen der Artikulationsorgane während der Artikulation des Diphthongs angeben. Doch muß hinzugefügt werden, daß die beiden Elemente eines Diphthongs selten mit den entsprechenden Einzelvokalen (Monophthongen) identisch sind. Bei artikulatorisch fallenden Diphthongen ist das erste Element geschlossener und das zweite Element offener als bei den entsprechenden Vokalen. Bei artikulatorisch steigenden Diphthongen ist das erste Element offener und das zweite Element geschlossener als bei den entsprechenden Vokalen. Diphthonge sind typische Bewegungslaute. Die Bewegung wird innerhalb des Vokaltrapezes als Pfeil angegeben (Abb. 40). Dies ist logisch, da es sich um die Bewegung von einer Artikulationsstelle zur anderen und von einem Öffnungsgrad zum anderen handelt.

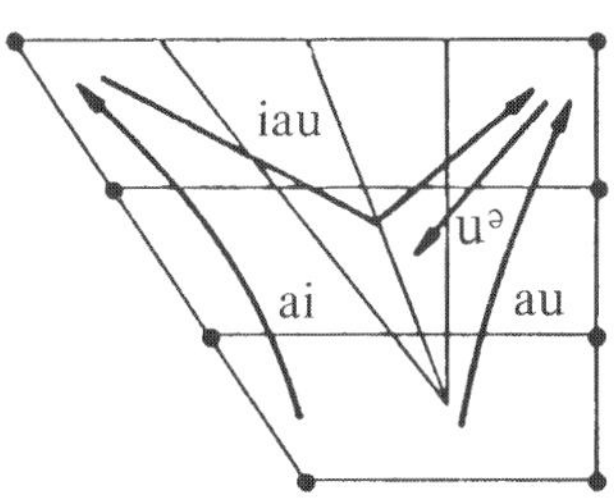

Abb. 40: Beispiele für Diphthonge und Triphthonge im Vokaltrapez

Wie alle Vokale bilden die Diphthonge die Silbenkerne. Allein oder zusammen mit Konsonanten stellt der Diphthong also eine Silbe dar. Gewöhnlich gehört diese Silbe zu einem Wort. Es kann jedoch vorkommen, daß eine Wortgrenze zwischen den beiden vokalischen Elementen läuft. Im Spanischen gibt es die echten Diphthonge, die eine Silbe bilden, und die unechten, deren Elemente verschiedenen Silben oder Wörtern angehören. Linguistisch gesehen handelt es sich dabei um zwei Vokale nebeneinander:

Sp. él toma y sale „er nimmt und geht weg“
[ai] = [a ≠ i]

Die Wortgrenze läuft zwischen [a] und [i].

Wenn vokalische Verbindungen pro Vokal eine Silbe bilden, handelt es sich nicht um Diphthonge, sondern um Monophthonge, die nebeneinander stehen:

Frz. il a eu une chance „er hatte Glück“
[il a y yn ʃãs]

Zwischen den Vokalen [a] [y] [y] läuft je eine Silbengrenze, so daß diese Vokale drei Silben bilden.

6.21. **Triphthonge**

Triphthonge sind vokalische Elemente, *die aus drei vokalischen Klangfarben bestehen und einen Silbenkern bilden.* Nach einigen Autoren muß das mittlere Element artikulatorisch immer offener als die Randelemente sein. Triphthonge sind z.B. aus dem Spanischen gut bekannt:

Sp. apreciáis [apreθi̯ai̯s] „ihr schätzt“

Aus welchen Elementen ein solcher kontinuierlich sich verändernder Laut wie der Diphthong oder der Triphthong besteht, ist oft sehr schwer zu objektivieren. In der Übergangsphase, die schneller oder kürzer ablaufen kann, kommen ja prinzipiell sogar unendlich viele Vokale vor. Die artikulatorische Gleitbewegung kann außerdem bezüglich der drei Dimensionen Artikulationsstelle, Öffnungsgrad und Lippenform in unterschiedlicher zeitlicher Koordination ablaufen, was in der Darstellung des Vokaltrapezes zu gebogenen Pfeillinien führen kann (Abb. 40), ohne daß es sich in der betreffenden Sprache dabei um einen Triphthong handeln muß. Wenn ein mittleres vokalisches Element als triphthongkonstituierendes Vokalsegment anerkannt wird, liegen dem meistens auf der Realisierungsebene irgendwelche Markierungen zugrunde, vorzugsweise der schon erwähnte deutlich höhere Öffnungsgrad bzw. auch ein Verharren oder ein Druckakzent, aber entscheidend für die Auffassung von Anzahl und Vokalqualität der Elemente ist deren sprachliche Funktion für den Sprecher wie auch für den Hörer.

6.22. Einige Bemerkungen zur Beschreibung abweichender bis pathologischer Artikulationen und deren Korrektur

In diesem Buch wird mehrfach im jeweils gegebenen Zusammenhang auf die Diskrepanz zwischen den realen *artikulatorischen Kontinua* und den sprachfunktional erforderlichen *artikulatorischen Kategorien*, unter denen *Lautmerkmale* bestimmt werden, hingewiesen. Und es sei in bezug auf die folgenden Ausführungen noch einmal gesagt, daß alle diese Abgrenzungen zwischen den Dimensionen des Artikulationsmodus, der Artikulationsstelle und der Stimmbeteiligung, zwischen allen Modi im einzelnen, zwischen den festgelegten einzelnen Artikulationsstellen und auch zwischen Stimmhaftigkeit und Stimmlosigkeit, daß eben alle diese Abgrenzungen zur Festlegung und Unterscheidung von sprachlichen Einheiten erforderlich sind. Diesem Erfordernis entspricht aber durchaus nicht immer eine eindeutige Abgrenzbarkeit und Unterscheidbarkeit in den zugrundeliegenden artikulatorischen und akustischen Signalen, denn diese sind aus z. B. im Sprecher oder in der Situation liegenden Gründen – vor allem aber wegen ihrer angesprochenen und im folgenden Absatz näher erläuterten *Zeitverlaufskontinuität* – äußerst variabel. Die als *invariant* aufgefaßten artikulatorischen Kategorien, die oben als die sprachfunktional erforderlichen gekennzeichnet wurden, entstehen erst im Zentralnervensystem des Menschen bei seinem Heranwachsen, Reifen und Sich-seiner-Welt-Bewußtwerden durch wahrnehmungsbasierte Erfahrungs-, Vergleichs-, Einordnungs- und Lernvorgänge. Diese *Invarianzen* auf der Merkmalsebene sind ebenso wie die aus ihnen konstituierten als *invariant* aufgefaßten sprachlichen Einheiten (Phoneme, Moneme usw.) keine materiell-energetisch *invarianten* Vorgänge, sondern *invariante Kategorien*. Sie sind nur als Erscheinungen in der geistigen Realität vorhanden. Die gesamte geistige Entwicklung von Kindern und damit auch die Sprech-/Sprachentwicklung können unter dem Aspekt der „Invariantenbildung" gesehen werden (Lindner 1991).

In der biomechanischen Realität der komplexen Artikulationsbewegungen stellt sich uns, wie oben schon ausgeführt, ein Kontinuum dar. Die Anzahl der Einstellungen und der Bewegungsmöglichkeiten im Sprechorgan ist unendlich groß. Das heißt aber nicht, daß die Stellungen und Bewegungen räumlich unbegrenzt seien. Es gibt selbstverständlich Grenzen anatomischer und bewegungsphysiologischer Art, teilweise auch in der Form von Wechselbedingungen. Die maximale Größe der Mundhöhlenöffnung, die mögliche vorderste und hinterste Lage des hochgewölbten Zungenrückens, die maximale Lippenspreizung und andere Extremwerte sind beispielsweise von der Anatomie bestimmt. Daß die Differenz zwischen maximaler Lippenrundung und -spreizung mit zunehmender Mundöffnung zwingend kleiner wird, ist ein Beispiel für wechselseitige Abhängigkeiten. Bei starkem Vor-

und Hochwölben des vorderen Zungenrückens sind ferner maximale Enge im Pharynxraum und maximale Tiefstellung des Kehlkopfes nicht möglich. Innerhalb derartiger äußerer Grenzen und Bedingungen aber gibt es keine sprunghaften Stufungen oder eindeutigen Abgrenzungen. Alle Wege über Strecken und Flächen oder durch Räume sind kontinuierlich. Für alle isolierbaren oder wechselseitig bedingten Vorgänge existieren zwar End- oder Grenzzustände, doch innerhalb dieser ändern sie sich kontinuierlich oder gehen kontinuierlich ineinander über.

Alle Lautbildungen sowie auch alle Lautbildungsfehler müssen unter dem Aspekt der artikulatorischen Kontinuität weniger als eine normale oder von der Normalität abweichende Hervorbringung und Kombination von einzelnen den *Merkmalen* entsprechenden Schallelementen verstanden werden, sondern in erster Linie als im zeitlichen Verlauf richtige oder abweichende Koordinationen aller am Sprechen beteiligten Teil-Bewegungsabläufe. Im Zusammenhang mit dem aus dem *artikulatorischen Zeitverlaufskontinuum* resultierenden *akustischen Zeitverlaufskontinuum* haben wir eine derartige regelhafte Bewegungsablaufskoordination am Beispiel des Wortes „Klinker“ in den „Elementen einer Akustischen Phonetik“ schematisch darzustellen versucht (Neppert 1999, S. 247). An den dort gegebenen Bewegungsablaufskurven kann man sehen, daß die exemplarisch ausgewählten Artikulationsorgane (hinterer Zungenrücken, seitliche Zungenränder, Zungenspitze, Glottis und Gaumensegel) teilweise parallele, teilweise gegenläufige, teilweise synchrone und teilweise zeitversetzte Bewegungen vollführen. In der Wirklichkeit sind im allgemeinen noch mehr Organe oder Organteile beteiligt, und deren Bewegungen verlaufen noch differenzierter als die gegebenen Kurven es angeben können. Im Rahmen gewisser Toleranzen muß aber jeder Teilbewegungsverlauf zeitlich mit allen anderen Teilbewegungsverläufen koordiniert sein, wenn entsprechend der Aussprachenorm einer bestimmten Sprache regelhaft artikuliert wird. Für die deutsche Sprache hat Lindner (1975) den „Sprechbewegungsablauf“ in einer ausführlichen Studie untersucht und beschrieben (vgl. auch Lindner 1994, 147–191).

Es kann also gesagt werden, daß die Möglichkeiten, mit den Atmungs- und den oberen Verdauungsorganen Schall zu erzeugen, unendlich vielfältig und groß sind. Und da in den Sprachen dieser Welt auf einen großen, jeweils anderen Teil dieser Möglichkeiten zurückgegriffen wird, ist auch die Anzahl der tatsächlich vorkommenden Sprachlaute und prosodischen Schallformen äußerst groß, und die der prinzipiell möglichen Sprechlaute ist unendlich groß. Selbst in einer bestimmten Sprache kann jeder Lautsystemeinheit, also auch jedem *Phonem,* prinzipiell eine unendlich große Zahl von Realisierungsmöglichkeiten, also von *Varianten* zugeordnet werden. Das bedeutet also, daß selbst bestimmte *Allophone* eines *Phonems,* wie im Deutschen beispielsweise der apikale und der uvulare Vibrant [r] und [ʀ], Typisierungen darstellen und damit ebenso wie die Phoneme Abstrakta sind. Wirklich konkret ist nur die aktuelle, also die einmalige Realisation: das *Phon* oder der aktuelle *prosodische Vorgang*.

Was heißt es nun unter diesen Voraussetzungen, von abweichender Stimm- und Lautbildung zu sprechen, wenn ein gewisses Maß an Abweichung stets stattfindet, also normal ist? Kann man ab einem bestimmten Abweichungsgrad von *pathologischer Stimm- und Lautbildung* sprechen oder sollte man das Attribut *pathologisch* in diesem Zusammenhang besser vermeiden?

Wir halten es für richtig, nicht bei den Formen der Stimm- und Lautbildung zwischen normal und pathologisch zu unterscheiden, sondern nur die Abweichungen von den Idealformen zu konstatieren und, soweit möglich, die Art und den Grad der Abweichungen anzugeben. Nur wenn Anomalien der Anatomie oder physiologische Anomalien oder Krankheitszustände den Abweichungen zugrundeliegen, dann halten wir eine Kennzeichnung als pathologisch für zulässig, allerdings mehr für die zugrundeliegenden Zustände als für die Stimm- und Lautbildungsformen selbst. Dabei sind wir uns allerdings dessen bewußt, daß es auch eine Umkehrung des Ursache-Wirkungszusammenhanges, also Wechselwirkungen gibt, und zwar insbesondere bei der Stimmbildung. Zum Beispiel kommt nicht selten der Fall vor, daß Fehlbildungen beim Sprechen die Ursache für Krankheitszustände der Phonationsorgane sind. In derartigen Fällen oder anderen Fällen psychosomatischer Wechselbeziehungen muß dann der Gesamtzustand als pathologisch bezeichnet werden.

6.22.1. **Abweichungen ohne erkennbare pathologische Grundlage**

Im Bereich der Lautbildung wollen wir zunächst einige Betrachtungen über diejenigen Abweichungen anstellen, die offensichtlich keine pathologische Grundlage haben, sondern im Bereich der Variation des üblichen menschlichen Verhaltens und Vermögens liegen. Aufgrund von Störungen oder Verzögerungen der Entwicklung der Sinne und der Motorik, aufgrund des Mangels an Vorbildern oder adäquaten Reizen und aufgrund von Schwächen der angeborenen zentralen bis peripheren Grundausstattung eines Individuums kommen erhebliche Abweichungen bis Fehlformen in der Lautbildung vor. Sie lassen sich grundsätzlich mit den normalen artikulatorischen Kategorien beschreiben. Insofern sind diese Kategorien auch bei Sprechstörungen von erheblicher diagnostischer Bedeutung. Wenn man in der Diagnose keine differentiale Spezifikation und/oder Genese angeben kann, werden diese Abweichungen meist mit dem Attribut „*funktionell*“ belegt. Da derartige Abweichungen jedoch letzten Endes im gesamten Bereich des beschriebenen artikulatorischen Kontinuums liegen können, ist es meist erforderlich, die Beschreibungen differenzierter zu gestalten, als es für die sprachfunktionale Kategorisierung im Normalfall erforderlich und sinnvoll ist.

Bei allen derartigen *diagnostischen Beschreibungen* handelt es sich um differenzierte Angaben zu Art und Grad der Abweichungen, die die Angabe von Zwischenpositionen oder Tendenzen in Richtung auf bestimmte Positionen oder Modi erfordern. Denn solche diagnostischen Beschreibungen sollen ja dazu dienen, die Methode zur Umkehr der Abweichungen, also zur Annäherung an die Idealartikulationen zu finden. Und diese Annäherung findet wie die Abweichung wiederum prinzipiell im Kontinuum statt.

Wie schon in den Abschnitten 6.10. und 6.13. dargestellt, sind die zur Lautbestimmung verwendeten artikulatorischen Kategorien und die durch diese ermöglichten Merkmalsangaben Vereinfachungen und müssen es sein. Insbesondere das Fehlen der dritten Dimension in den auf dem Sagittalschnitt basierenden Artikulationsstellenangaben kann bei der Beschreibung von abweichenden Lautbildungen die Ursache dafür sein, daß die räumliche Ausformung von Artikulationsorganen nicht oder nur unzureichend erfaßt wird. Etliche dieser Ausformungen, jedenfalls solche, die regelhaft in Sprachen vorkommen, werden in den genannten Abschnitten 6.10. und 6.13. indirekt durch einige Artikulationsmodi mit angegeben, beispielsweise bei „oral", „nasal", „zentral" und „lateral". Andere solche Ausformungen sind in die Liste der Artikulationsstellen eingegangen. Begriffe wie „laminal" oder „apikal-retroflex" geben beispielsweise nicht nur die Stelle, sondern gleichzeitig auch die Ausformung des Artikulationsorgans an. Aus diesen Darlegungen wollen wir, wie schon in Abschnitt 6.10. gesagt, zwar nicht die Notwendigkeit einer weiteren artikulatorischen Grundkategorie wie *aktives Artikulationsorgan* oder *artikulierendes Organ* (von Essen 1979, 73–75, Wängler 1983, 39–40) begründen, dennoch muß darauf hingewiesen werden, daß es zur Diagnose von abweichenden Lautbildungen und zu deren Korrektur gelegentlich erforderlich ist, über das Inventar an lautbestimmenden und vereinfachenden Kategorien und Mermalen hinauszugehen und die Ausformung der artikulierenden Organe genauer zu beschreiben. Die einfachsten Beispiele dafür wären laterale Fehlbildungen beispielsweise bei [s] *(Sigmatismus lateralis),* bei [ʃ] *(Schetismus lateralis)* oder bei anderen oder mehreren Lauten *(multiple Lateralität).* Daß beim [l] mindestens eine laterale Öffnung vorhanden sein muß, ist bekannt, wenn auch im Sagittalschnitt nicht darstellbar. Daß eventuell nur eine gebildete Öffnung oder beide zusammen einen Mindestquerschnitt aufweisen müssen, damit der Laterallaut nicht zum stimmhaften Frikativ wird, ist jedoch auch zu beachten. Daß das apikal alveolare [r] in seiner Grundeinstellung zwar eine gewisse Ähnlichkeit zu den Verschlüssen bei [t] und [d] hat, kann bei der Anbildung des [r] methodisch ausgenutzt werden. Es führt aber nicht zum Erfolg, wenn außer acht gelassen wird, daß beim [r] der vordere Bereich des Zungenrückens flacher und mit weniger Druck an den Alveolen und am Vordergaumen anliegen muß, damit bei einem richtigen Verhältnis von Masse, elastischer Rückstellkraft und statischem Exspirationsdruck die vom „Bernoulli-Effekt" verursachte Selbsterregung und Selbsterhaltung der Öffnungs- und Verschlußzyklen möglich ist (vgl. zum Bernoulli-Effekt Abschnitt 5.7.). Auch bei artikulatorischen Mischformen, falls sie nicht mehr, wie unten dargestellt, mit Hilfe sekundärer Artikulationsstellen oder Modifikationen beschreibbar sind, bleibt nur die Möglichkeit, über das vorgegebene Beschreibungssystem hinauszugehen und eine umfassende Gesamtbeschreibung zu geben.

Trotz des Wissens um die kontinuierlichen Abweichungen und Annäherungen ist es jedoch auf der anderen Seite unumgänglich, relativ genau bestimmte Fixpunkte im Kontinuum zu haben, um die Orientierung nicht zu verlieren. Darüber hinaus können diese Fixpunkte aber auch didaktisch-methodischen Zwecken dienen, beispielsweise dadurch, daß *Artikulationsmodus- oder Artikulationsstellenanalogien* beim Üben herangezogen werden. So läßt sich der Frikativ [ç] u. a. dadurch anbilden, daß man von der an derselben Artikulationsstelle gebildeten stimmhaften Form des [j] ausgeht, aber die Stimmgebung wegläßt. Oder es können die velaren Verschlußlaute vom velaren Nasalkonsonanten abgeleitet werden. Die Prinzipien der Stimmerzeugung oder Nichtstimmerzeugung lassen sich bei den Frikativen und bedingt auch bei den Verschlußlauten von einer Artikulationsstelle zur anderen übertragen. Und als letztes Beispiel sei angeführt, daß in der Stammlerbehandlung und im Artikulationsunterricht der Modus der Vibration bei der Anbildung eines der *R*-Laute zunächst gern am bilabialen Vibranten [ʙ] („Kutscher-R") bewußt gemacht und geübt wird.

Abweichende Lautbildungen treten häufig auch in einer Form auf, die in Anlehnung an die Erscheinung der sekundären Modifikationen und der sekundären Artikulationsstellen beschrieben werden können. Doch bei diesen Fehlbildungen bleibt es gelegentlich der Zahl nach nicht nur bei bestimmten Sekundärbildungen, so daß man häufig von *multiplen* oder sogar von *ineinander übergehenden multiplen Artikulationsmodi und Artikulationsstellen* sprechen muß.

Beispielsweise kommen Enge- oder Verschlußbildungen mit sehr flachem Zungenrücken vor, so daß entweder die vordere oder hintere Position als zwei Artikulationsstellen bezeichnet werden können oder die Angabe einer eng umschriebenen Position als unmöglich angesehen werden muß. Die Gleichzeitigkeit der Bildung einer Artikulationsstelle zwischen einem Teil des Zungenrückens und dem Gaumen mit der interdentalen Lage der Zungenspitze ist nicht selten. Auch kommen Kombinationen zwischen zentraler und lateraler Engebildung oder ähnliche und andere diffuse Mischformen vor.

Mischformen zwischen Stimmhaftigkeit und Rauschhaftigkeit und diese wiederum kombiniert mit anderen Modi treten ebenfalls auf. Das kann Frikative, Nasale, Approximanten und vokalartige Laute betreffen. Am häufigsten jedoch kommt diese Mischform von Stimmklang und Rauschen als durchgängige und dann als pathologisch einzustufende Stimmstörung (*verhaucht heisere Stimme*) vor. In vielen Fällen ist es im Rahmen einer differenzierteren diagnostischen Beschreibung erforderlich, anstelle der binären Kennzeichnung nach Stimmhaftigkeit und Stimmlosigkeit eine Dreiteilung nach den Kategorien stimmklanghaft, rauschhaft und kombiniert rausch-/stimmklanghaft vorzunehmen.

Bei der Nasalität hatten wir schon im Abschnitt 6.12. anstelle der üblichen Unterscheidung zwischen Oralität und Nasalität eine Dreiteilung nach oral, nasal und nasaliert gewählt, um allen Erfordernissen der Beschreibung von Lautsystemen bestehender Sprachen gerecht zu werden. In der diagnostischen Beschreibung ist diese Dreiteilung ebenfalls zwingend erforderlich. Das gilt beispielsweise dann, wenn oral sehr offene Lautbildungen, bei denen wie bei den *A*-Lauten ohnehin das Velum stets den Zugang zur Nase geringfügig offen hält, mit übermäßiger Öffnung der velopharyngalen Enge gebildet werden. Dadurch wird nämlich die Nasalität hörbar, so daß ein an sich oraler Laut zusätzlich als nasaliert gekennzeichnet werden muß *(Rhinolalia selectiva).* Häufiger ist jedoch der Fall, daß das Velum nicht nur bei einem Laut, sondern durchgängig zu weit nach unten hängt, so daß der gesamte Sprechablauf nasaliert wird. Diese durchgängige Form des nicht regelhaften Nasalierens wird traditionell als *Näseln* bezeichnet, und zwar handelt es sich bei dieser Form um das *offene Näseln (Rhinolalia aperta),* das als funktionelle Abweichungsform, aber auch pathologisch bedingt, vorliegen kann.

Mit Hilfe der Fixpunkte in den artikulatorischen Dimensionen, wie sie beispielsweise in der Lauttafel der IPA angegeben sind, läßt sich auch darstellen, daß bestimmte Lautbildungen in der einen Sprache als regulär und in der anderen als abweichend angesehen werden müssen. Daraus wiederum lassen sich Konsequenzen für die Behandlungswichtigkeit von Lautfehlbildungen ableiten. Lispelt ein Engländer in der Form, die im Deutschen als eine der Fehlformen im Bereich des *Sigmatismus addentalis* bis *Sigmatismus interdentalis* angesehen wird, so wird er die dentalen Frikative [θ] und [ð] hinreichend korrekt sprechen, jedoch die Opposition zu den ebenfalls im Englischen erforderlichen *S*-Lauten nicht herstellen können. Es fallen also zwei Phoneme zusammen, und damit wäre für den englischen Lispler eine Therapie aus sprachfunktionalen Gründen erforderlich. Im Deutschen gibt es die dentalen Frikative als Phoneme nicht, so daß sie als Extremvarianten der *S*-Laute angesehen werden können. Sprachlich gesehen ist eine Sigmatismustherapie im Deutschen nicht erforderlich, allerdings aus ästhetischen und sozialen Gründen sehr wünschenswert. Die Bewertung der Behandlungsnotwendigkeit kann im Rahmen eines pädagogischen Therapieplanes u. U. im Deutschen geringer ausfallen, insbesondere wenn sie mit anderen Behandlungserfordernissen in Konkurrenz steht.

Es hat sich also schon bei der Betrachtung der Abweichungen ohne erkennbare pathologische Grundlage gezeigt, daß für eine diagnostische Beschreibung abweichender Artikulationen die Dimensionen und Kategorien der üblichen phonetischen Artikulationsbeschreibung eine sinnvolle und notwendige, aber nicht hinreichende Grundlage darstellen. Noch deutlicher wird dieses bei der Betrachtung abweichender Artikulationen aufgrund fehlender, mißgebildeter oder mangelhaft funktionierender Organe oder Organteile.

6.22.2. **Abweichungen auf pathologischer Grundlage**

Für alle im vorigen Abschnitt exemplarisch aufgeführten Abweichungen kann u. U. auch ein nicht erkannter oder auch ein bekannter organischer Schaden die Ursache sein. Beispiele dafür seien die *audiogene Dyslalie*, also das hörschadensbedingte Stammeln, und die *Dysarthrie*, also das auf Schwächen der motorischen Nerven zurückzuführende Stammeln.

In der hier nur möglichen exemplarischen Darstellung sollen im folgenden einige weitere, jedoch eindeutig auf pathologische Zustände beziehbare Abweichungen aufgezeigt werden, die sich noch häufiger als bei den oben beschriebenen Fehlformen der Beschreibung mit Hilfe der üblichen phonetischen Kategorien entziehen. Zumindest in denjenigen Fällen versagen diese Kategorien, in denen die beteiligten und kategorienbezeichnenden Organe oder Organteile fehlen oder vollkommen funktionsuntüchtig sind.

So gibt es Anomalien an den Lippen: Lähmungen, Mißbildungen wie Lippenspalten oder auch verhärtetes Gewebe nach operierten Lippenspalten. Dadurch sind die Einstellungen und Bewegungen zwischen Spreizung und Rundung beeinträchtigt. Der am häufigsten vorkommende Fall der (operierten) Lippenspalte behindert vor allem das normalerweise mit dem Labialisieren verbundene Vorstülpen, bei stärkerer Ausprägung auch bilabiale Verschlüsse.

Kieferspalten können die Bildung von Verschlüssen und hinreichend engen Düsen im Zahn-Alveolenbereich unmöglich machen.

Gaumenspalten erzeugen bei entsprechender Lage und Länge, auf jeden Fall bei Durchgang durch das Velum, ständige Nasalierung, können also die Ursache für offenes Näseln *(Rhinolalia aperta)* sein. Darüber hinaus verhindern sie alle Verschlußbildungen und beeinträchtigen die Engebildung.

Anomalien der Zunge oder *Linguoektomie* (operative Entfernung der Zunge oder von Teilen derselben) vermindern oder verhindern die Möglichkeiten der Enge- und Verschlußbildung an den Artikulationsstellen von den Zähnen über den Gaumen bis zum Velum. Bei totaler Entfernung der Zunge ist auch die für die Bildung der A-Laute wichtige Enge zwischen Zungenwurzel und Pharynxrückwand im Pharynx nicht möglich. Erstaunlicherweise ist es jedoch vor allem bezüglich der bisher ausgeführten Anomalien möglich, undurchführbare Artikulationsvorgänge durch die Bewegungen und Einstellungen anderer Organe in erheblichem Maße zu kompensieren. Selbst linguoektomierte Menschen können daher gelegentlich eine zumindest teilweise verstehbare Aussprache wiedererlernen.

Speziell im Zusammenhang mit dem Unterschied zwischen oraler, nasaler und nasalierter Bildung knüpfen wir noch einmal an die Thematik der Gaumenspalten an. Auch wenn eine solche durch operative Behandlung verschlossen worden ist, kann eine zu geringe Länge oder zu geringe Beweglichkeit des Velums zurückbleiben. Diese Dysfunktionen können eventuell durch eine besonders starke Vorwölbung der oberen Pharynxmuskeln *(Passavantscher Wulst)* kompensiert werden. Reicht jedoch auch dieses nicht, so verbleibt eine Öffnung in der velopharyngalen Enge, und die Folge ist wiederum ein *offenes Näseln (Rhinolalia aperta).* Mangelnde Länge und/oder Beweglichkeit des Velums können allerdings auch angeboren oder anderweitig verursacht sein.

Zum Näseln gibt es noch einen interessanten Sonderfall, der nach Hörbeurteilung ebenfalls der Form des offenen Näselns zuzuordnen ist, bei dem jedoch keine Durchströmung der Nasenhöhle stattfindet. Bei diesem Näseln versagen daher auch alle differentialdiagnostischen Methoden, die sich auf den Luftaustritt aus den Nasenlöchern gründen. Die Ursache für dieses hörbare offene Näseln ist die *submuköse Gaumenspalte,* eine Spaltenform, bei der der Knochen im Bereich des harten Gaumens nicht ganz zusammengewachsen ist. Die *Mukosa* (die Schleimhaut) ist jedoch über diesen Durchgang von der Mund- zur Nasenhöhle gewachsen und verschließt ihn vollkommen. Eine Luftströmung durch diese Knochenöffnung ist daher nicht möglich. Wird nun bei einer oralen Lautbildung auch der hintere Nasenhöhleneingang durch das Velum geschlossen, kann an keiner Stelle Luft in die Nase strömen. Bei hinreichend starker Luftschwingung in der Mundhöhle, wie es z. B. bei praktisch allen stimmhaften Lautbildungen der Fall ist, wird jedoch die über die knöcherne Gaumenspalte gespannte Mukosa wie eine Mikrofonmembran in Mitschwingung versetzt. Diese Schwingungen gibt sie wiederum an die Luft in der Nasenhöhle ab, wodurch aufgrund der Nasenhöhlenresonanzen aus den Nasenlöchern ein Schall mit der typischen Nasalierungsqualität abgestrahlt wird. Dieser Sonderfall stellt auch einen praktischen und eindeutigen Beweis dafür da, daß wir prinzipiell in der allgemeinen Artikulationsbeschreibung zwischen Luftstrommechanismen und ihren schallerzeugenden Wirkungen auf der einen Seite und Resonanzwirkungen der veränderlichen Hohlraumkonfigurationen auf der anderen Seite unterscheiden müssen. Hiermit hängt es auch zusammen, daß wir den traditionellen, diese beiden Wirkungsmechanismen vermischenden Begriff des „Phonationsstromes" vermeiden und auch in unseren Artikulationsmodus-Beschreibungen im Abschnitt 6.12. nicht benutzt haben. Daß wir außerdem den Begriff des „Hindernisses" sehr relativiert und in bezug auf die Resonanzmechanismen nur metaphorisch gebrauchen, haben wir im selben Abschnitt schon begründet.

Als letzte Form des Näselns muß noch im Gegensatz zur offenen Form die des geschlossenen Näselns angesprochen werden. Beim *geschlossenen Näseln (Rhinolalia clausa)* ist der Durchgang durch die Nase, wie zum Beispiel bei einer starken *Rhinitis* (Schnupfen), verschlossen. Nasal gebildete Laute, die ja durch einen Mundverschluß mitbestimmt sind, können dann nicht oder bestenfalls nur in einem ersten sehr kurzen Ansatz durch Aufblähung des Pharynxraumes und der Mundhöhle gebildet werden. Nasalierte Laute können nur oral erzeugt werden. Orale Bildungen werden nicht tangiert. Daß aber etliche orale Laute sich bei Vorliegen eines geschlossenen Näselns dennoch qualitativ leicht verändert anhören, muß darauf zurückgeführt werden, daß in geringem Maße bei allen Lauten und insbesondere bei den oral offenen Bildungen schwache Nasenhöhlenresonanzen mitwirken, ohne daß wir dies normalerweise in der Wahrnehmung als Nasalität kategorisieren.

Anomalien im Kehlkopf verursachen vor allem sehr viele verschiedene Arten von *Stimmstörungen,* auf deren umfassende Darstellung wir hier verzichten müssen. Als Extrembeispiel sei nur die operative Entfernung des Kehlkopfes *(Laryngektomie)* angeführt. Stimmerzeugung durch die Glottis und Luftströmung durch das Ansatzrohr sind nach einer derartigen Totaloperation nicht mehr möglich, weil bei einer derartigen Operation normalerweise nicht nur die Stimmlippen entfernt werden, sondern als Schutz gegen das Eindringen von Fremdkörpern auch der Zugang zur Trachea geschlossen werden muß. Die Atmung erfolgt dann durch eine Kanüle im vorderen Hals. Als Ersatz für die im Sprechschall normalerweise von der Strömung erzeugten Rauschanteile in Frikativen und Aspirationen können von einigen wenigen Betroffenen den Schnalzen entfernt ähnliche Geräusche erzeugt werden, die durch Luftverschiebung von einem Teilhohlraum des Ansatzrohres in einen anderen entstehen. Meistens bleiben die Ergebnisse derartiger Ersatzartikulationen aber unbefriedigend. Als Ersatz für den in der Glottis nicht mehr produzierbaren Stimmklang wird meistens die Speiseröhrenstimme *(Ösophagusstimme)* angestrebt, eine Ersatzstimme, die dadurch erzeugt wird, daß verschluckte Luft durch die verengte obere Speiseröhre wieder nach außen gepreßt wird. Falls die Anbildung der Ösophagusstimme gelingt, bleiben die einzelnen Erzeugungsphasen dennoch erheblich kürzer, als es bei normaler Phonation machbar ist, was die Flüssigkeit des Sprechens sehr beeinträchtigt. Eine weitere Ersatzmöglichkeit bieten elektronische Sprechhilfen, die stimmähnliche Klänge erzeugen. Diese Ersatzstimmen werden von außen in die Mundhöhle gestrahlt, in der Mundhöhle erzeugt oder durch die Halswand hindurch im Bereich des Schildknorpels von außen in das Ansatzrohr übertragen. Wenn das rechtzeitige manuelle Ein- und Ausschalten des Klanggenerators gelingt, lassen sich alle rein stimmklanghaften und bedingt auch die stimmlichen Anteile der kombiniert rausch-/stimmklanghaften Laute durch normale artikulatorische Gestaltung der Hohlraumkonfiguration erzeugen.

6.22.3. **Abweichungen im Bereich der Suprasegmentalia**

Diese Erörterungen über abweichende Hervorbringung der Suprasegmentalia erfolgen hier im Rahmen der Bemerkungen zu abweichenden bis pathologischen Artikulationen. Im Rahmen der Systematik des ganzen Werkes stellt dieses einen Vorgriff auf das Kapitel 8 dar (vgl. insbesondere die Abschnitte 8.1. bis 8.3. und 8.6., 8.7.)

Ebenso wie die oben besprochenen Abweichungen der Lautbildung können Abweichungen bei der Hervorbringung des Akzentuierens, Intonierens wie auch des Verbindens oder Trennens *(Junkturen)* von phonem- und monem-entsprechenden Segmenten einerseits Folgen von falschen Vorbildern, schlechten Angewohnheiten oder auch von allgemeinem Unvermögen (funktionelle Abweichungen) sein, oder sie können andererseits pathologische Ursachen haben. Der ersten Möglichkeit, den funktionellen Abweichungen, wäre beispielsweise die Übernahme der Wortakzentuierung einer Sprache in eine andere Sprache zuzuordnen, was der Verstehbarkeit sehr abträglich sein kann. Falsche Akzente oder falsche Junkturen in unbekannten Namen oder Fremdwörtern können denselben Negativeffekt haben. Zwar abgeschwächt, aber prinzipiell gilt das sogar auch für erlerntes oder angewöhntes monotones Sprechen. Beispiele für die zweite Möglichkeit, für pathogene Abweichungen, sind die oft auf cerebralen Schäden basierenden monotonen oder skandierenden Sprechweisen. In Kombination beiden Möglichkeiten zuzuordnen sind Fälle von solchen hochgradig Hörgeschädigten, denen einerseits die beeinträchtigte auditive Selbstkontrolle ihre Produktion der Suprasegmentalia erschwert und bei denen andererseits durch die Art ihrer Einzellautbildungen die Hervorbringung üblicher bis regelhafter Suprasegmentalia gestört wird. Derartige Störungen können insbesondere dann auftreten, wenn diese Hörgeschädigten stärker (und ggfs. auch verkrampft) auf eine allzu korrekte Einzellautartikulation als auf guten Sprechfluß eingestellt sind. Letztlich darf nicht vergessen werden, daß bestimmte suprasegmentale Änderungen sogar bedeutungsunterscheidende bzw. bedeutungsändernde Funktion haben können, was in den verschiedenen Sprachen in unterschiedlichem Ausmaß und auf unterschiedlichen Ebenen der Fall ist.

Ohne weitere Zuordnungen zu funktionellen oder pathologischen Abweichungen zu treffen, wollen wir hier nur noch kurz darauf hinweisen, daß alle fehlgebildeten Suprasegmentalia primär aus sich heraus und sekundär durch ihre oft vorhandenen negativen Wirkungen auf die Lauterzeugung erheblich dazu beitragen können, daß gesprochene Sprache ungewöhnlich bis irritierend wahrgenommen wird oder sogar schwer verstehbar ist. Zu diesen negativen Wirkungen können beispielsweise gehören: regelwidrige Verlagerung des Wortakzents und der Satzhauptakzente, aus der Akzentverlagerung oder autonom entstandene Änderung der Lautdauerverhältnisse, Minderung der Qualitätswahrnehmung von Lauten durch deren Kürzung und Abschwächung oder zu deutliche Wahrnehmung von qualitativen Extremvarianten (z.B. als [ɐ], [ɛ], [ɪ], [œ] oder [ʏ]) bei zu stark und zu lang gebildeten Schwa-Vokalen [ə].

Positiv beschreiben kann man die Bedeutung eines Teiles der Suprasegmentalia damit – insbesondere gilt das für das Akzentuieren –, daß diese der gesprochenen Sprache den silbischen Rhythmus verleihen und damit im Rahmen der unterschiedlichen Gliederungsebenen (Satz, Wort, Silbe, Laut) der weiteren Aufgliederung in Lauteinheiten und in Kombination damit speziell auch der Vokal-Konsonantunterscheidung dienen. Das gilt auch für hochgradig hörgeschädigte Menschen, die zum Verstehen gesprochener Sprache auf der Lautebene auf das Absehen vom Munde angewiesen sind. Können diese Hörgeschädigten die Intonation, die silbische Gliederung und auch das Vorhandensein oder Nichtvorhandensein von *Grenzsignalen,* welche die Verbindungsart *(Junktur)* kennzeichnen, auditiv wahrnehmen oder kann man ihnen diese *prosodische Grundstruktur* mit technischer Hilfe hörbar machen, so stellt dieses eine große Hilfe für das Abseh-Verstehen dar.

Es ist also das Erfordernis festzustellen, auch Abweichungen im Bereich der Suprasegmentalia zu beachten, zu diagnostizieren und ggfs. zu korrigieren.

6.22.4. **Bedeutung der Phonetik für die Diagnostik, Förderung und Therapie des Sprechens**

Daß die Phonetik überhaupt für jegliche stimm-, sprech- und sprachpädagogische sowie -therapeutische Arbeit von Bedeutung ist, geht hinreichend aus den bisherigen Ausführungen hervor. Daher werden im folgenden nur einige zusammenfassende und einige spezifisch weitergehende Hinweise zur Bedeutung der Phonetik gegeben. Weitergehende Begründungen dafür finden sich in Neppert 2002.

Als Grundlagen für die Diagnostik im Lautlichen ist die Kenntnis des Phonem-

und Prosodemsystems im Rahmen der gesamten grammatischen Beschreibung der Sprache erforderlich, und zwar einschließlich der Beschreibung der Sprech- und Sprachentwicklung bei Kindern und der besonderen Regeln über das Lautliche im Sprachgebrauch (z. B. Phonemstatistik, Phonotaktik, Assimilations-, Reduktions- und Elisionsregeln). In sprachaudiometrischen Testverfahren spielt u. a. dieses eine wesentliche Rolle. Die *phonematische Transkription* ist ein gutes Mittel, um sich diese Regelungen bewußt und sich die entsprechenden Kenntnisse dauerhaft verfügbar zu machen. Phonematische Transkription kann auch der diagnostischen Notierung über den individuellen Phonembestand dienen und kann darüber hinaus didaktisch eingesetzt werden, wenn es bei der Sprecherziehung gleichzeitig um die Bewußtmachung des Phonemsystems geht (und das nicht nur im muttersprachlichen, sondern auch im Fremdsprachenunterricht). Ähnlich wie von einer alphabetischen Transkription (wie die nach IPA) lassen sich diese Funktionen auch von anderen phonembezeichnenden Systemen erfüllen, z. B. vom *Phonembestimmten Manualsystem (PMS)* nach Schulte (1974). Letztlich muß man das Zeicheninventar der phonematischen Transkription als den für diagnostische Notierungen und für die didaktische Präsentation erforderlichen Minimalbestand betrachten, der bezüglich des tatsächlich Gesprochenen je nach Sprache mehr oder weniger stark modifiziert und erweitert werden muß. Für die Diagnose des tatsächlich Gesprochenen und als didaktisches Hilfsmittel in der Sprecherziehung oder -korrektur reicht eine Beschränkung auf die phonematische Transkription also nicht aus.

Wie schon mehrfach festgestellt reicht eine von den Phonemen bestimmte rein segmentale Betrachtungsweise des Lautlichen ohnehin im Hinblick auf das Verständnis der großen Variationsbreite der Lautbildungen im Rahmen des artikulatorischen Kontinuums nicht aus. Doch auch zum Verständnis des frühkindlichen Hör-/Sprech-/Spracherwerbs sind Modellvorstellungen über die in sensomotorischen Funktions- und Regelkreisen ablaufenden Zusammen- und Wechselwirkungen der Wahrnehmungen der kontinuierlichen Sprechbewegungsabläufe mit den daraus resultierenden akustischen Kontinua erforderlich (Neppert 1995a; Tillmann 1970, 18–29). Das gilt sowohl für den Sprecherwerb normalsinniger und gesunder als auch für den der sprech- und sprachgeschädigten sowie hörgeschädigten Kinder.

Wie oben schon festgestellt, ist die *phonematische Transkription* für diagnostische Notierungen und für didaktische Zwecke bezüglich des Sprechens nur beschränkt brauchbar. Für die Notierung oder Bewußtmachung des tatsächlich Gesprochenen bedarf es des genaueren Zeichensystems, also der *phonetischen Transkription,* die desto *enger* verwendet werden muß, je mehr Genauigkeit verlangt ist (vgl. 2.2.). Der Lehrer oder Therapeut jedenfalls braucht umfassende und exakte Kenntnisse über die aus dem Kontinuum heraus konstastierbaren Segmente und Elemente, die unsere Lautmerkmale und Laute darstellen. Die Kenntnis der phonetischen Grundzeichen und der diakritischen Zusatzzeichen ist in diesem Zusammenhang ein hervorragendes Hilfsmittel zur begrifflichen Differenzierung und als Gedächtnisstütze. Wenn man es außerdem als erforderlich ansieht, den Schülern oder Patienten sachlich richtig und ehrlich die Diskrepanz zwischen der Schriftform und der Lautung klarzumachen, kommt man um eine relativ enge phonetische Transkription nicht herum. Ob überhaupt eine phonetische Transkription und wie eng diese gewählt wird, hängt selbstverständlich auch von außerphonetischen Bedingungen ab, z. B. von der Intelligenz und Belastbarkeit der Schüler oder Patienten.

Anstelle der IPA-Transkription gibt es prinzipiell auch andere Möglichkeiten der Darstellung des Lautlichen, z. B. laut- oder lautmerkmalsbezogene Handzeichen (vgl. hierzu auch Jussen/Kloster-Jensen/Wisotzki 1994, 254–258), formelähnliche Symbole oder abbildende grafische Darstellungen. Zum letzten Typ gehören die für die Diagnostik abweichender Lautbildung entwickelten *Lalogramme* nach Kloster-Jensen (1983). Mit in der Höhe variierenden und dazwischen liegenden auf- und absteigenden Linien wird mit den Lalogrammen eine relativ einfache und gut überschaubare Darstellung der artikulatorischen Änderungen zwischen stationären Lauteinstellungen versucht. Dabei ist die Tatsache, daß dieses System stark auf die Änderungen abhebt, positiv zu vermerken. Der Verwender muß jedoch in Rechnung stellen, daß die wegen der Überschaubarkeit getroffene vereinfachende Annahme von stationären Phasen und relativ kurzen und abgrenzbaren Übergangsphasen nicht ganz der Realität der Sprechbewegungsabläufe entspricht. Das *SNAsAm-System* (Kloster-Jensen/Jahncke 1982) kategorisiert in ähnlicher Weise formelartig nach Stimmbeteiligung (*S*), Nasalitätsbeteiligung (*N*), Artikulationsstelle (*As*) und Artikulationsmodus *(Am)* und dient zur Analyse der Lautübergänge und zur Dyslaliediagnose (Jussen/Kloster-Jensen/Wisotzki 1994, 47–49).

Weiter oben bei der Beschreibung der funktionellen und pathologischen Abweichungen war schon festgestellt worden, daß die normalen Beschreibungskategorien für diese gelegentlich nicht ausreichen. Denselben Mangel müssen wir für die IPA-Transkription konstatieren, die ja primär nur Zeichen für regelhafte Lautbildungen bereitstellt. Frühere Versuche mit Sonderzeichen- oder Zusatzzeichensystemen für die Notierung abweichender Artikulationen haben sich in der Praxis kaum durchgesetzt, meistens weil sie zu umfangreich und zu kompliziert waren. Bei Verwendung nur des normalen IPA-Systems wurde meist so verfahren, daß man, wenn immer möglich, die Grundzeichen der jeweils gemeinten Laute wählte und die Abweichungen durch diakritische Zusatzzeichen darzustellen versuchte. Beispielsweise würde man danach im Deutschen ein *addental gelispeltes* [s] *nicht als* [θ] schreiben, sondern dem Grundzeichen für den stimmlosen alveolaren Frikativ das Zusatzzeichen für *Dentalität* hinzufügen. Mit diesem Verfahren, also mit der Verwendung der IPA-Grundzeichen plus IPA-Zusatzzeichen, lassen sich viele Fälle abweichender Artikulationen darstellen, aber wiederum nicht alle.

Ball hat bei seinen Bemühungen um ein Transkriptionssystem für abweichende Artikulationen zunächst auch diesen Weg beschritten, die diakritischen Zusatzzeichen für die Kennzeichnung von Abweichungen zu benutzen (Ball 1993, 50–53, 73–74). Darüber hinaus hat er dann dieses Verfahren modifiziert und ergänzt und sein *extIPA-System (Extensions to the IPA-System)* auf der IPA-Revisionskonferenz in Kiel 1989 zur Diskussion gestellt. Die dort beschlossene vorläufige Fassung ist danach in ihrer endgültigen Form in Balls „Phonetics for Speech Pathology" (1993, 281–284) veröffentlicht worden. Ein Beispiel für die Modifikation der IPA-Zusatzzeichen ist die doppelte Verwendung des Dentalitätszeichens bei Interdentalität. Bei *Sigmatismus interdentalis* wäre danach beispielsweise ein Dentalitätszeichen über und ein anderes unter das Grundzeichen [s] zu setzen. Neben einigen neu hinzugefügten Zusatzzeichen gibt es im extIPA-System einige Symbole für verschiedene Grade der Unbestimmtheit sowie die Möglichkeit, einen Stern [*] an die Stelle solcher Segmente zu setzen, die überhaupt nicht bestimmt werden können.

Im extIPA-System sind auch Möglichkeiten zur Notierung von Abweichungen im Bereich der Suprasegmentalia und der durchgängigen Stimmqualität vorhanden. Beispielsweise werden die Transkriptionen von Redeabschnitten, für die Stimmstörungen festgestellt worden sind, zunächst pauschal durch einschließende geschweifte Klammern markiert, z. B. [{......}]. Hinzu kommen innerhalb der geschweiften Klammern am Anfang und am Ende des zu kennzeichnenden Textes weitere Symbole für die jeweilige Stimmstörung, z. B. ein V̰ mit untergesetzter Tilde für die knarrige Stimme. Der transkribierte Text ist dann folgendermaßen eingeschlossen: [{V̰......V̰}]. Ein prinzipiell ähnliches, nur in den Stimmstörungssymbolen etwas abweichendes System ist im Softwareangebot zum *Computerized Speech Lab (CSL)* der Firma Kay Elemetrics enthalten. Ball hat sich in seinem oben erwähnten Buch, offenbar wegen der durch die Verbreitung des CSL gegebenen Macht des Faktischen, für die Verwendung der CSL-Transkriptionszeichen entschieden.

Hingewiesen sei in diesem Zusammenhang auch auf ein Werk über allgemeine Transkriptionsfragen (Vieregge 1989) und auf das Buch „Patho-Symbolphonetik" (1996) desselben Verfassers.

An letzter Stelle muß darauf hingewiesen werden, daß viele der in der Hör- und Sprachbehindertenförderung verwendeten Methoden, vor allem die apparativen Hilfsmittel, die heute mehr und mehr in Form von Computer-Programmen vorliegen, nicht sachlich richtig und verantwortlich eingesetzt werden können, wenn der Pädagoge bzw. Therapeut nicht hinreichend über deren phonetische Funktionen und die damit erzielbaren hör-/sprech-/sprachpädagogischen Wirkungen informiert ist. Dies ist nicht der Ort, das weiter auszuführen, stattdessen sei auf die umfangreiche einschlägige Literatur und exemplarisch auf den Abschnitt in Jussen/Kloster-Jensen/Wisotzki (1994, 247–266) sowie auf Neppert (1993) verwiesen.

Diese mehr grundsätzlichen Ausführungen und die dazu gegebenen Beispiele zum Thema abweichender Artikulationen, ihrer Diagnostik und Therapie müssen im hier möglichen Rahmen genügen. Eine umfassende Darstellung aller erzeugbaren Abweichungen ist ohnehin nicht zu bewältigen. Anders gesagt, eine Artikulationsphonetik der Abweichungen könnte nur unter vorgegebenen Beschränkungen und Bedingungen erstellt werden, wobei die für den Sinn eines solchen Vorhabens entscheidende Bedingung das Vorhandensein eines Bezugssystems, nämlich des Lautsystems einer einzigen Sprache wäre. Nur dadurch, daß die Idealartikulationen entsprechend dem bestimmten Phonem- und Prosodemsystem einer bestimmten Sprache als Grundlage betrachtet werden, ließe sich eine Phonetik der artikulatorischen Abweichungen entscheidend begrenzen. Abgesehen davon wäre eine solche Begrenzung auch für die Artikulationslehrer und Sprachtherapeuten, die ja normalerweise in einer bestimmten Sprache arbeiten, die einzig sinnvolle Vorgehensweise.

Aber auch das Vorhaben, im engen Bezugsrahmen einer Sprache oder sogar mehrerer Sprachen eine sehr differenzierte Phonetik der wichtigsten artikulatorischen Abweichungen zu schreiben, würde den Rahmen dieses Elementarbuches der Phonetik, das vor allem eine allgemeingültige Einführung geben will, sprengen. Es wird daher abschließend für den diesbezüglichen Interessenten aus dem deutschsprachigen Bereich auf einige Werke zur Phonetik des Deutschen von den Autoren Kohler (1994), Martens/Martens (1961; 1972), Valaczkai (1998) und Wängler (1967; 1983) verwiesen. Ein „Abriß einer deutschen Sprachlautlehre“, speziell für die Belange der Sprecherziehung bei Hörgeschädigten, liegt von den Autoren Jussen/Kloster-Jensen/Wisotzki (1994) vor.

III. Teil

Schallformen sprachlicher Kategorien

7. Akustik des Sprechens

7.1. Entstehung des Sprechschalls

Das Produkt des Artikulierens ist der *Sprechschall.* Schall ist ein wahrnehmbares Phänomen, aber gleichzeitig ein materiell-energetischer Vorgang. Auf physikalischer Ebene erfolgt die Beschreibung mit den Begriffen und Gesetzen der allgemeinen Schwingungs- und Wellenlehre. Schall kann in allen Aggregatzuständen aller Stoffe vorkommen. Im phonetischen Zusammenhang interessiert fast ausschließlich der Schall, der in dem im menschlichen Sprechapparat befindlichen Gasgemisch Luft erzeugt wird. Dieser Schall wird in geringem Maße durch das Körpergewebe hindurch (vor allem im Hals- und Kopfbereich von der Körperoberfläche) und in wesentlich stärkerem Maße durch die Mundöffnung und/oder durch die Nasenöffnungen in die uns umgebende Luft, in die Atmosphäre, abgestrahlt. Schall ist allgemein dadurch charakterisiert, daß Körper oder Moleküle (als die in diesem Zusammenhang kleinsten Körper) Wechselbewegungen um eine potentielle Mittel- oder Ruhelage vollführen und dabei um sich herum Druckschwankungen erzeugen *(Schallschwingung).* Durch Wechselwirkung von Molekularbewegung und Druckschwankung breiten sich derartige Schallschwingungen als *Schallwellen* im Medium Luft aus. Der Sprechschall wird durch die Bewegungen der Sprechorgane erzeugt und außerdem so gestaltet und im Zeitverlauf so gegliedert, daß er als Trägersignal des darin kodierten sprachlichen Inhalts dienen kann.

An Schallschwingungen können als wichtigste und charakteristische Größen die *Frequenz* (Hz), d. h. das Verhältnis von Schwingungszahl (reine Zahl) zu Zeit (z. B. Sekunde) und die *Amplitude* (z. B. μm), d. h. die Maximalauslenkung oder die maximale Abweichung von der potentiellen Ruhelage, gemessen werden. Das menschliche Hörorgan kann Schallschwingungen von etwa 20 Hz bis 20000 Hz verarbeiten. Dies ist das *hörbare Frequenzband:* Unter der unteren Frequenzhörgrenze, die in einem Bereich von 16 Hz bis 20 Hz angegeben wird, liegt der Bereich des *Infraschalls.* Oberhalb der oberen Frequenzhörgrenze von etwa 20000 Hz liegt der *Ultraschall,* in dem jedoch zahlreiche Tiere kommunizieren können. Da es Tierarten gibt, die weit in den Ultraschallbereich hinein hören können, bezieht sich der Begriff *hörbares Frequenzband* hier ausschließlich auf das Hörvermögen des Menschen.

Die *Amplitude* bestimmt in erster Linie die *Lautstärkeempfindung* oder *Lautheit* (im allgemeinen Sinne). Auf physikalischer Ebene ist die Größe *Schallintensität (= Schallstärke)* von der Amplitude abgeleitet. Wählt man auf der logarithmierten

Intensitätsskala den *Hörschwellenpunkt* für eine Sinusschwingung von 1000 Hz als Bezugspunkt (10^{-12} W·m^{-2}) für eine zehnerlogarithmische Einteilung, so erhält man die *Schallpegelskala* (Symbol *L*), auf der die logarithmierten Intensitätswerte in *Dezibel* (dB) angegeben werden. Im mittleren Frequenzbereich (ca. 500 Hz bis ca. 5000 Hz) beträgt der Abstand von der *Hörschwelle* bis zur *Schmerzgrenze* etwa

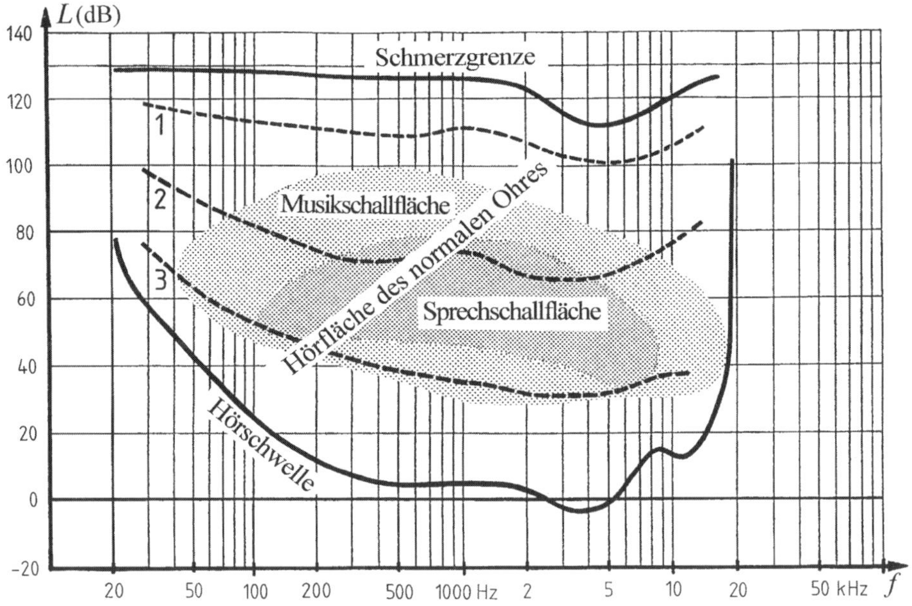

Abb. 41: Die Hörfläche des menschlichen Ohres:
1 Unbehaglichkeitsgrenze bei etwa 110 Phon
2 Isophone angenehm lauten Hörens bei etwa 75 Phon
3 Durchschnittlicher Störschallpegel bei etwa 40 Phon

130 dB. Dieser Abstand wird auch als *Hördynamik* dieses mittleren Frequenzbereiches bezeichnet. Die Frequenzhörgrenzen, die Hörschwelle und die Schmerzgrenze, sind die psychoakustischen Werte, die auch die *Hörfläche* (das *Hörfeld)* (Abb. 41) des Menschen im Schallpegel-Frequenzdiagramm abgrenzen.

Auf der *Frequenz* (*f*), mit der bei periodischen Schwingungen die Perioden auftreten (*Periodenfrequenz*), beruht die *Tonhöhenwahrnehmung*. Über einer *Frequenzskala* werden jedoch auch die weiter unten beschriebenen spektralen Charakteristika, insbesondere die sogenannten *Formanten* angeordnet, und darauf beruht weitgehend die Wahrnehmung von *Qualitäten*. Der Schallpegel (*L*) korrespondiert mit der auditiven *Lautstärke* (Lautheit/Lautstärkewahrnehmung), wobei zu bemerken ist, daß die Lautstärkewahrnehmung physiologisch bedingt entlang einer Schallpegellinie in der Hörfläche sehr frequenzabhängig ist. Die *Lautstärke* wird in

Phon angegeben, wobei die Phon-Skala und die dB-Schallpegel-Skala für die Frequenz 1000 Hz entsprechend ihren Definitionen identisch sind. Die Messung in Phon wird zunehmend durch die Messung in dB(A) abgelöst. Für die phonetisch im allgemeinen interessanten Pegelbereiche kann man von einer vereinfachenden Gleichsetzung der Phon- und dB(A)-Messung ausgehen.

Sowohl zu den hohen als auch zu den niedrigen Frequenzen laufen nun Phon-Kurven (= Isophonen) und Schallpegel-Linien nicht mehr angenähert parallel. Die *Isophonen* erreichen zwischen 3500 und 4000 Hz den niedrigsten Stand, steigen hingegen zu den hohen und niedrigen Frequenzen auf (Abb. 42). Die unterste Isophone, die die gerade hörbaren Schallpegel unterschiedlicher Frequenzen miteinander verbindet, wird die *Hörschwelle* genannt. Sie bildet die untere Abgrenzung der Hörfläche. Die oberste Isophone verbindet die Punkte, an denen der Schallpegel beim Hörer eine Schmerzempfindung auslöst. Sie bildet die *Schmerzgrenze* und damit die obere Abgrenzung der Hörfläche. Kurz davor befindet sich die Isophone der *Unbehaglichkeit* (= *Unbehaglichkeitsgrenze, Unbehaglichkeitsschwelle*), wobei unter unbehaglich nahezu unerträglich zu verstehen ist.

Innerhalb der Hörfläche befinden sich die Sprechschallfläche und die Musikschallfläche (Abb. 41). Hier werden wir unsere Ausführungen ausschließlich auf die Sprechschallfläche begrenzen.

7.2. **Periodischer und nicht-periodischer Schall**

Wenn eine Stimmgabel angeschlagen wird, erzeugt sie eine verhältnismäßig einfache Schwingung, die sich vor allem im Zeitverlauf regelmäßig wiederholt. Eine Schwingung, die sich so mit Regelmäßigkeit wiederholt, wird *periodisch* genannt. Die zeitliche Länge einer Periode ist die *Periodendauer* (T). Wenn dagegen in einem Schwingungsablauf keine regelmäßigen Wiederholungen vorkommen, ist der Schall *nicht-periodisch (aperiodisch).* Schall mit hinreichend periodischem Schwingungsverlauf wird als *Klang* wahrgenommen, dessen auditives Merkmal darin besteht, daß man an ihm eine Tonhöhe hören kann. Nicht-periodischer Schall wird als *Rauschen* bezeichnet, und Tonhöhenwahrnehmung ist an diesem Schalltyp nicht möglich.

Die einfachste mögliche Schwingung ist die *Sinusschwingung,* die dem Verlauf der Sinusfunktion gehorcht. Da sie sich durch Spektralanalyse nicht weiter zerlegen läßt, sagt man, daß sie nur aus einer Schallkomponente, nämlich aus sich selbst, besteht.

Da auch die *Sinusschwingung* periodisch ist, gehört sie zum Schalltyp des Klanges. Allerdings stellt sie den Sonderfall dar, daß sie, wie schon gesagt, aus nur einer Komponente besteht. Diesen Sonderfall des Klanges nennt man auf auditiver

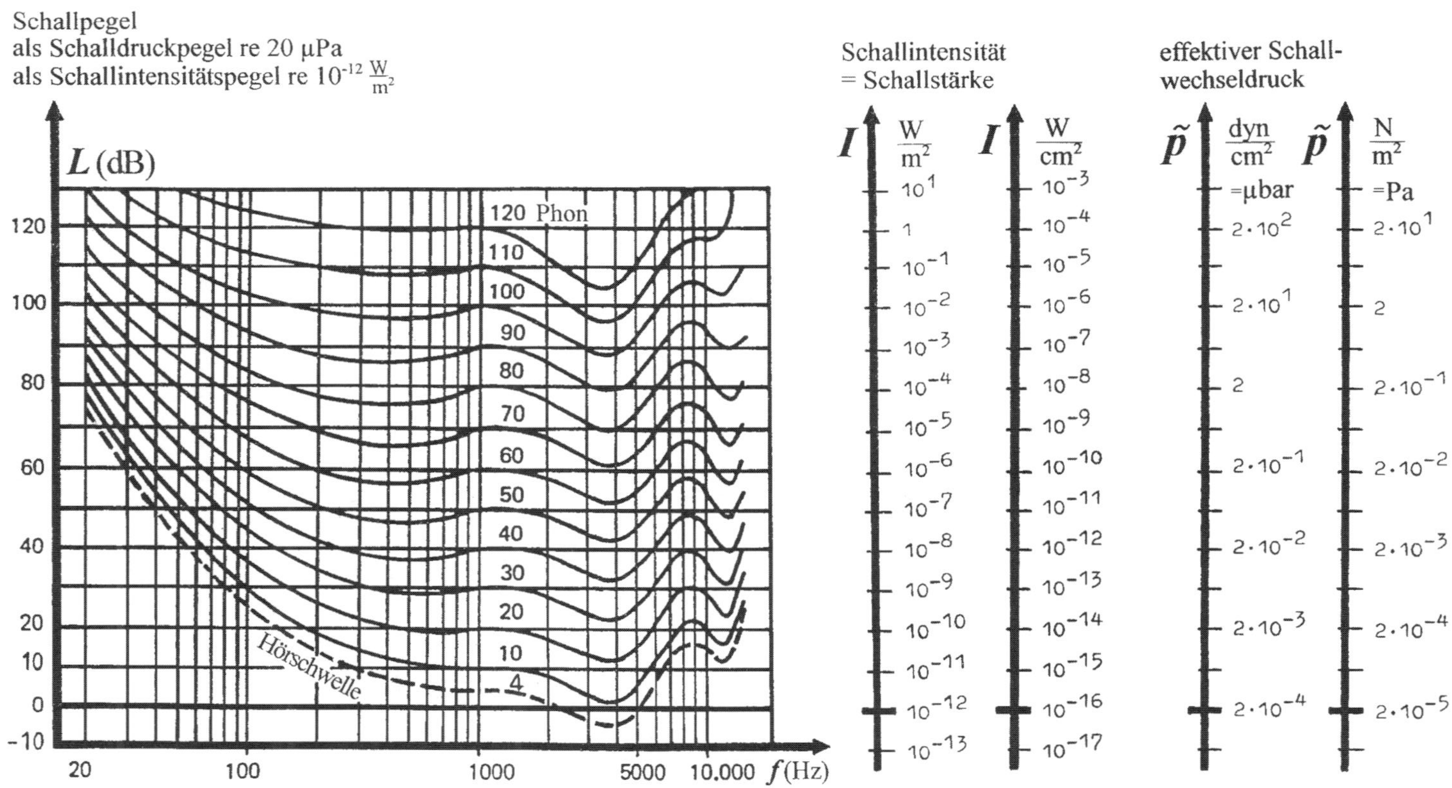

Abb. 42: Kurven gleicher Lautstärke (Isophonen) und Zuordnung der Schallpegelskala zu den Skalen der Schallintensität und des Schallwechseldrucks (Schalldrucks)

Ebene *Sinuston* oder nur *Ton*. Die Fülle von Klängen von Musikinstrumenten und stimmhaften Sprachlauten, mit denen das menschliche Ohr normalerweise konfrontiert wird, sind komplizierte periodische Schwingungsverläufe, also auch Klänge, jedoch solche mit komplizierten Abläufen innerhalb der Perioden. Unterwirft man diese der *Spektralanalyse (Fourieranalyse)*, so zeigt sich, daß diese als aus vielen *harmonischen Teilschwingungen* zusammengesetzt aufgefaßt werden können.

Unter Teilschwingungen versteht man Sinusschwingungen mit unterschiedlichen Periodenfrequenzen und mit unterschiedlichen Amplituden bzw. davon abgeleiteten Schallpegeln. Brächte man diese Komponenten (diese Teilschwingungen) zur Überlagerung, würde daraus wieder der ursprüngliche komplizierte Schwingungsverlauf entstehen. Als harmonisch bezeichnet man die Teilschwingungen, wenn ihre Periodenfrequenzen sich wie 1:2:3:4:5:.....:n verhalten.

Überlagert man also derartige Teilschwingungen, so entsteht ein periodischer mehr oder weniger komplizierter Schwingungsverlauf. Analysiert man eine komplizierter verlaufende Schwingung, die periodisch ist, so müssen alle ihre Teilschwingungen in einem harmonischen Frequenzverhältnis stehen. Klänge haben also immer harmonische Teilschwingungen. Hat beispielsweise die 1. Teilschwingung die Periodenfrequenz 80 Hz, so sind die Periodenfrequenzen der 2., 3., 4., 5., ..., n. Teilschwingungen 160 Hz, 240 Hz, 320 Hz, 400 Hz, ..., n · 80 Hz. Die Periodenfrequenz der 1. harmonischen Teilschwingung, also 80 Hz, ist dann identisch mit der Periodenfrequenz des komplexen gesamten Schwingungsverlaufes.

Die Tonhöhenwahmehmung wird durch die Periodenfrequenz des komplexen gesamten Schwingungsverlaufes bestimmt. Numerisch mit dieser identisch ist, wie schon gesagt, die Periodenfrequenz der 1. harmonischen Teilschwingung. Doch ist zu bedenken, daß weder diese, noch alle weiteren Teilschwingungen als diskrete Sinustöne (mit einer sinustonspezifischen Qualität, mit einer jeweils eigenen Tonhöhe und mit einer eigenen Lautheit) wahrgenommen werden. Die Wahrnehmung des Klanges ist weitgehend eine ganzheitliche, in deren Rahmen normalerweise lediglich die auditiven Dimensionen einer über alle Teilschwingungen integrierten Lautheit, einer weitgehend durch die Pegelverteilung über diese Teilschwingungen bestimmten Qualität und einer Tonhöhe auditiv differenzierbar sind.

Die ältere Akustik hat allerdings von den beiden oben als numerisch identisch bezeichneten Periodenfrequenzen die der 1. harmonischen Teilschwingung mit der auditiven Tonhöhe verknüpft. Und da die 1. harmonische Teilschwingung früher auch *Grundschwingung* genannt wurde, ist für ihre Periodenfrequenz noch heute der Begriff *Grundfrequenz* (f_0) im Gebrauch. Die Tonhöhe, die an einem Klang wahrnehmbar ist, wird in diesem Zusammenhang heute oft noch unglücklicherweise als *Grundton* bezeichnet, obgleich mit dieser Tonhöhe in keiner Weise der qualitative Charakter eines einzelnen Sinustones verbunden ist.

Streng genommen dürfte man nach der heutigen akustisch üblichen Begriffsführung nur dann von einem Grundton sprechen, wenn aus einem Klangspektrum die 1. harmonische Teilschwingung herausfiltriert worden und diese über einen Schallwandler als dieser einzige Sinuston tatsächlich hörbar gemacht worden ist. Man kann letzten Endes nur sagen: An einem Klang ist eine Tonhöhe wahrnehmbar, die mit beiden numerisch identischen Frequenzen, der Periodenfrequenz und der Grundfrequenz, korrespondiert. Den Begriff *Grundton* bezogen auf die Wahrnehmung eines Klanges lehnen wir ab. Den traditionellen Begriff Grundfrequenz verwenden wir zwar, jedoch möglichst nur bei der Betrachtung der spektralen Darstellung (Abb. 43).

Die Analyse eines Rauschens ergibt zwar auch sinusartige Teilschwingungen, jedoch solche mit völlig unregelmäßigen Periodenfrequenzverhältnissen. Darüber hinaus können diese Teilschwingungen auf der Frequenzskala gegen den Abstand Null gehend nahe nebeneinander liegen. Das ist anschaulich nicht darstellbar, und in der Tat lassen sich diskrete Teilschwingungen auch nicht bestimmen.

Nach dem Analyseverfahren zur Ermittlung der Teilschwingungen (Spektralanalyse, Fourieranalyse) werden die Periodenfrequenz- und Pegelwerte jeder Teilschwingung eines beliebigen Schalles in ein Pegel-Frequenz-Diagramm eingezeichnet. Diese Darstellung heißt *Schallspektrum.* Handelt es sich über der Frequenzskala um diskrete Punkte mit gleichen Abständen (harmonische Teilschwingungen eines Klanges), so fällt man zur Veranschaulichung dieser Tatsache von jedem Punkt das Lot auf die Frequenzachse *(Linienspektrum).* Eine Querverbindung aller Punkte *(spektrale Umhüllende, Hüllkurve* des Spektrums) veranschaulicht dann die Pegelverteilung über der Frequenzskala (Abb. 43). Zeigt die Hüllkurve relative Maxima und Minima, so werden die Maxima, sofern sie auditiv wirksam sind (7.3.) Formanten genannt.

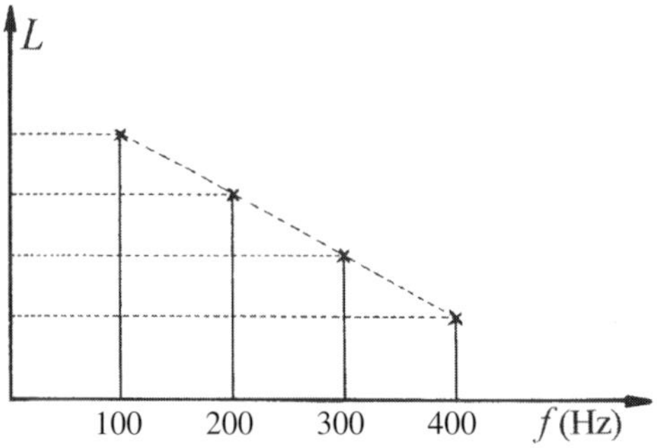

Abb. 43: Spektrum eines Klanges (Linienspektrum)
Die gestrichelte Querverbindung der Punkte im Spektrum ist die spektrale Umhüllende, die hier keine relativen Maxima aufweist. Der Klang enthält 4 harmonische Teilschwingungen (Sinusschwingungen) mit den Periodenfrequenzen 100 Hz, 200 Hz, 300 Hz und 400 Hz, deren Schallpegel in diesem Beispiel zu den höheren Frequenzen hin abfallen.

Gibt es wie beim Rauschen keine diskret bestimmbaren Teilschwingungen, so wird das Spektrum nur durch die spektrale Umhüllende dargestellt (Abb. 44). Ein solches Leistungsspektrum stellt die Pegelverteilung über der Frequenzskala für

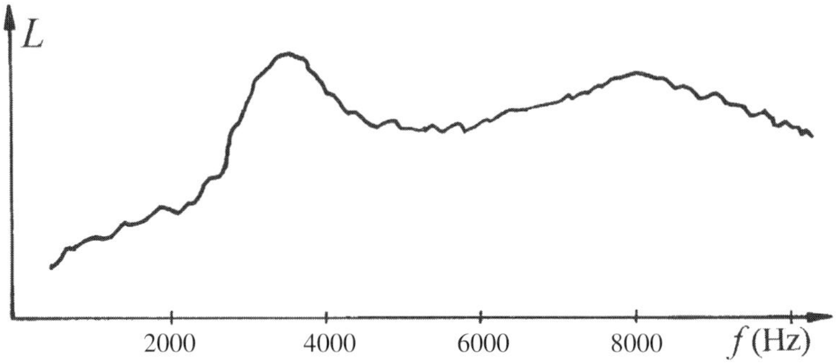

Abb. 44: Spektrum eines Rauschens (Leistungsspektrum), nur durch die spektrale Umhüllende darstellbar. Sichtbar sind zwei recht breitbandige relative Maxima (Pole, Rauschformanten)

alle gegen unendlich gehend vielen und im einzelnen nicht angebbaren Teilschwingungen dar. Auch ein solches Spektrum kann Formanten haben, die im allgemeinen breitbandiger sind und auch Pole genannt werden.

Schall ist als Schwingungsvorgang in jedem Fall ein Vorgang in der Zeit. Darüber hinaus sind der Sprechschall und auch einzelne Sprechlaute durch unterschiedliche, jedoch oft äußerst starke und schnelle Änderungen der Schwingungsformen charakterisiert. Deshalb eignet sich zur Darstellung von Sprechschall ein *Spektrum-Zeit-Diagramm* oder *Zeitverlaufsspektogramm (Sonagramm)* besonders gut (Beispiele in Abb. 52a, b). Die Zeit wird darin auf der Abszisse, die Frequenz auf der Ordinate abgetragen. Der im Spektrum eigentlich der Frequenz zugeordnete Schallpegel erscheint nur als Schwärzungsgrad (oder Grauton) und ist auf einer dritten nach vorn

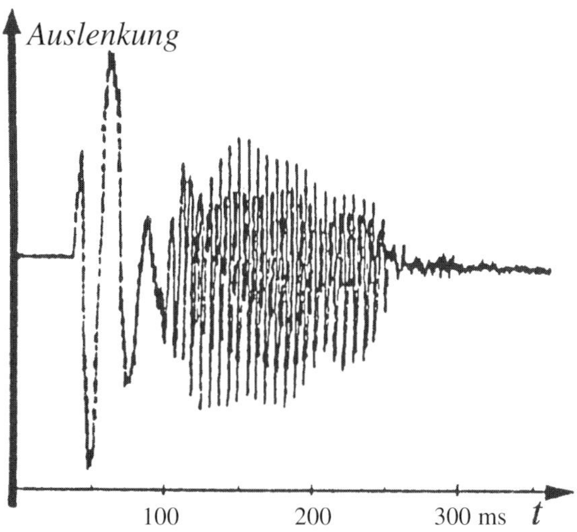

Abb. 45: Impulsartige Schallform vor einem periodischen Schall (Klang), möglicherweise in der Funktion einer Transiente

auf den Betrachter zulaufenden Koordinate abgetragen zu denken. Ein solches Spektrum-Zeit-Diagramm wird oft nach dem *Sona-Graphen,* mit dem man ein solches anfertigen kann, als *Sonagramm* bezeichnet.

Eine Schallform mit starker Änderung der Amplitudenwerte in kurzer Zeit wird als *Impuls* bezeichnet. Stellt der Impuls selbst einen merkmalkonstituierenden Übergang dar oder enthält er zusätzliche merkmalkonstituierende Änderungen von Schallstrukturen, so wird er auch als *Transiente* bezeichnet. Solche Schallformen sind für die Diskrimination der Verschlußlaute sehr wichtig (Abb. 45).

7.3. **Resonanz und Filter**

Jeder schwingungsfähige Körper besitzt eine oder mehrere Eigenfrequenzen. Das ist eine Periodenfrequenz, in der er auch bei beliebiger Anregung mit der größtmöglichen Amplitude um seine potentielle Ruhelage schwingt. Wenn nun auf einen solchen schwingungsfähigen Körper von außen frequenzmäßig indifferent eingewirkt wird (Anschlagen, Anzupfen, Knallerzeugung usw.), wird er in seiner Eigenfrequenz bzw. in seinen Eigenfrequenzen mit- und eine gewisse Zeit weiterschwingen und diese hervorheben, während andere Frequenzen bzw. Frequenzbereiche, die gleichzeitig im anregenden Ereignis vorhanden waren, gedämpft werden. Man sagt dann, daß dieser schwingende Körper als Resonator wirkt. Wird er durch die Schwingungen eines schwingenden Systems angeregt, so sagt man, daß die Körper in Resonanz seien, wenn in den Schwingungen des anregenden Systems solche enthalten sind, die den Eigenfrequenzen des angeregten Systems gleichen. Resonanzphänomene sind im Ansatzrohr des menschlichen Sprechapparates extrem wichtig, da sie als Formanten des Spektrums die Klang- und Rauschfarben (die Qualitäten) der Sprechlaute bestimmen. So werden weiter unten die Formanten beispielsweise als Resonanzfrequenzen (= Eigenfrequenzen der Luftsäule im Ansatzrohr) erklärt.

Resonatoren können nun auch als Filter in technischen Analysegeräten eingesetzt werden, um die Komponenten eines komplexen Schalls zu ermitteln. Wenn die Filterbandbreite (definiert als die 3 dB unter dem Gipfel der Resonanz- oder Durchlaßkurve gemessene Frequenzdifferenz) eines Filters relativ klein ist, spricht man von einem *Schmalbandfilter.* Ist dagegen die Frequenzdifferenz an dieser Stelle der Durchlaßkurve relativ groß, spricht man von einem *Breitbandfilter.* Frequenzen mit geringerer Amplitude zu beiden Seiten des Resonanzbereiches werden als erzwungene Schwingungen bezeichnet. Ein Breitbandfilter weist eine relativ große Dämpfung auf, faßt dafür einen relativ großen Frequenzbereich zusammen. Ein Schmalbandfilter ermöglicht in seinem Durchlaßbereich relativ große Amplituden, läßt jedoch nur wenige Frequenzen (bei Klängen ggfs. nur eine) passieren. Da die

Reaktionszeit (Ein- und Ausschwingungzeiten) des Filters desto kürzer ist, je größer die Bandbreite ist, eignet sich ein Breitbandfilter besonders gut für die Analyse von Schallen, die sich in der Zeit stark ändern. Deshalb werden Breitbandfilter zur Analyse von Sprechlauten eingesetzt, vor allem, wenn man Kurzzeitvorgänge betrachten will.

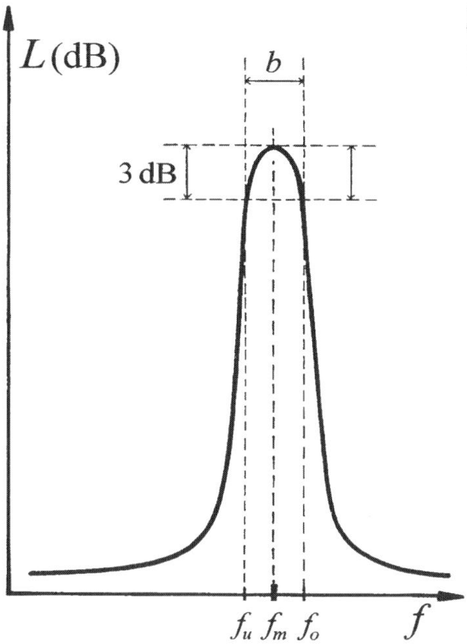

Abb. 46a: schmalbandiges Filter

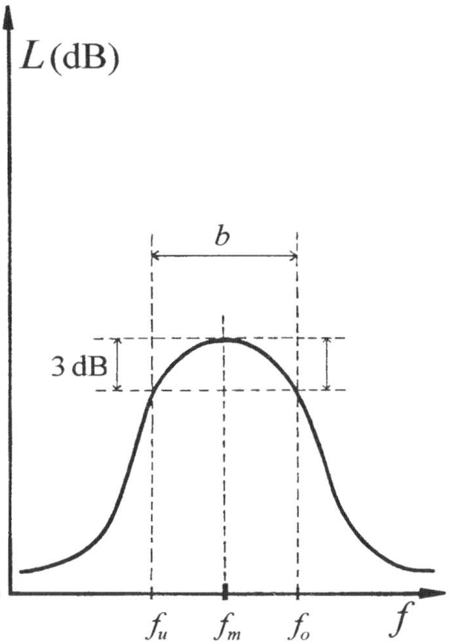

Abb. 46b: breitbandiges Filter

Abb. 46: Resonanz- bzw. Durchlaßkurven von Resonatoren in der Funktion von Schallfiltern
b = Filterbandbreite f_u, f_o = untere, obere Grenzfrequenz
f_m = Mittenfrequenz

7.4. **Wellenlänge und Schallgeschwindigkeit**

Die *Wellenlänge* (λ) ist die Strecke auf einem Ausbreitungsradius des Schalles, entlang derer sich die von einer ganzen Schwingung erzeugte Druckverteilung befindet. Voraussetzung für diese Definition ist eine periodische Schwingung. Bei Betrachtung des zeitlichen Verlaufs der Schwingung heißt das, daß während jeder Periodendauer eine Wellenlänge aufgebaut wird. Entlang der Schallausbreitungsrichtung wiederholen sich dann solche Druckverteilungseinheiten, die den Namen *Schallwelle* erhalten (Abb. 47a, b).

Die Geschwindigkeit, mit der sich die Schallwellen oder bestimmte darin enthaltene Druckzustände entlang der Ausbreitungsrichtung fortbewegen, ist die *Schallgeschwindigkeit* (c).

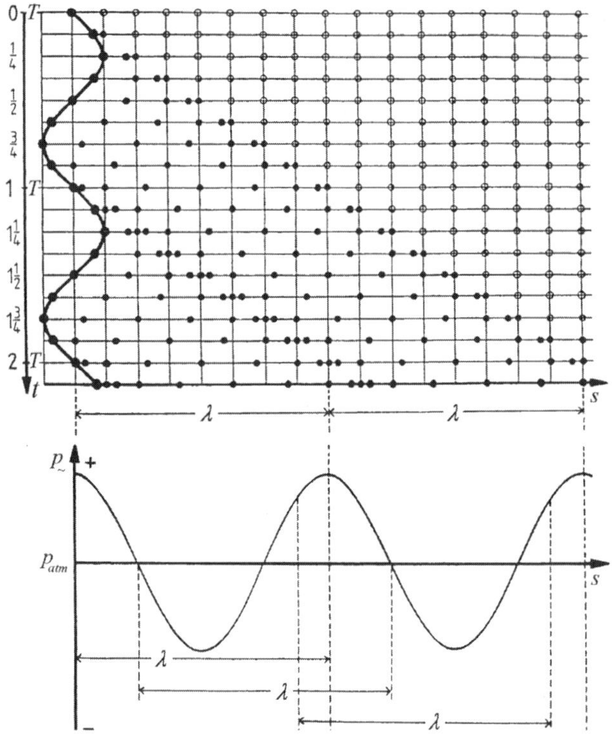

a: Einzelne Phasen bis zur relativen Zeit 2¹/₈ *T* (= 2¹/₈ Perioden)

b: Druckverteilung im Schallwellenverlauf entlang des Ausbreitungsweges zur Zeit 2 *T* (nach 2 Perioden)

Abb. 47: Schematische Darstellung der Schallwellenentstehung und -ausbreitung am Modell einer in Ausbreitungsrichtung befindlichen Luftteilchenkette.

t = zeitlicher Verlauf $\quad \tilde{p}$ = Schallwechseldruck
T = Periodendauer $\quad \lambda$ = Schallwellenlänge
s = Weg in Ausbreitungsrichtung $\quad p_{atm}$ = atmosphärischer Druck als Bezugsdruck

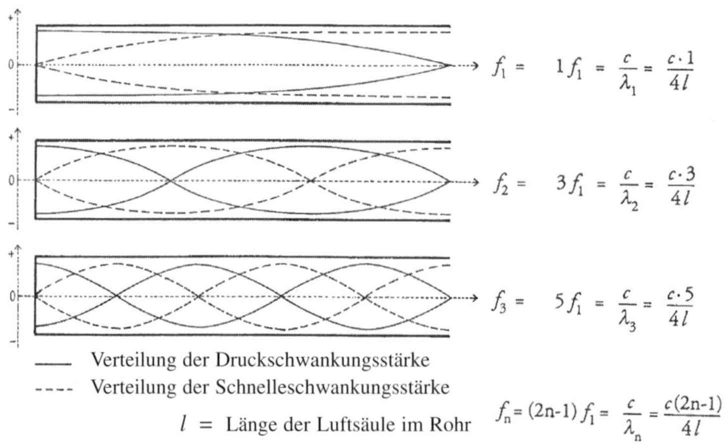

Abb. 48: Stehende Wellen als Ursache für Eigenresonanzen in Luftsäulen in einseitig geschlossenen und anderseitig offenen Rohren. Modell zur Entstehung der Vokalformanten des idealen Neutralvokals [ə]

Da die Schallgeschwindigkeit in ein und demselben Medium konstant und von solchen Schwingungsgrößen wie Frequenz und Amplitude unabhängig ist, bedeutet eine Erhöhung der Periodenfrequenz des Schallsenders wegen der davon reziprok abhängigen Verringerung der Periodendauer eine Verkürzung der Wellenlänge, und zwar nach der Formel:

$$\text{Wellenlänge} = \frac{\text{Schallgeschwindigkeit}}{\text{Periodenfrequenz}}$$

$$\text{oder } \lambda = \frac{c}{f}$$

Die Schallgeschwindigkeit in der uns umgebenden Luft beträgt in Vereinfachung durchschnittlich 340 m/s. Die Schallgeschwindigkeit variiert geringfügig in Abhängigkeit von Temperatur und Luftfeuchte.

Die Wellenlänge ist wichtig, wenn es darum geht, das Verhalten der Luftsäulenresonanzen in Rohren wie auch im Ansatzrohr zu erklären. Das Ansatzrohr kann als analog zu einem einseitig geschlossenen und anderseitig offenen Rohr betrachtet werden. In einem solchen Rohr gilt, daß diejenige Frequenz, deren zugehörige Wellenlänge mit $^1/_4\ \lambda$ in die Rohrlänge(l) paßt, die erste (tiefste) Resonanzfrequenz (= Eigenfrequenz) der in diesem Rohr befindlichen Luftsäule ist. Die Frequenz, deren Wellenlänge mit $^3/_4\ \lambda$ in die Rohrlänge paßt, ist die zweite Resonanzfrequenz, diejenige mit $^5/_4\ \lambda$ ist die dritte und diejenige mit $^n/_4\ \lambda$ ist die n-te Resonanzfrequenz (1, 3, 5, ..., n = Folge der ungeraden natürlichen Zahlen) (Abb. 48).

Wenn für einen erwachsenen Mann von einer durchschnittlichen Ansatzrohrlänge von 17,5 cm ausgegangen wird, haben die drei ersten Resonanzbereiche der Luftsäule in einem in seiner ganzen Länge die gleiche Querschnittfläche aufweisenden Rohr die Mittenfrequenzen 500 Hz, 1500 Hz und 2500 Hz. Die Resonanzen mit diesen Mittenfrequenzen sind die drei ersten *Vokalformanten* F_1, F_2 und F_3 des idealen Neutralvokals [ə].

7.5. **Frequenzen von Teilschwingungen und Mittenfrequenzen von Formanten**

Die aus Öffnungs- und Verschlußvorgängen bestehenden Zyklen in der Glottis erzeugen keine sinusförmigen Luftdruckänderungen, also keine Sinusschwingung, sondern quasi-periodische Folgen von impulsartigen Druckänderungen. Die Glottis wird daher auch als Knallgenerator bezeichnet. Die Periodenfrequenz im Oszillogramm der menschlichen Stimme ist daher identisch mit der Zyklusfrequenz der glottalen Vorgänge. Unterwirft man den Stimmklang einer Spektralanalyse, so zeigt es sich, wie schon im Abschnitt 7.2. besprochen, daß die 1. harmonische Teilschwingung (*Grundschwingung*) dieselbe Periodenfrequenz (*Grundfrequenz*) aufweist, wie die Periodenfrequenz des Oszillogramms. Numerisch sind also die erwähnte Zyklusfrequenz der glottalen Vorgänge, die oszillographische Periodenfrequenz und die im spektralen Schallmodell isoliert darstellbare Grundfrequenz identisch. Da diese Frequenz die Tonhöhenwahrnehmung des menschlichen Ohres wesentlich bestimmt, wurde und wird die *Grundfrequenz* unter Vermischung der akustischen und auditiven Ebene gelegentlich auch als *Grundton* bezeichnet. Wie schon dargestellt, vermeiden wir diesen Begriff im phonetischen Zusammenhang.

Die Funktionsweise des „Knallgenerators" Glottis kann ungefähr folgendermaßen beschrieben werden: Nehmen wir an, daß die Glottis geschlossen ist (Abb. 22). Unterhalb der Glottis erhöht sich durch Ausatmung der subglottale Druck, d. h. der subglottale statische Luftdruck. Wenn dieser Druck so hoch geworden ist, daß er die Spannung der in den Stimmlippen befindlichen Muskeln überwinden kann, wird der Glottisverschluß gesprengt, und die Luft strömt nach außen. Dadurch kommt es zu einem Sinken des statischen Luftdrucks unterhalb der Glottis. Funktionell wichtiger jedoch ist das deutlich stärkere Absinken des Luftdruckes in der Glottis, welches strömungsdynamisch (Bernoulli-Effekt) bedingt ist. Dieser Unterdruck in der düsenartig verbliebenen Glottis ist die Hauptursache dafür, daß die Glottis sich wieder schließt. Die aus der Muskelelastizität der gespannten Muskeln herrührenden Rückstellkräfte begünstigen diesen Schließungsvorgang (vgl. 5.7.).

Da die Schleimhaut auf der Oberfläche des Conus Elasticus etwas lockerer als an den Rändern der Stimmlippen auf dem Untergewebe liegt, bietet sie im Conus Elasticus gegen die zusammenziehende Kraft des Unterdruckes den geringsten Widerstand, so daß die Glottis zuerst dort unten geschlossen wird. Der Verschluß wird unmittelbar nach seinem Zustandekommen durch den sofort wieder steigenden subglottalen Druck von unten erneut aufgedrückt und wandert daraufhin von unten nach oben, bis er bei den Stimmlippenrändern wieder gesprengt wird (vgl. 5.7.). Dieser Vorgang wiederholt sich in schneller Folge, und jedesmal entsteht ein impulsartiger Druckwechsel mit hoher Druckamplitude (Schallwechseldruck des primären Stimmklanges). Nach der Öffnung steigt der Druck schnell ins Positive an und fällt kurz vor dem Verschluß und danach noch schneller und sehr tief wieder ins Negative ab. Das Dauerverhältnis zwischen der offenen und geschlossenen Phase beträgt im gesunden Brustregister (gewöhnliche Sprechstimme) etwa 1:2, d. h. die geschlossene Phase ist doppelt so lang wie die offene.

Solche einzelnen impulsartigen Knälle enthalten spektralanalytisch gegen unendlich gehend viele Teilschwingungen wie ein Rauschen. Die periodische Folge solcher Impulse ist ein harmonischer Klang und enthält spektralanalytisch diskrete harmonische Teilschwingungen mit den bekannten Frequenzverhältnissen 1:2:3:4, ..., n. Zu den hohen Frequenzen hin nehmen die Schallpegel der Teilschwingungen zunehmend ab. Im idealisierten Spektrum des Stimmklanges als *Primärschall* beträgt dieser Pegelabfall 12 dB pro Oktave, im tatsächlichen Sprechschall, wie er die Ansatzrohröffnungen verläßt, beträgt der Pegelabfall dagegen in einer über alle stimmhaften Lautbildungen gemittelten Wertung etwa 6 dB pro Oktave. Dies hängt damit zusammen, daß das Ansatzrohr die Teilschwingungen mit tieferen Frequenzen stärker dämpft als die Teilschwingungen mit den Frequenzen, die in den Bereich der *Vokalformanten* fallen.

Da die Grundfrequenz als Korrelat der Tonhöhe für die Wahrnehmung gewisser prosodischer Merkmale des Sprechens eine entscheidende Rolle spielt, ist ihre Betrachtung in der Phonetik von erheblicher Bedeutung. Physikalisch gesehen handelt es sich dabei jedoch nur um die Frequenz der ersten harmonischen Teilschwingung, welche prinzipiell gleichwertig neben den anderen harmonischen Teilschwingungen steht.

Die durchschnittliche Periodenfrequenzlage der Männerstimme (Sprechstimme) liegt etwa zwischen 100 und 150 Hz, die der Frauenstimme zwischen etwa 190 und 250 Hz und die der Kinderstimme grob zwischen 350 und 500 Hz. In erster Linie hängt die durchschnittliche Periodenfrequenz der Stimme von der Länge und Dicke (Masse) der Stimmlippen ab.

Die *Formanten,* welche auf der Schallqualitätsebene für die Klangfarbenwahrnehmung entscheidend sind, sind die Luftsäulenresonanzen und in bestimmten Fällen auch Luftkörperresonanzen im Ansatzrohr. Sie sind durch die Form der Luftsäule oder des Hohlraumes bestimmt, und sie sind unabhängig von den Frequenzen der Teilschwingungen des Stimmklanges, die sich immer rechnerisch als ganzzahlige Vielfache der Grundfrequenz ergeben. Im Ansatzrohr können diejenigen Teilschwingungen mit relativ großer Amplitude schwingen, deren Frequenzen innerhalb der Resonanzbereiche (Formanten) liegen. Teilschwingungen, deren Frequenzen nicht in einen Resonanzbereich fallen, werden stärker abgeschwächt. Das Ansatzrohr wirkt im Rahmen seiner Übertragungsfunktion also auch als Filter, das die die jeweilige Lautqualität bestimmenden Frequenzbereiche aus dem Primärschall des Stimmklanges herausfiltriert. Die Lage der Formanten auf der Frequenzskala, insbesondere die der ersten zwei Vokalformanten, kann durch Formänderung im Ansatzrohr, also durch Artikulation geändert werden. Mehr als diese äußerst knappe Darstellung der *„Quelle-Filter-Theorie"* kann hier nicht gegeben werden. Zur Ergänzung vgl. unsere Darstellungen in Neppert (1999, 136–140).

Der Zusammenhang zwischen Artikulation und Frequenzlage bzw. Frequenzänderung der *Vokalformanten* kann durch die folgenden vier Regeln schematisiert werden:

1) *Die Längeregel*

Die Frequenz der Vokalformanten ist umgekehrt proportional zu der Länge des Ansatzrohres. Je länger das Ansatzrohr, desto niedriger die Formantenmittenfrequenz. Weiter oben hatten wir die Mittenfrequenzen der drei ersten Formanten des idealen Neutralvokals [ə] des durchschnittlichen Ansatzrohres von 17,5 cm Länge des erwachsenen männlichen Sprechers mit

F_1: 500 Hz; F_2: 1500 Hz; F_3: 2500 Hz

angegeben.

Das Ansatzrohr der Frau ist im Durchschnitt etwa 15% kürzer als das des Mannes, so daß man rechnerisch als Durchschnittswerte für den idealen Neutralvokal der Frau folgende Mittenfrequenzen erhält:

F_1: 600 Hz; F_2: 1800 Hz; F_3: 3000 Hz

2) *Die Regel der Verengung im Ansatzrohr*

Diese Regel hat einige Varianten, die davon abhängig sind, an welchem Ort innerhalb des Ansatzrohres die Engebildung stattfindet:

A. *Einfluß auf* F_1

a) Findet die Verengung in der vorderen Hälfte des Ansatzrohres statt, wird die Frequenz von F_1 niedriger. Je größer der Grad der Engebildung, desto niedriger wird die Frequenz von F_1. In der Mundhöhle eng gebildete Vokale wie [i] und [u] haben daher den niedrigsten F_1.

b) Findet die Verengung im pharyngalen Teil des Ansatzrohres statt, steigt die Frequenz von F_1. Je größer der Grad der Engebildung, desto höher wird die Frequenz von F_1. Daher haben Vokale mit Engebildung im pharyngalen Raum wie [ɑ] den höchsten F_1.

B. *Einfluß auf* F_2

c) Findet eine Verengung im mittleren bis vorderen Teil des Mundhohlraumes (unter dem vorderen bis mittleren Gaumen) statt, steigt die Frequenz von F_2. Je größer die Verengung, desto höher wird die Frequenz von F_2. F_2 ist deshalb für Vokale wie [i] maximal hoch.

d) Findet eine Verengung im hinteren Teil des Mundhohlraumes (unter dem hinteren Gaumen) statt, wird die Frequenz von F_2 niedriger. Je größer der Grad der Verengung, desto niedriger die Frequenz von F_2. Hintere Vokale wie [u o] haben daher den niedrigsten F_2.

3) *Die Regel der Lippenrundung*

Die verengende Lippenrundung, die meistens mit Vorstülpung verknüpft ist, bewirkt, daß die Frequenzen aller Formanten niedriger werden. Je größer der Grad der Lippenrundung, desto größer der Einfluß auf die Formanten. Der Einfluß der Lippenrundung ist größer auf F_2 und F_3 als auf F_1, was besonders bei dem F_2 der labialisierten Vokale [y ø œ] im Vergleich zum F_2 der nichtlabialisierten [i e ɛ] deutlich zu sehen ist.

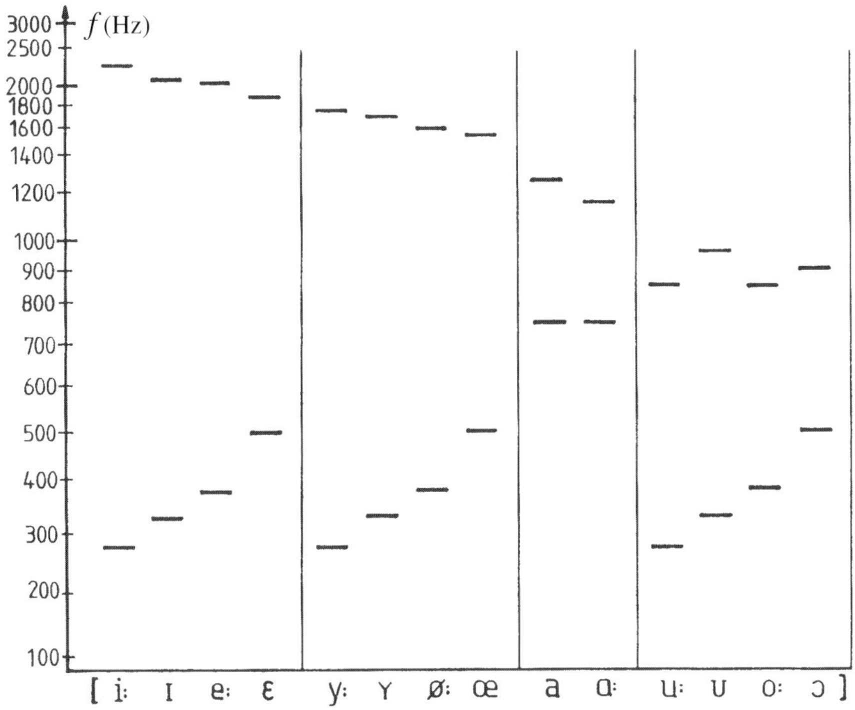

Abb. 49a: Graphische Darstellung der Formantenwerte synthetischer deutscher Vokale (unten der F_1, oben der F_2)

Vokal	F_1 (Hz)	F_2 (Hz)	Vokal	F_1 (Hz)	F_2 (Hz)
i:	250	2400	ɔ	487	975
ɪ	363	2088	y:	250	1563
e:	331	2163	ʏ	400	1440
ɛ	487	1755	ø:	375	1463
u:	250	668	œ	500	1449
ʊ	369	750	ɑ:	686	1213
o:	369	713	a	646	1301

Abb. 49b: Die ersten zwei Formanten von deutschen Vokalen aus artikulatorischen Kontexten (gerundete statistische Mittelwerte nach Rausch 1972, S. 35–82)

4) *Die Regel der Kieferwinkelöffnung*
Je größer der Kieferwinkel (d. h. der Abstand zwischen den oberen und unteren Schneidezähnen), desto höher liegt die Frequenz von F_1. Vokale mit kleinem Kieferwinkel wie [i e] oder [y u] haben daher einen relativ niedrigen F_1, aber Vokale mit offenem Kieferwinkel wie [a] haben einen hohen F_1.

Mit Hilfe dieser vier Regeln ist es möglich, die Formantenstruktur jedes Vokals auf der Grundlage seiner Artikulation ungefähr vorauszusagen. Diese Regeln gelten jedoch uneingeschränkt nur für isolierte Vokale. Am besten treffen sie für nicht-labialisierte Vokale zu, die nur an einer Stelle innerhalb des Ansatzrohres eine Verengung aufweisen. In der tatsächlich gesprochenen Sprache werden die Vokale sowohl von der Akzentstellung als auch von den Konsonanten in der Lautumgebung in verschiedener Art modifiziert, so daß hier Formen der Engebildung entstehen, die nicht mit diesen relativ einfachen Regeln in Übereinstimmung sind.

Akustisch stellen sich die Diphthonge vor allem durch Verschiebung des ersten und zweiten Vokalformanten auf der Frequenzachse dar. Das kann man sich an Hand der Abbildungen 49a und 50 oder der Abbildung 52a,b veranschaulichen. Die Abbildung 51 stellt die artikulatorische Entsprechung dar.

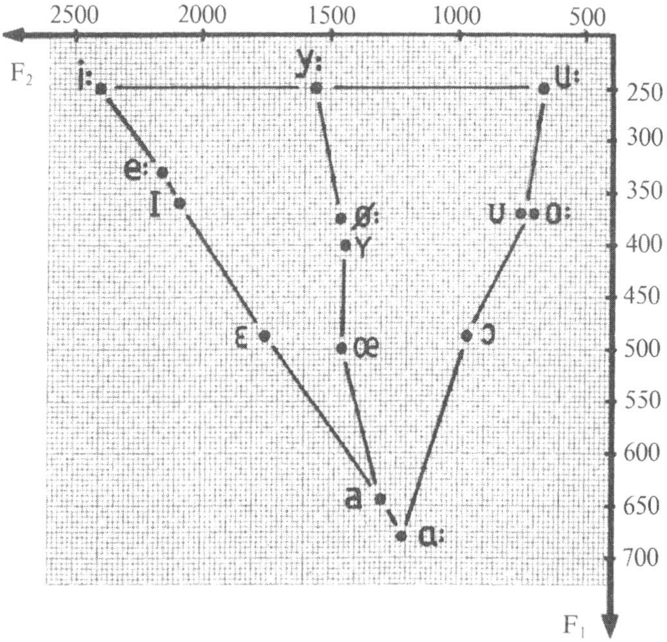

Abb. 50: Akustisches Vokalviereck (hier eher als Vokaldreieck) der deutschen Vokale nach den Formantenwerten von Rausch (1972), welche in der vorangehenden Tabelle / Abb. 49b angegeben sind

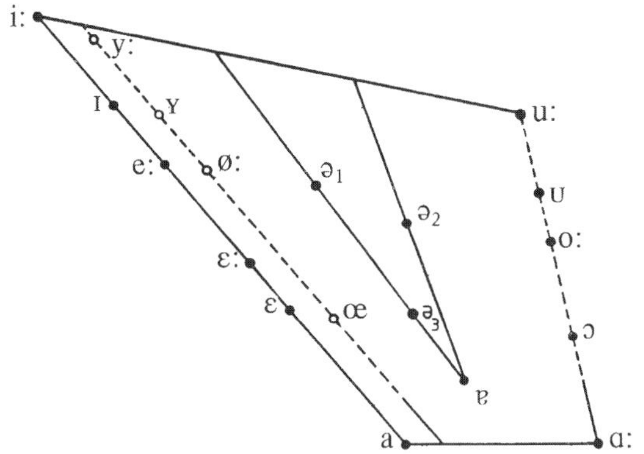

Abb. 51: Artikulatorisches Viereck der deutschen Vokale (nach Martens 1977, 14). Die Mittelzungenvokale [$ə_1$ $ə_2$ $ə_3$] sind mögliche Beispiele für Schwa-Laute (Zentral-, Neutral- oder Indifferenzvokal). Sie kommen im Deutschen als sogenanntes unbetontes (Endungs)-<e> vor. [ɐ] ist ein zentralisierter /a/-Laut, also ein [a] mit Tendenz zum Schwa. Er kommt im Deutschen als vokalisiertes [ʀ] oder als Aussprachevariante der Endung <-er> vor. (Vgl. auch Barry 1995.)

Die Nasalierung ist akustisch gesehen ein sehr komplexes Phänomen, da neben den oralen Formanten (Vokalformanten) auch besondere nasale Formanten (Nasalformanten) entstehen. Der Nasalität entsprechen insbesondere folgende akustische Merkmale:

1) *Schwächung von F_1*

   F_1 ist bei nasalierten Vokalen sehr viel schwächer als bei den entsprechenden oralen Vokalen. Diese Schwächung des ersten Vokalformanten ist das wichtigste akustische Merkmal der Nasalierung. Ihre Existenz allein sorgt hinreichend für nasalen Beiklang bei Vokalen.

2) *Höhere Stellung von F_1*

   F_1 steht bei nasalierten Vokalen im allgemeinen 50 bis 100 Hz höher als bei den entsprechenden oralen Vokalen. Das ist daraus zu erklären, daß nasalierte Vokale gewöhnlich offener als die entsprechenden oralen Vokale ausgesprochen werden.

3) *Nasalformanten*

   Wie schon gesagt wurde, haben nasale und nasalierte Laute neben den oralen Formanten, deren Intensität abgeschwächt ist, auch besondere nasale Formanten, die für Nasalkonsonanten und nasalierte (oder nasale) Vokale identisch sind. Es sind:

   a) FN_1, der erste Nasalformant, der die Frequenz 200 bis 250 Hz und eine relativ große Intensität hat. In der Reihenfolge der Indizien der Nasalität steht FN_1 an zweiter Stelle nach der Schwächung des ersten Vokalformanten.

b) FN_2, der zweite Nasalformant. Er ist im allgemeinen viel schwächer als FN_1. Über seine Stellung besteht keine Einigkeit. Je nach Untersuchung sind für FN_2 die Werte 1000 Hz, 1200 Hz und 2000 Hz oder 2200 Hz bestimmt worden. Für die Wahrnehmung der Nasalierung ist die Bedeutung von FN_2 relativ gering.

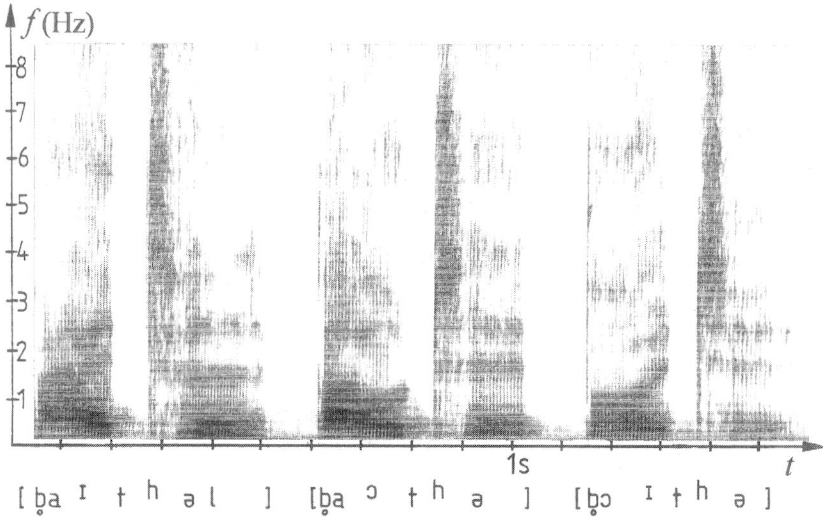

Abb. 52a: Breitbandsonagramme der Diphthonge [aɪ aʊ ɔɪ] in den Wörtern Beitel, baute, Beute

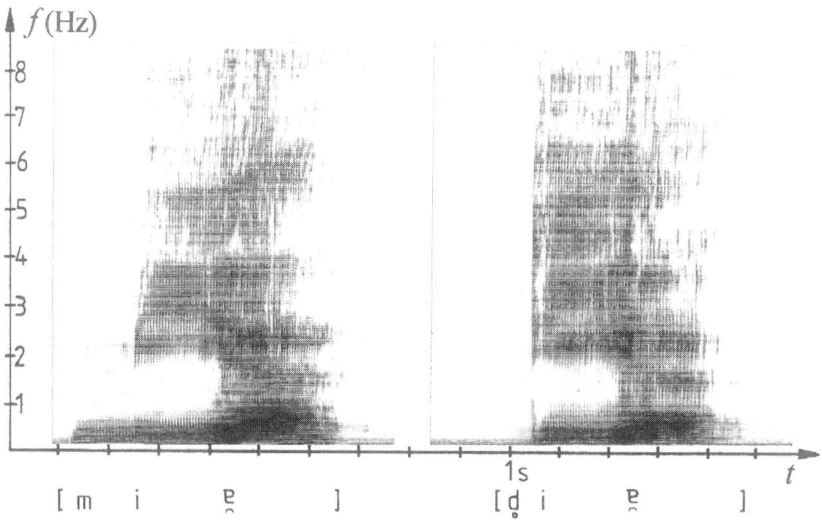

Abb. 52b: Breitbandsonagramme der phonetischen Diphthonge durch Vokalisierung des [ʀ] in *mir, dir*

7.6. **Andere Primärsignale im Ansatzrohr**

Der in der Glottis erzeugte Stimmklang wird in der phonetischen Literatur häufig als *Quellensignal* (Primärsignal) der stimmhaften Anteile des Sprechschalles bezeichnet. Wie wir gesehen haben, werden Vokale, Nasale, Approximanten und Laterale im allgemeinen ausschließlich durch dieses Primärsignal und zusätzlich modifizierende Resonanzen im Ansatzrohr gebildet. Daneben gibt es eine Reihe von Lauten, die ohne Stimmklang, also ohne Glottisschwingungen, erzeugt werden. Bei diesen werden die Primärsignale an anderer Stelle, nämlich irgendwo im Ansatzrohr hergestellt. Ihre Entstehung geht in erster Linie auf länger andauernde oder im Übergang zwischen Verschluß und Öffnung kurzzeitig vorhandene Engebildung zurück. Diese im Ansatzrohr gebildeten Primärsignale werden häufig in der phonetischen Literatur „Sekundärquellen" genannt. Akustisch funktionell stellen aber diese „Sekundärquellen" für die Schallerzeugung ebenso wie der Stimmklang ein Primärsignal zur Verfügung, wenn auch ein anderes. Und unter Sekundärvorgängen verstehen wir die Modifikationen der jeweiligen Primärschalle durch variable Resonanzverhältnisse.

Wenn der Luftkanal an einer bestimmten Stelle im Ansatzrohr eingeengt wird, strömt dort die Luft mit größerer Geschwindigkeit als an anderen Stellen, wo die Engebildung geringer ist. Dort im Kanal, wo die Engebildung am stärksten ist und kurz dahinter, entstehen in den Grenzschichten im Ansatzrohr *Luftverwirbelungen (Turbulenzen),* die akustisch ein Rauschen darstellen und somit schon als Primärsignal die Klasse der stimmlosen Frikative und anteilmäßig auch die der stimmhaften Frikative charakterisieren. Die Qualität dieses Rauschens ist weitgehend von der Artikulationsstelle und von dem Grad der Engebildung (Grad der Strömungsgeschwindigkeit) abhängig. Da dieses Rauschen die ganze Luftsäule des Ansatzrohres mitschwingen läßt, bilden sich, solange die Luftsäule nicht unterbrochen ist, verschiedene Luftsäulenresonanzen, die akustisch gesehen den Vokalformanten entsprechen. Bei sehr starker Engebildung kann man das Ansatzrohr als in Teilhohlräume getrennt auffassen. Die Luftkörper in diesen Hohlräumen haben ebenfalls formabhängige Resonanzen. Deshalb kann man in allen Fällen des Frikativrauschens auf der Qualitätsebene von *Rauschfarbe* sprechen, welche der Klangfarbe bei den Vokalen entspricht. Es ist schwieriger das Spektrum der Frikative als das der Vokale zu beschreiben, und die Ergebnisse einzelner Untersuchungen weichen voneinander relativ stark ab. Hier werden wir die von Jassem (1968) gemessenen Hüllkurven einzellautlich hervorgebrachter Frikative kurz kommentieren (vgl. Abb. 53):

1) *Bilabiales* [ɸ]

Die Hüllkurve ist relativ flach und zeigt nur wenige Auf- und Abwärtsbewegungen. Der Frequenzbereich erstreckt sich von 500 Hz bis etwa 8000 Hz, wonach die Hüllkurve steil abfällt.

2) *Labiodentales* [f]
Die einzelnen Gipfel sind ebensowenig ausgeprägt wie bei dem bilabialen [ɸ]. Zu bemerken ist der Pegelabfall zwischen F_1 und F_2. Davon abgesehen zeigt die Hüllkurve einen relativ flachen Verlauf von den tiefsten Frequenzen bis über 8000 Hz.

3) *Dentales* [θ]
Schrägabfall der Hüllkurve mit relativ mäßiger Variation. Zu bemerken ist der Pegelabfall zwischen F_1 und F_2 und die Senke im Bereich des F_4. Der Frequenzbereich erstreckt sich von den tiefsten Frequenzen bis über 8000 Hz.

4) *Apikoalveolares* [s]
Unterhalb 2500 Hz sind sehr schwache spektrale Anteile vorhanden. Das Spektrum zeigt insgesamt sehr starke Pegelunterschiede, wobei besonders die starken Intensitäten um 4000 Hz und zwischen 7000 und 8000 Hz hervorzuheben sind. Der Frequenzbereich kann ohne weiteres bis über 12000 Hz reichen. Hierin bestehen jedoch individuell recht starke Unterschiede.

5) *Prädorsales* [s]
Unterhalb von 3000 Hz gibt es nur schwache spektrale Anteile. Danach sind zwei besonders starke Pole (Frikativformanten) bei 4000 Hz und bei knapp 8000 Hz zu bemerken. Insgesamt ist der Kurvenverlauf jedoch etwas ausgeglichener als beim apikoalveolaren [s], und der Pegelabfall ist zu den hohen Frequenzen hin geringer.

6) *Palatoalveolares gerundetes* [ʃ]
Unterhalb 1500 Hz sind kaum Frequenzanteile vorhanden. Danach folgen drei schmalbandige Hüllkurvenmaxima recht nahe beieinander. Zwischen 4000 und 6000 Hz ist das Spektrum wieder schwächer. Danach folgt ein starker Gipfel bei knapp 7000 Hz, wonach das Spektrum steil abfällt. Nach 8500 Hz sind normalerweise keine Frequenzanteile vorhanden. Gegenüber den [s]-Lauten ist das gesamte Spektrum des [ʃ] etwas nach den niedrigeren Frequenzen verschoben. Dies kann teilweise als Folge der Labialisierung, teilweise aber auch als Verlagerung der Artikulationsstelle nach hinten erklärt werden und ist vor allem eine Folge der geringeren Enge und damit der geringeren Strömungsgeschwindigkeit bei der Wirbelerzeugung.

7) *Palatales* [ç]
Unterhalb 1500 Hz sind kaum Frequenzanteile vorhanden. Starke Intensität ist zwischen 3000 und 4000 Hz zu bemerken. Danach gibt es zwei bis drei erheblich schwächere Gipfel, jedoch im Bereich von knapp 7000 Hz meist noch einen Anstieg zu einem (meist etwas breitbandigeren) Pol. Die Hüllkurve fällt bei 8000 Hz stark ab.

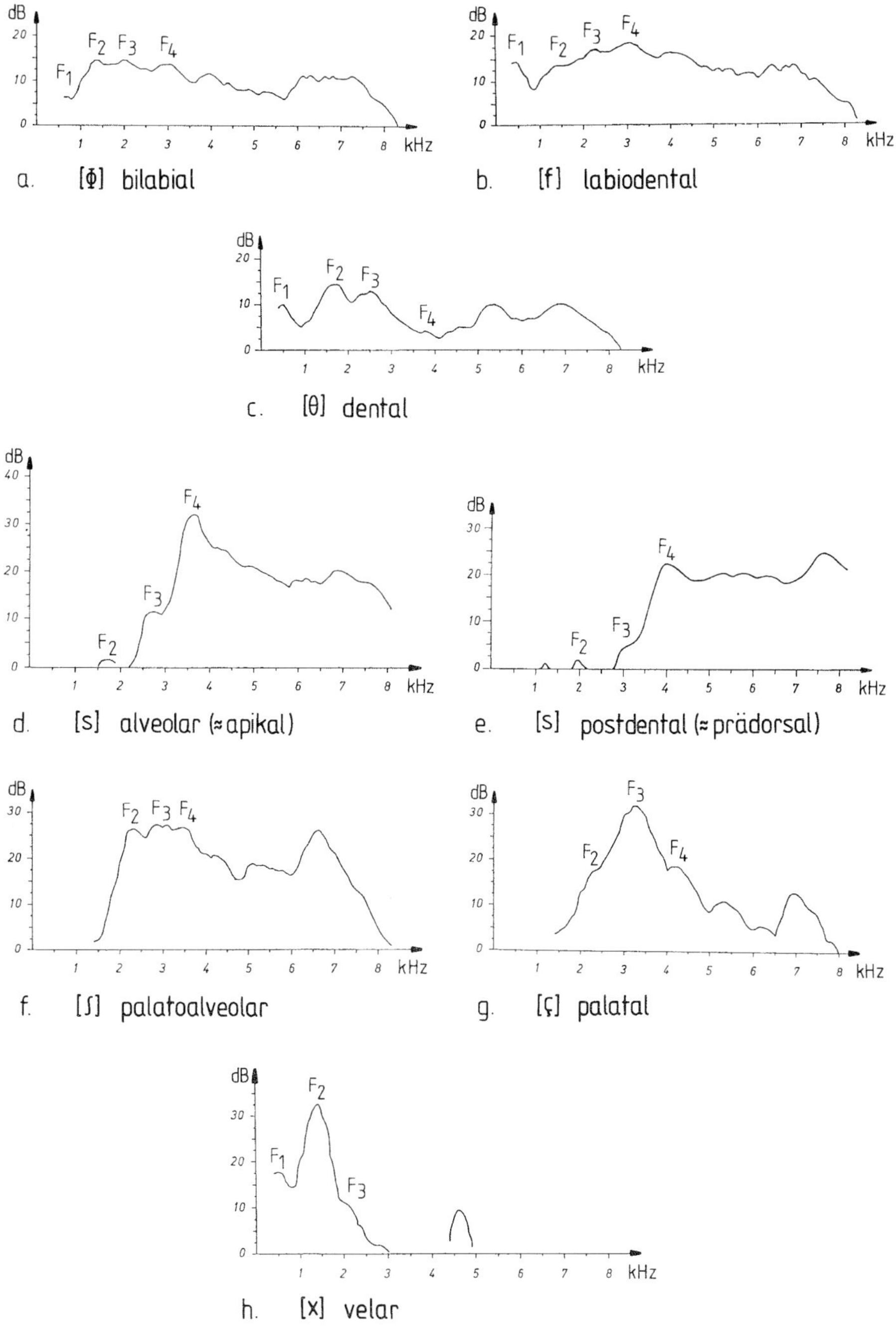

Abb. 53: Hüllkurven von Spektren einiger von einem Sprecher einzellautlich hervorgebrachter stimmloser Frikative (nach Jassem 1968, S. 197–201)

8) *Velares* [x]

Das Spektrum weist einen starken Pol um die 1500 Hz auf und darin zwei schwächere schmalbandige Hüllkurvenmaxima um die 500 Hz und die 2200 Hz. Oberhalb von 3000 Hz gibt es keine spektralen Anteile mehr oder höchstens noch sehr schwache.

Allgemein kann für die Rauschspektren der Frikative gesagt werden, daß die Gesamtform der Hüllkurve die Frikative mehr unterscheidet als die Lage einzelner schmalbandiger Hüllkurvenmaxima, vor allem solcher, die im höheren Frequenzbereich nicht als Vokalformanten gedeutet werden können.

Bemerkenswert ist der extreme spektrale Unterschied zwischen [ç] palatal und [x] velar, welche jedoch im Deutschen als Varianten eines Phonems /x/ funktionieren.

Bei den stimmhaften Frikativen liegen mit dem Stimmklang und mit dem Frikativrauschen zwei voneinander unabhängige Primärsignale vor, die allerdings durch die jeweils vorliegende Hohlraumform in Richtung auf eine gemischte Klang- und Rauschfarbe weitgehend gemeinsam resonatorisch modifiziert werden.

Für das [h] ist noch zu bemerken, daß sein zur Hauptsache oder zumindest anteilmäßig immer vorhandenes Primärsignal zwar auch ein Rauschen ist, welches jedoch nicht im oberen Ansatzrohr, sondern in der eine Verengung darstellenden Glottis erzeugt wird. Ein spezifisches Rauschspektrum des [h] gibt es nicht. Es zeigt stets die Formanten des vorangehenden oder meist (und wie immer bei Initialposition) die des nachfolgenden Lautes. Bei besonders eng gebildeten Umgebungslauten kann neben dem in der Glottis erzeugten Rauschen ein zweites Rausch-Primärsignal in der Engstelle entstehen. Bei [hi] wird z. B. in der schon im [h] antizipierten [i]-Enge Luft verwirbelt, so daß ein [ç]-ähnliches Rauschen beigemengt wird.

7.7. **Übergangssignale (Transienten)**

Wenn der Schallpegel schnell hohe Werte erreicht und danach ebenso schnell abfällt und/oder sich dabei noch andere Schallelemente schnell ändern, spricht man von einer Übergangsquelle oder einer Transiente. Das in einer solchen Transiente gewöhnlich vorhandene kurze Frikativrauschen stellt einen Rauschimpuls dar. Die Ursache für die Transiente ist ein Druckunterschied zu beiden Seiten des artikulierenden Organs.

Transienten charakterisieren die Lösungsphase der Verschlußlaute. Davor befindet sich die Verschlußphase, welche entweder stumm (stimmlose Verschlußlaute) oder mit schwachem Stimmklang (stimmhafte Verschlußlaute) gefüllt sein kann. Verschlußlaute sind also akustisch gesehen immer aus zwei Schallformen zusammengesetzt.

Je nach Artikulationsstelle sind die Übergangssignale in ihren Spektren durch charakteristische Frequenzbereiche höherer Intensität (Pole in den Rauschspektren) charakterisiert. Labiale haben niedrige Pole, Alveodentale hohe, und dazwischen im mittleren Frequenzbereich befinden sich die der Velaren. Die jeweiligen Pole variieren etwas in Abhängigkeit vom nachfolgenden Vokal (Abb. 54).

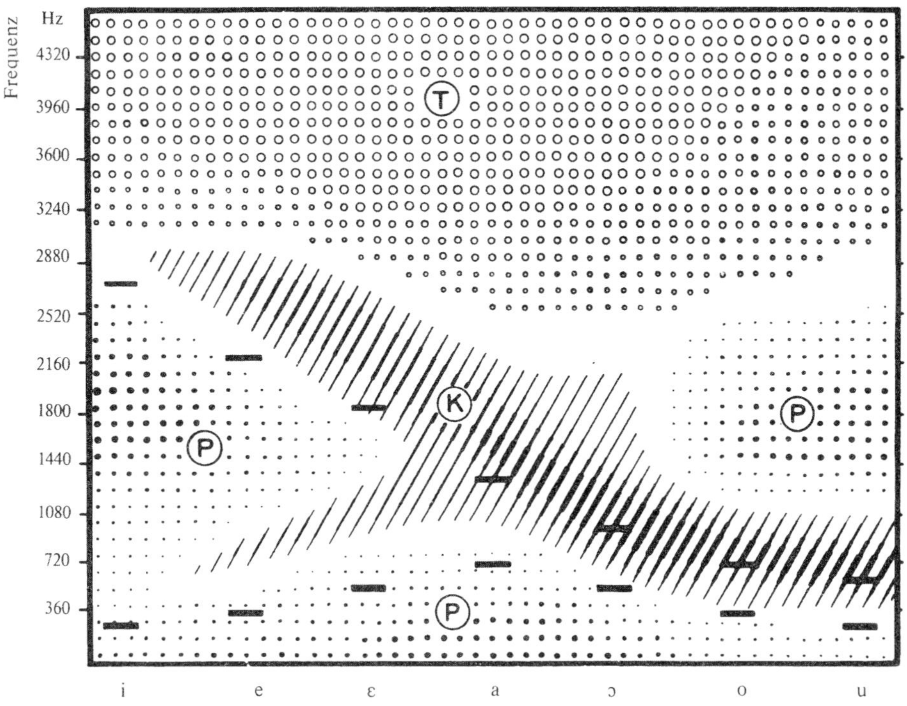

Abb. 54: Frequenzpositionen (Mittenfrequenzen) der breitbandigen spektralen Maxima (Rauschformanten, Pole) von Rauschimpulsen, die bei Kombination mit nachfolgenden Vokalen zur Erkennung der Verschlußkonsonanten [p], [t] oder [k] führen. Die größer und fetter gedruckten Konsonantenerkennungszeichen (Punkte, Schraffur, Kreise) geben Zonen größerer Übereinstimmung der Erkennung durch die Hörer an. Das jeweilige Rauschen wurde zweiformantigen synthetischen Vokalklängen vorangestellt. Der Vokal ist auf der Abszisse angegeben (nach Liberman u. a. 1952).

Die beschriebenen Transienten treten wie beschrieben in Übergängen (*Transitionen*) zwischen bestimmten Lauten, vornehmlich zwischen Verschlußlauten und darauffolgenden Lauten, auf. Nicht erfaßt sind damit akustische Änderungen, wie sie prinzipiell in allen Lauttransitionen auftreten, nämlich die Verschiebungen der unteren Vokalformanten, insbesondere die des F_2, entlang der Frequenzskala, die nach dem sonagraphischen Bild auch kurz als *Formantabbiegungen* bezeichnet werden. Verursacht werden diese sich kontinuierlich ändernden Übergangsereignisse durch die artikulationsbedingte Formveränderungen des Hohlraumes im Ansatzrohr, und sie tragen auf der auditiven Ebene erheblich zur Diskrimination der Konsonanten, insbesondere der Verschlußlaute und der Nasale bei. In dieser Weise sind sie z. B. auch, verursacht durch die artikulationsstellenspezifischen Hohlraumveränderungen, in die Verschlüsse der verschiedenen Verschlußlaute hinein wirksam. Auch in den unter dem Begriff *Transienten* oben erfaßten Rauschimpulsen sind derartige Formantabbiegungen nachweisbar und erst recht in überwiegend stimmhaften oder voll stimmhaften Übergängen von Verschlüssen zu den nachfolgenden Lauten. Stehen solche Verschlußlaute in initialer Position, so sind die Formantabbiegungen die einzige Ursache für deren Diskriminierbarkeit.

7.8. Kombinierte Schallformen

Sehr häufig kommt die Kombination von Schallformen verschiedener Art vor. Es kann sich entweder um die Aufeinanderfolge verschiedener Schallformen handeln und/oder um die Simultaneität zweier Schallformen. Die am häufigsten auftretenden kombinierten Schallformen sind:

1) *Aufeinanderfolgen mit teilweiser Simultaneität*
   a) Aufeinanderfolge von stummer Phase und Übergangssignal (Explosionsphase): stimmlose Verschlußlaute [p t k].
   b) Aufeinanderfolge von Stimmklang (quasi-periodisches Signal) und Übergangssignal (und weiter Stimmklang): stimmhafte Verschlußlaute [b d g].
   c) Aufeinanderfolge von stummer Phase, sehr kurzem Übergangssignal und Frikativrauschen: stimmlose Affrikaten [tʃ ts].
   d) Aufeinanderfolge von stummer Phase, kurzem Übergangssignal und Behauchung: stimmlose aspirierte Verschlußlaute [p^h t^h k^h].
   e) Aufeinanderfolge von Stimmklang, Frikativrauschen und weiterem Stimmklang: stimmhafte Affrikaten [dz dʒ]. Zu bemerken ist allerdings, daß innerhalb der Frikativphase die periodische Schwingung an der Glottis und das nichtperiodische Rauschen im Ansatzrohr simultan aktiv sind.
   f) Gehaltener Stimmklang und währenddessen meist mehrere Übergangssignale (Explosionsphasen) nacheinander. Dies ist der Fall der Vibranten [r] und [ʀ], wenn sie tatsächlich Vibrationen aufweisen. Besonders komplex ist der Fall des frikativen vibranten tschechischen [ř]. Dort sind gleichzeitig drei Schallquellen wirksam: Es entstehen der Stimmklang in der Glottis, ein Rau-

schen an der alveolaren Verengung im Ansatzrohr und das Übergangssignal (Explosionsphase) bei jeder Vibration.

2) *Reine Simultaneität*
Die Primärquelle an der Glottis und eine andere Primärquelle im Ansatzrohr können gleichzeitig aktiv sein. Der resultierende Schall besteht dann aus zwei Komponenten: dem quasi-periodischen Stimmklang und dem nicht periodischen Frikativrauschen. Diese Art von Schallform charakterisiert die stimmhaften Frikative. Die stimmhaften Frikative weisen gegenüber den stimmlosen insgesamt einen geringeren Schallpegel auf. Häufig sieht man auch im Sonagramm eine schwach ausgeprägte Vokalformantenstruktur, der die spektralen Rauschanteile überlagert sind; Beispiele [v z j].

8. Suprasegmentalia

8.1. Allgemeine Beschreibung

Als *Suprasegmentalia* werden diejenigen Elemente der Sprache bezeichnet, deren Geltungsbereich größer als das Einzelsegment ist. Die Realisierungsdauer der Suprasegmentalia ist gewöhnlich größer als die eines Einzellautes, kann jedoch in gewissen Fällen auch kleiner als die eines Einzellautes sein. Wenn wir zur genaueren Erörterung der einzelnen Suprasegmentalia kommen, werden wir die Frage dieser Dauerverhältnisse auch genauer erläutern.

Als eine andere wichtige Eigenschaft der Suprasegmentalia ist zu nennen, daß es ihnen gemeinsam ist, daß sie im Sprechverlauf nur unter Hinzuziehung des vorangehenden und des nachfolgenden Kontextes segmentiert werden können. Die Einzellaute können nach ihrer Segmentierung auch als isolierte Einheiten konstatiert werden, aber die Existenz der Suprasegmentalia ist nur durch Vorwärts- und Rückwärtsvergleich im Schallsignal nachweisbar. Auf diese Besonderheit bezieht sich das Präfix *supra-*. Eine hierarchische Bewertung gegenüber den Einzellauten ist damit nicht gemeint.

Zusammen bilden die Suprasegmentalia einer Sprache den Bereich der *Prosodie.* Die Suprasegmentalia benötigen gewöhnlich eine segmentale Basis für ihre Realisierung, sind jedoch ein völlig eigenständiger Bereich, in welchem sie strengen Beziehungen zueinander unterliegen. Die Beziehungen zu den segmentalen Einheiten sind bis heute nicht eindeutig wissenschaftlich geklärt. Auch sind die semantischen Aspekte der Suprasegmentalia und insbesondere deren Beziehung zu der Semantik der Lexeme zur Zeit Gegenstand intensiver Forschungen. Es ist zu erwarten, daß als Resultat ein besseres Verständnis der Suprasegmentalia erreicht wird.

Im frühkindlichen Spracherwerb werden die Suprasegmentalia vor allen anderen sprachlichen Elementen erworben. Schon ab dem dritten Lebensmonat ist beim Säugling der Beginn der Erzeugungsmöglichkeit von mindestens einigen suprasegmentalen Schallelementen nachweisbar. Bei gewissen aphasischen Erkrankungen kommt der Fall vor, daß die segmentalen Einheiten der Sprache völlig verloren gehen, daß aber das System der Suprasegmentalia erhalten bleibt. Der Sprachhörer, der solche Personen „sprechen“ hört, hat den Eindruck, eine Sprache zu hören, welche er allerdings nicht kennt. Alle Gliederungssignale und Betonungsmuster können richtig sein, woraus der Eindruck einer realen Sprache entsteht.

Umgekehrt kann auch der Fall eintreten, daß die segmentalen Einheiten erhalten bleiben, aber Suprasegmentalia verloren gehen. Das Sprechen wird dann durch eine kaum zu beschreibende Monotonie charakterisiert. Solche Krankheitsfälle zeigen unter anderem, daß die Suprasegmentalia ein von den segmentalen Einheiten unabhängiges System bilden. Werden für die jeweilige Sprache falsche Akzentuierungen, Intonationsmuster oder Gliederungen erzeugt, wie es gelegentlich auch bei hochgradig Hörgeschädigten vorkommt, wird die gesprochene Sprache deutlich schlechter verstehbar.

Bei linker hemisphärischer Dominanz der Sprache werden die segmentalen Einheiten überwiegend in der dominanten Hemisphäre verarbeitet (siehe jedoch Abschnitt 9 bezüglich weiterer Einzelheiten). Die Suprasegmentalia, eventuell mit Ausnahme des Tones *(Ton* als sprachliche Einheit in Tonsprachen), werden jedoch in der nicht dominanten Hemisphäre verarbeitet.

Zu dem Bereich der Suprasegmentalia gehören folgende Elemente: *Intonation, Akzent* (Betonung), *Quantität* und *Ton* als distinktives Element der sogenannten Tonsprachen. Ferner gehört zum Bereich der Suprasegmentalia die *More (Mora)* der sogenannten Morensprachen. Unklar ist der Stellenwert der Junkturen, die wir deshalb nur kurz erwähnen werden.

Zu erwähnen ist auch, daß alle Schriftsysteme die Suprasegmentalia der Sprache sehr ungenau wiedergeben. Einige Suprasegmentalia werden in gewissen Orthographien überhaupt nicht berücksichtigt. Bei einer Rekonstruktion von ausgestorbenen Sprachen oder von älteren Sprachperioden, für die es keine graphischen Zeugnisse gibt, gehört die Rekonstruktion der Suprasegmentalia zu den schwierigsten, fast unmöglichen Aufgaben. Das ist auch verständlich, denn für keine der heute gesprochenen Sprachen ist das System der Suprasegmentalia in allen seinen Einzelheiten wissenschaftlich bekannt. Aber es ist de facto existent und es funktioniert, denn jeder muttersprachliche Sprecher verwendet dieses System intuitiv.

Zum Problem der Prosodie kommt erschwerend hinzu, daß es bisher nicht gelungen ist, eine Grenze zwischen linguistischer und paralinguistischer Prosodie zu ziehen. Der paralinguistische Bereich umfaßt eine Reihe von Erscheinungen, die situativ bedingt sind und daher im Sinne der strukturalistischen Lingustik nicht zur eigentlichen Semantik gehören. Trotzdem handelt es sich um semantische Einheiten, zumindest in gewissem Sinne. Zum Bereich der Paralinguistik gehören z. B. Elemente, die Emotionen, individuelle Besonderheiten, Krankheiten und besondere Situationen andeuten. Von den situativen Merkmalen, die am häufigsten in der Sprachbeschreibung genannt werden, ist besonders die *Emphase,* die gewisse Teile im Verlauf der Rede hervorhebt, zu nennen.

8.2. **Intonation**

Unter Intonation wird im allgemeinen die *Melodiebewegung auf Satzebene* verstanden. Hier ist allerdings zu bemerken, daß Satz keineswegs im Sinne einer grammatischen Einheit verstanden werden soll, sondern als eine in sich geschlossene *Ausdruckseinheit.* Unter bestimmten Bedingungen können sogar Einzelwörter Sätze bilden. Ebenfalls ist eine nicht zu Ende gesprochene Äußerung in diesem Sinne ein Satz. Normalerweise ist jedoch der Bereich der Intonation größer als das Wort. Nur in Einwortsätzen fallen Wort und Intonationseinheit zusammen.

Die Intonation beeinflußt nicht die lexikalische Bedeutung. Trotzdem hat die Intonation selbst eine Bedeutung, die sich in häufig sehr komplizierter Form mit der Satzbedeutung mischt. Von daher stammen die Schwierigkeiten, die Bedeutung der Intonation zu bestimmen. Die Beziehungen der Intonation zur Semantik sind äußerst vage – oder zumindest lassen sie sich zum gegenwärtigen Zeitpunkt nicht eindeutig formulieren.

Akustisch beginnt jede Intonationseinheit meistens mit steigender Perioden- oder Grundfrequenz am Anfang jeder Ausdruckseinheit. Innerhalb der Ausdruckseinheit bewegt sich die Periodenfrequenz zwischen zwei theoretischen Linien, der *Dachlinie* und der *Basislinie,* welche das oberste und das niedrigste Niveau der Frequenzvariation angeben. Im Verlauf der Äußerung fallen beide Linien ab. Es wird angenommen, daß der Frequenzabfall damit im Zusammenhang zu sehen ist, daß der subglottale Druck im Verlauf der Äußerung allmählich abfällt. Nach jeder Ausdruckseinheit erfolgt normalerweise eine Pause. Danach wird die Basislinie neu gesetzt. Doch ist es auch möglich, daß die Basislinie neu gesetzt wird, ohne daß eine Pause eingeschoben wird. Die Abbildung 55 verdeutlicht diesen Sachverhalt.

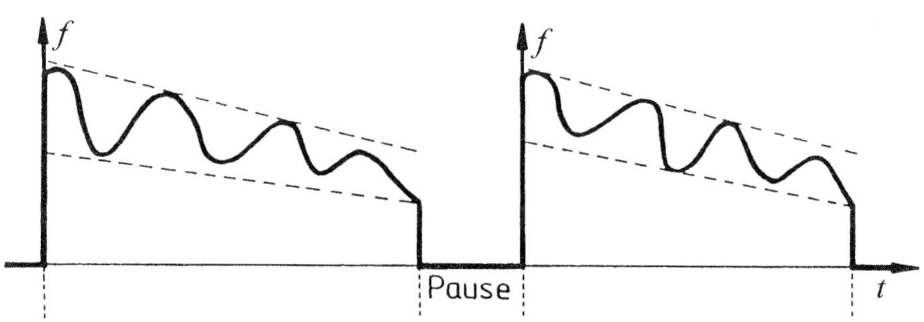

Abb. 55: Schematischer Aufbau zweier sprachlicher Intonationseinheiten

Vieles ist noch unklar, was die Abhängigkeit der Basislinie von der Satzstruktur betrifft. Doch scheint es festzustehen, daß der Abfall in kurzen Sätzen normalerweise steiler als in langen ist. Diese Tatsache deutet darauf hin, daß das Niveau der Festsetzung der Basislinie und ihr Abfall im Verlauf der Äußerung vorher genau geplant worden sind. Vor der Pause werden normalerweise das letzte Wort und besonders die letzte Silbe verlängert. Besonders ein auslautender Vokal wird verlängert. Diese *Auslautverlängerung* ist bisher in allen Sprachen festgestellt worden, in denen das Problem experimentell untersucht worden ist. Da diese Auslautverlängerung nach den vorliegenden Untersuchungen in der Zeit des Spracherwerbs noch nicht vorhanden ist, sondern erst im Verlauf der Sprachbeherrschung erworben wird, ist anzunehmen, daß sie ein kulturelles Phänomen ist, dem eine kommunikative Funktion zuzuschreiben ist. Es ist wahrscheinlich, daß es sich dabei um ein Signal an den Hörer handelt, welches angibt, wann der Hörer sich in das Gespräch einschalten kann. Diese Hypothese konnte bisher jedoch nicht eindeutig bestätigt werden.

Sicher ist die Grundfrequenzvariation das wichtigste Element der Intonation und auch bisher das am meisten untersuchte. Die englische Phonetische Schule, die um den Phonetiker Daniel Jones entstanden ist, betrachtet die Grundfrequenzvariation sogar als das einzige Element der Intonation. Weitgehend besteht jedoch darüber Einigkeit, daß die Intonation ein aus zahlreichen Phänomenen zusammengesetztes Gebilde ist. Folgende Elemente werden häufig als intonationskonstituierend angesehen: (1) Tonhöhe (gemessen als Grundfrequenz); (2) Dauer; (3) Intensität; (4) Timbre (Klangfarbe); (5) Pause; (6) Tempo; (7) Stimmqualität; (8) „Musikalität" (hier als Qualität der Klanghaftigkeit gemeint); (9) Emphase.

Wie aus der Aufzählung dieser Elemente zu ersehen ist, greift die Intonation allein schon dadurch auf den segmentalen Bereich über, daß die Dauer und die Klangfarbe als Elemente der Intonation auftreten. Daß andere Elemente als die Grundfrequenz Intonationsmuster bilden können, kann man aus der geflüsterten Sprache gut ersehen. Jeder kann selbst feststellen, daß alle Intonationsformen beim Flüstern zu erzeugen sind. In diesem Falle wird die Wirkung der Grundfrequenz vorwiegend durch Intensitäts- und Dauerelemente, teilweise auch durch unterschiedliche qualitative Helligkeit (Verschiebung des spektralen Schwerpunktes) ersetzt.

Zur Wirkung der Intonation auf die Sprachperzeption findet man bei Helfrich (1985) eine umfassende Zusammenstellung.

8.2.1. **Die Erzeugung der Intonationstypen**

Bei der Erzeugung der Grundfrequenzvariation wirken zwei Momente zusammen: (1) die Spannung der Stimmlippen und (2) der subglottale Druck. Der zunehmende subglottale Druck führt bei unveränderten Spannungsverhältnissen der Stimmlippen neben der Frequenzerhöhung auch zu einer größeren Amplitude der Vibrationsbewegung und zu einer Erhöhung des damit in der Glottis entstehenden Schallwechseldruckes, also zu größerer Lautstärke. Wenn umgekehrt der subglottale Druck konstant bleibt, kann die Grundfrequenz durch zunehmende Spannung der Stimmlippen erhöht werden. Bei erhöhter Spannung verringert sich auch die Auslenkungsamplitude in der Vibration, da die erhöhte Spannung die Stimmlippen härter elastisch macht. Bei erhöhter Spannung erhöhen sich auch die elastischen Rückstellkräfte in den Stimmlippen und verursachen bei gleichbleibendem subglottalen Druck eine höhere Vibrationsfrequenz. Wenn die Spannung der Stimmlippen stark erhöht wird, werden Teile der Stimmlippen stillgelegt. Die schwingende Masse nimmt daher ab, was zu einer zusätzlichen Erhöhung der Vibrationsfrequenz führt. Untersuchungen haben gezeigt, daß eine vollständige Unabhängigkeit zwischen Spannung der Stimmlippen und subglottalem Druck nicht besteht.

Aus der voranstehenden Beschreibung wird verständlich, daß in sehr vielen Sprachen ein Satz mit einfacher Aussage mit fallender Intonation gesprochen wird. Ohne behaupten zu wollen, daß dies eine linguistische Universale sei, kann festgestellt werden, daß der fallende Intonationstyp die ökonomischste Form der Intonation darstellt. Die fallende Intonation scheint sich ideal an die einzelnen Ausatmungsphasen anzupassen. Durch den ständig fallenden subglottalen Druck während der Sprechausatmung entsteht sie automatisch. Deshalb nennen einige Forscher sie auch die *unmarkierte Intonation.*

Intonationstypen, die davon abweichen, werden als *markiert* bezeichnet. Die markierten Intonationstypen sind dadurch gekennzeichnet, daß die Spannung der Stimmlippen an bestimmten Stellen im Sprechverlauf erhöht wird, selbst wenn der subglottale Druck konstant bleibt. Die Markierung kann auch durch die Erhöhung des subglottalen Druckes erfolgen. An den so oder so markierten Stellen werden unter anderem die Akzente realisiert, oder es werden bestimmte Intonationsformen erzeugt, zum Beispiel Ausruf oder Frage. In sehr vielen Sprachen hat die Frageintonation am Ende der Äußerung eine steigende Grundfrequenz. In anderen Sprachen ist die Frage nicht durch steigende Grundfrequenz markiert, sondern auf andere Art. Wenn die betreffende Sprache die Frage lexikalisch markiert, z.B. mittels Fragepartikeln wie das Französische, das Englische und das Russische, ist die Frage weniger von der Intonation abhängig. Trotzdem kann die Frage in solchen Fällen auch zusätzlich durch die Intonation markiert werden. In anderen Fällen ist es vielleicht nicht zwingend, die Fragepartikel zu verwenden. In solchen Fällen wird die Frage ausschließlich durch die Intonation realisiert.

Wenn als Intonationseinheit der Abschnitt im Sprechverlauf, der zwischen zwei Pausen bzw. bis zur erneuten Neusetzung der Basislinie reicht, definiert wird, befinden sich innerhalb dieses Abschnittes häufig einige Akzente. Meistens wird einer von diesen Akzenten als der semantisch bedeutendste angesehen. Dieser Akzent kumuliert akustisch gesehen auch meistens die höchsten Intensitäts-, Dauer- und Grundfrequenzwerte. Wegen seiner höchsten Stellung in der Hierarchie der Akzente wird er häufig *Hauptakzent, Satzakzent* oder *Fokus* genannt (Abb. 56).

Dies ist ein gutes Beispiel.

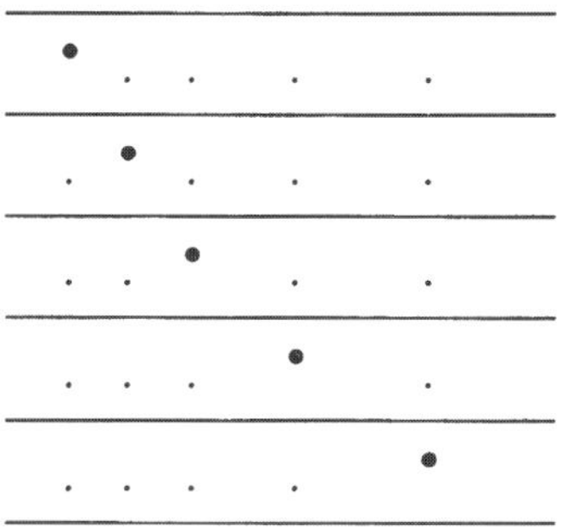

Abb. 56: Verschiebung des Hauptakzents in dem Satz „Dies ist ein gutes Beispiel." Der fett gedruckte Punkt symbolisiert den Hauptakzent.

Am Ende einer fallenden Intonationskontur wird die Grundfrequenz häufig besonders niedrig. Dieser starke Frequenzabfall wird als Grenzsignal eingestuft und ist durch besonders aperiodische Schwingungen der Glottis charakterisiert. Dies ist der einzige Fall in den europäischen Sprachen, wo die *Laryngalisierung* (engl. *creaky voice, vocal fry)* beinahe regelmäßig auftritt, allerdings nicht als linguistisches sondern als *paralinguistisches* Element.

8.3. **Akzent**

Unter *Akzent* oder *Betonung* wird die Hervorhebung auf Wortebene verstanden. Als Wort wird entweder ein Lexem oder eine Gruppe von Silben, die sich einem Akzent unterordnen (frz. *mot phonétique* „phonetisches Wort"), verstanden. Denkbar ist aber auch, daß es noch andere Typen von Akzenteinheiten gibt.

Die Sprachen der Welt teilen sich in zwei Gruppen: Akzentsprachen und Tonsprachen. Offenbar gibt es noch eine dritte Gruppe von Sprachen, die Morensprachen, die weder Akzent noch Ton besitzen (Rischel 1974). Leider ist hinsichtlich dieser Einteilungen noch zu wenig über viele Sprachen bekannt, als daß es möglich wäre, hier mit Sicherheit allgemeine Behauptungen aufzustellen.

In Sprachen, in denen die Stellung des Akzents beweglich ist, ist er potentiell funktionell, d. h. er kann Wortbedeutungen unterscheiden wie die folgenden Beispiele zeigen:

Deutsch: August „Monat August“ vs. August (Eigenname)
Englisch: import „Einfuhr“ vs. import „einführen“
Russisch: мука muka „Qual“ vs. мука muka „Mehl“
Spanisch: solícito „fleißig“ vs. solicito „ich bitte um“ vs. solicitó „er bat um“
Japanisch: 箸 ha⌉shi „Eßstäbchen“ vs. 端 ha⌈shi „Ende“

In diesen, wie in den folgenden Beispielen ist die betonte Silbe unterstrichen. In anderen Sprachen ist der Akzent auf eine bestimmte Silbe festgeschrieben. Z. B. im Isländischen fällt der Akzent ausnahmslos immer auf die erste Silbe eines Wortes, im Polnischen fast immer auf die vorletzte Silbe. In diesen Fällen hat der Akzent eine *demarkative* Funktion, welche die zweite Hauptfunktion des Akzents darstellt.

In verschiedenen Sprachen treten die Akzente in Hierarchiestufen auf. Dafür sind besonders die germanischen Sprachen bekannt. Ein zusammengesetztes Wort hat dann einen Hauptakzent und einen oder mehrere Nebenakzente:

Deutsch: Éisenbàhn, Éisenbàhnverwàltung

Isländisch: húsmóðir „Hausfrau“, húsmæðraskóli „Haushaltsschule“

Solche Akzenthierarchien sind sprachspezifisch und können recht kompliziert sein. Wir werden jedoch im Rahmen unserer Beschreibung auf diese Problematik nicht genauer eingehen.

Es ist wenig bekannt, welche physiologischen Elemente den Akzent erzeugen, aber akustisch setzt sich der Akzent aus mindestens vier Elementen zusammen, die stets gleichzeitig aber mit unterschiedlichen Anteilen auftreten. Hier ist aber zu beachten, daß die Grundfrequenz in zwei verschiedenen Richtungen wirksam sein kann, als Erhöhung bzw. als Erniedrigung:

1) Erhöhung der Grundfrequenz
   Der akzentuierte Vokal ist durch eine höhere Grundfrequenz charakterisiert als die unbetonten Vokale. Die Erhöhung der Grundfrequenz ist das häufigste Mittel zur Bildung des Akzents. Dies ist auch im Deutschen der Fall, obwohl das Deutsche häufig als eine Sprache mit Intensitätsakzent bezeichnet wurde. In den romanischen und slavischen Sprachen sowie im Englischen ist die Erhöhung der Grundfrequenz das weitaus wichtigste Element der Akzentuierung. In Sprachen wie Spanisch, Italienisch, Schwedisch, Norwegisch und Japanisch wird die Akzentuierung fast ausschließlich durch die Erhöhung der Grundfrequenz erzeugt. Solches Akzentuieren nennt man häufig *melodisches* oder *tonales Akzentuieren.* Ein sehr bekanntes Beispiel für ein derartiges Akzentuieren sind die Wortakzente (Akz. 1 u. Akz. 2) des Schwedischen und Norwegischen, die ausschließlich durch Grundfrequenzvariation erzeugt werden. Unterschieden werden sie durch zeitliche Verschiebung der Tongipfel zueinander:

Schwedisch: búren „der Käfig" vs. bùren „getragen"

(Akzent 1) (Akzent 2)

2) Erniedrigung der Grundfrequenz
Einen besonders interessanten Fall der Akzentrealisierung weist das moderne Dänische auf. Dort wird der Akzent durch Erniedrigung der Grundfrequenz erzeugt. Die betonten Silben weisen einen niedrigeren Grundfrequenzverlauf als die unbetonten auf. Dieser Fall zeigt besonders klar, daß der Akzent an sich nicht ein akustisches Element ist, sondern eine linguistische Kategorie, die durch unterschiedliche akustische Parameter realisiert wird.
3) Erhöhung der Intensität
Die betonte Silbe weist im allgemeinen höhere Intensitätswerte auf als die unbetonten Silben. In der akzentkonstituierenden Rangfolge befindet sich die Intensität in den germanischen Sprachen, welche häufig als Sprachen mit Intensitätsakzent beschrieben wurden, an zweiter Stelle hinter der Grundfrequenz oder sogar an dritter Stelle hinter der Dauer, z. B. im Schwedischen. Ebenso ist es in den romanischen Sprachen.
Der Anteil der Intensität variiert jedoch beträchtlich mit der Affektbeteiligung. In der Emphase oder in der Wut kann der Anteil der Intensität besonders hoch sein.
4) Erhöhung der Dauer
Die betonte Silbe, insbesondere der betonte Vokal, weist erheblich höhere Dauerwerte als die unbetonte Silbe auf. In einigen Sprachen, z. B. für das Französische, sprach man sogar früher von einem Dauerakzent (frz. *accent de durée*). Der Anteil der Dauer an der Akzentuierung ist jedoch von einer Sprache zur anderen äußerst unterschiedlich. In den Quantitätssprachen, in denen die Dauer eine andere wichtige Funktion erfüllt, nämlich die segmentbezogene distinktive Quantität, ist ihr Anteil an der Akzentuierung nur geringfügig oder geht gegen Null. Aber auch in einigen Sprachen, die keinerlei Quantität aufweisen, wie z. B. dem Spanischen, ist der Anteil der Dauer an der Akzentuierung sehr gering. Im Französischen dagegen rangiert die Dauer an zweiter Stelle nach der Grundfrequenz. Auch im Englischen und im Russischen kann der Anteil der Dauer an der Akzentuierung beträchtlich sein.
5) Klangfarbe
Die vokalische Klangfarbe ist in einigen Sprachen ein wichtiges Element der Akzentuierung. Einige Sprachen wie z.B. das Englische und das Russische haben sogar besondere Vokalinventare für die betonte Silbe und ein anderes Vokalinventar für unbetonte Silben. Auch im Deutschen spielt die Klangfarbe eine gewisse Rolle bei der Akzentuierung. Zum Beispiel kommen die Vokale [ɐ] und

[ə] nur in unbetonten Silben vor. In anderen Sprachen wie z. B. im Spanischen und im Italienischen ist die Rolle der Klangfarbe bei der Akzentuierung jedoch sehr gering. In diesen besteht nur ein unwesentlicher Unterschied zwischen betonten und unbetonten Vokalen.

Die linguistische Kategorie, die wir als Akzent bezeichnen, ist also ein sehr kompliziertes akustisches Phänomen. Aus den gleichen Parametern zusammengesetzt, aber in unterschiedlicher Dosierung der einzelnen Parameter, ist das paralinguistische Element der *Emphase,* zu dem auch der französische *accent d'insistance* gehört, der die erste Silbe des Wortes betrifft. Unter dem Einfluß des *accent d'insistance* wird insbesondere der erste Konsonant des Wortes verlängert. Deshalb wurde der *accent d'insistance* früher als konsonantischer Akzent bezeichnet.

Nicht zu vergessen ist, daß der Akzent auch als ein wesentliches Element der Intonation gilt. Die Lokalisierung und die Höhe der Akzentgipfel sind wichtige Elemente, welche den Gesamtverlauf der Intonation gestalten, ohne daß diese jedoch ihre Funktion als Hervorhebung der Akzenteinheit aufgeben.

8.4. **Ton**

Der *Ton* ist ein wesentliches Element der sogenannten *Tonsprachen.* Als Tonsprache wird eine Sprache definiert, in der *jede Silbe eine distinktive Tonhöhe oder einen distinktiven Tonhöhenverlauf besitzt* (Pike 1948, S. 3). Sehr viele Sprachen der Erde, vielleicht sogar die Mehrzahl der Sprachen, sind Tonsprachen in diesem Sinne. Unter den europäischen Sprachen findet sich jedoch keine Tonsprache, so daß Europa diesbezüglich ein weißer Fleck auf der Landkarte ist. Die häufig genannten Worttöne des Schwedischen, des Norwegischen, des Serbokroatischen, des Litauischen und des Lettischen sind Wortakzente, die in erster Linie durch den Grundfrequenzverlauf realisiert werden und deren Vorhandensein mindestens teilweise morphologisch bedingt ist.

Der Ton erfüllt in den einzelnen Tonsprachen sehr unterschiedliche Funktionen. Am meisten sind wohl bisher die Sprachen untersucht worden, in denen der Ton eine lexikalische Funktion erfüllt. Zu diesen Sprachen gehört das Chinesische, die Sprache, die heute auf der Welt die größte Sprecherzahl aufweist. In anderen Sprachen kann der Ton grammatische oder morphologische Funktionen erfüllen.

Die Zahl der Töne in einer Sprache steht ebenso wie die Zahl der Phoneme fest. Jede Sprache hat eine unterschiedliche Anzahl von Tönen. Die geringste Zahl ist zwei, aber bekannt sind durchaus auch Sprachsysteme mit sechs Tönen. Wahrscheinlich gibt es auch Sprachsysteme mit einer noch größeren Anzahl von Tönen, aber deren Beschreibung ist noch nicht so weit fortgeschritten, daß wir es mit Sicherheit behaupten können.

Die Töne bilden ein eigenständiges prosodisches System, das ebenso wie im segmentalen Bereich seine besondere Phonotaktik aufweist. Einige Tonkombinationen sind im Sprechverlauf möglich, andere aber nicht. Im Sprechverlauf kann ferner die Realisierung der einzelnen Töne sehr stark variieren. Es kommen Tonassimilationen und Neutralisationen vor, die jedoch keineswegs die Identität des Tones gefährden. Interessant erscheint es außerdem, daß bei linker hemisphärischer Dominanz der Ton in der linken dominanten Hemisphäre bearbeitet wird (8.1.); dagegen werden die prosodischen Merkmale der Intonation und der Akzentuierung in der rechten nicht dominanten Hemisphäre verarbeitet.

8.4.1. **Die Form des Tones**

Die Töne sind immer *relative Einheiten,* die in dem der jeweiligen individuellen Stimmlage des Sprechers entsprechenden Grundfrequenzbereich realisiert werden. Entscheidend für die Wahrnehmung des Tones ist deshalb nicht die absolute Grundfrequenzvariation, mit der der Ton erzeugt wird, sondern die *Form des Tones.* Darunter ist die Gestaltung des Tones zu verstehen, d. h. das Tonhöhenvariationsmuster innerhalb der Silbe.

Sprachen, deren Töne als gegeneinander abgegrenzte Tonhöhenbereiche innerhalb des individuellen Sprechstimmumfanges beschrieben werden können, werden *Register-Tonsprachen* genannt. Ein Beispiel für solche Sprachen ist z.B. das Yoruba mit drei Tönen (Abb. 57).

Kontur-Tonsprachen sind solche, in denen die Töne als feste Glissando-Melodieformen beschrieben werden. Ein klassisches Beispiel für Sprachen dieses Typs ist das Chinesische (Abb. 58). Ferner könnten die Töne nach ihrer Funktion in der Sprache klassifiziert werden. Je nach Sprache erfüllen die Töne morphologische, grammatische oder lexikalische Funktionen.

Da die Grundfrequenz sich stets aufgrund der Nachbarkonsonanten zum betreffenden Vokal in gewissen Grenzen ändert – d. h. sie steigt vor einem nachfolgenden stimmlosen Konsonanten und fällt vor einem nachfolgenden stimmhaften Konsonanten – hat man die Vermutung geäußert, daß die Töne der Tonsprachen ursprünglich aus solchen lautkontextbedingten Variationen entstanden seien. Auf diese Weise will man z.B. die Enstehung der Töne des Chinesischen erklären (Karlgren 1975, S. 22–23).

Die akustische Entsprechung dieser Töne ist zum überwiegenden Teil die Grund-

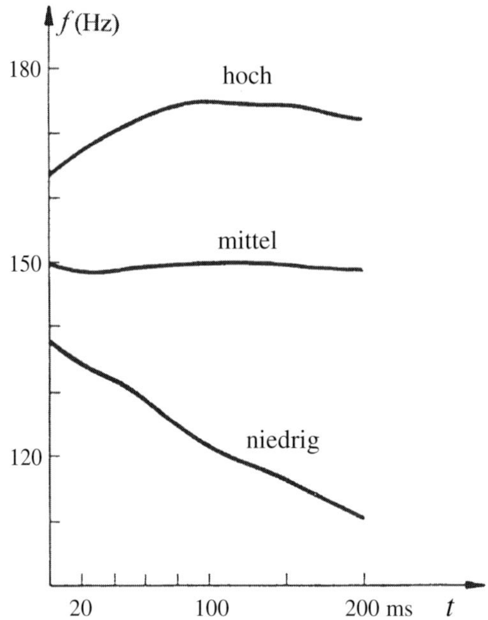

Abb. 57: Die Töne des Yoruba (nach Hombert, zitiert bei Gandour 1978, S. 48)

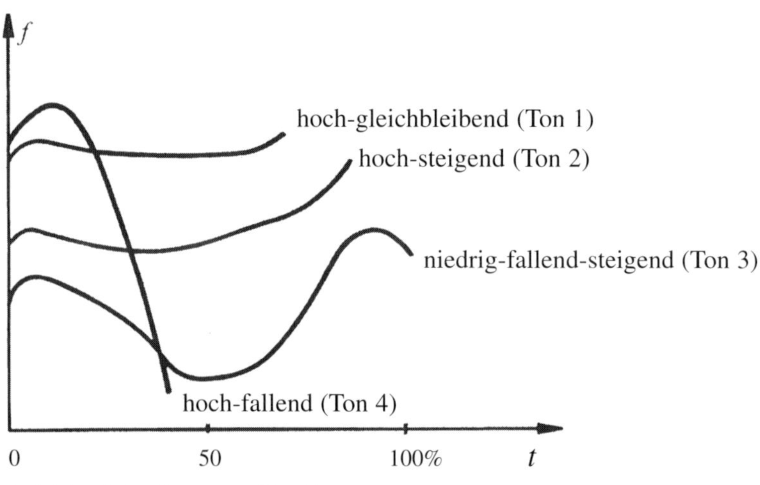

Abb. 58: Die vier Töne des Mandarin-Chinesischen: (nach Chuang, Niki, Sone, Nimura; zitiert nach Gandour 1978, S. 46)

frequenz bzw. die Änderung der Grundfrequenz. Trotzdem sind auch andere akustische Elemente wie Intensität, Dauer und Klangfarbe an der Tonwahrnehmung beteiligt, wenn auch in viel geringerem Maße. Das kann man daraus ersehen, daß die Töne in den Tonsprachen ohne weiteres geflüstert und als solche erkannt werden können.

Ebenso wie die (segmentalen) Phoneme in jeder Sprache bestimmten phonotaktischen Regeln folgen, die für die betreffende Sprache charakteristisch sind, so gibt es auch im Bereich der Töne bestimmte Regeln der tonalen Kombination. Gewisse Kombinationen der Töne sind möglich, andere nicht. Ferner werden die Töne, analog zu den segmentalen Einheiten der Sprache, durch die Nachbartöne in charakteristischer Weise in ihrer Realisierung modifiziert. Daraus ergeben sich komplexe suprasegmentale Relationen, die für die Tonsprachen ganz allgemein bisher wenig erforscht worden sind.

8.5. **More (Mora)**

Eine Sprache wird als Morensprache definiert, *wenn der Realisierungsbereich einer prosodischen Einheit kleiner als der eines Segments* (*Lautes*) *ist oder sein kann.* Die More wird gewöhnlich durch Grundfrequenzänderung realisiert, kann aber möglicherweise auch auf andere Weise realisiert werden. Es wird gelegentlich in der Fachliteratur davon gesprochen, daß Moren durch die Dauer realisiert werden (Libermann 1982, S. 56). In diesem Fall würde die oben angegebene Definition von Morensprache nicht zutreffen. Dies ist bisher ein ungelöstes Problem, so daß wir uns hier an die Definition von More als Grundfrequenzänderung halten werden.

Ein schwieriger Fall ist das moderne Japanisch (Hochsprache), das unzweifelhaft eine Morensprache ist, wie aus den folgenden Beispielen zu ersehen ist:

bōgai [bo⌈ogai, bo⌈oŋai] 妨害 „Störung, Hindernis, Schaden“
bōgi [bo˥ogi, bo˥oŋi] 謀議 „Konferenz; Komplott“

Das heißt, der lange Vokal wird auf zwei Moren verteilt, wobei der eine Teil des Vokals hoch ist und der andere niedrig. Wenn aber alle Vokale kurz sind, betrifft die More den ganzen Vokal und funktioniert somit sehr ähnlich wie ein Tonakzent:

hashi [h⌈açi] 箸 „Eßstäbchen“ vs. hashi [ha⌈çi] 端 „Ende“

Aus diesem Grunde stellt das Japanische eine Sprache dar, die zwischen den Moren- oder den Akzentsprachen lokalisiert wird (McCawley 1978). Die Klassifikation als Morensprache dürfte jedoch zutreffender sein, weil dadurch dieser phonetischen Erscheinung in der Sprachbeschreibung voll Rechnung getragen werden kann. Die japanische Sprachstruktur wird deshalb gelegentlich als *morenzählende*

Silbenstruktur bezeichnet, wodurch versucht wird, zum Ausdruck zu bringen, daß sowohl Silben als auch Moren für die Strukturbeschreibung der Sprache von entscheidender Bedeutung sind.

Ein anderer weniger bekannter Fall einer Morensprache ist das Grönländische. Dort ist der Kurzvokal ein Morenträger und der Langvokal ein doppelter Morenträger, d. h. zweimorig (Rischel 1974, S. 78–100), z. B.:

> [ūvāŋā] „ich" vs. [uvaāttāāq] „ich auch"
> [ākvāā] „er antwortete ihm" vs. [akivāāçīt] „er antwortete dir"

Eine fallend-steigende Grundfrequenz charakterisiert immer die drei letzten Moren einer Äußerung. Das Problem ist aber bisher nicht so gut untersucht worden, daß man die den drei letzten Silben vorangehende Silbenfolge systematisch beschreiben kann. Nach den vorliegenden Beschreibungen scheinen die den drei letzten Silben vorangehenden Silben recht gleichmäßig und ohne besondere Hervorhebung realisiert zu werden. Der Begriff *Akzent* ließe sich also keineswegs auf das Grönländische anwenden.

8.6. **Quantität**

Unter Quantität wird die Verwendung von Dauerunterschieden zur Bedeutungsunterscheidung in einer Sprache verstanden. Beispiele dafür sind z. B. im bayerischen Hochdeutschen die Wörter *biete* [bi:tə] und *bitte* [bitə], die in dieser Region fast ausschließlich durch die Länge bzw. Kürze der Vokale [i:]/[i] unterschieden werden.

Zahlreiche Sprachen haben Quantität. In dem europäischen Bereich sind am bekanntesten die finnisch-ugrischen Sprachen Finnisch, Ungarisch, Estnisch und Lappisch, in denen die Quantität sowohl für Vokale als auch für Konsonanten gilt. Für die meisten Sprachen gibt es nur zwei Quantitätsstufen *lang* und *kurz*. Estnisch hat allerdings drei Quantitätsstufen: *kurz, lang* und *überlang*. Nach einigen Analysen sollen gewisse lappische Dialekte sogar vier Quantitätsstufen haben, was wohl die höchste Zahl von Quantitätsstufen darstellt, die innerhalb einer Sprache vorkommt.

Wenn jede Quantitätsstufe mit einer anderen unabhängig von der Akzentuierung kombiniert werden kann, spricht man von echten Quantitätssprachen. Die finnisch-ugrischen Sprachen sind solche echten Quantitätssprachen. Unter den indogermanischen Sprachen, die heute gesprochen werden, gibt es keine echte Quantitätssprache. Die Quantität ist entweder völlig aufgegeben worden (z. B. Englisch, Russisch, Französisch, Spanisch) oder sie ist stark eingeschränkt worden. Die skandinavischen Sprachen Schwedisch und Isländisch haben eine komplementäre Quantität, wo ein langer Vokal vor einem kurzen Konsonanten steht und ein kurzer Vokal vor einem langen Konsonanten oder einer Konsonantengruppe. In diesen Sprachen gibt es nur zwei Silbentypen: /V:C/ und /VC:/ bzw. /VCC/, die auf die betonte Silbe beschränkt sind. Konsonanten, die vor dem Vokal stehen, haben keinen Einfluß auf die Quantität.

Beispiele aus dem Isländischen wären:

> *man* [ma:n] „Sklavin“ vs. *mann* [man:] „Mann“ (Akk. sg. von *maður)*
> *fúsa* [fu:sa] „willig“ (Akk. sg. m. von *fús*) vs.
> *fússa* [fus:a] „ablehnen“

Im Deutschen, Norwegischen und Dänischen ist die Quantität ausschließlich auf die Vokale in betonter Silbe beschränkt. In der deutschen Hochsprache kommen außerdem große qualitative Unterschiede der Vokale hinzu. Lange Vokale sind relativ geschlossen und haben als Hinterzungenvokale eine relativ dunkle Klangfarbe. Als Vorderzungenvokale sind sie qualitativ heller als ihre offenen Entsprechungen. Die kurzen Vokale werden relativ offen gebildet.

Italienisch ist eine Sprache, die nur Konsonantenquantität besitzt, z. B. *fato* [fato] „Schicksal“ vs. *fatto* [fat:o] „getan“.

In zahlreichen außereuropäischen Sprachen kommt Quantität vor, z. B. im Japanischen sowohl für Vokale als auch für Konsonanten. Die japanischen Wörter tokei [to⌈kei] „Uhr“ 時計 und tōkei [to⌈okei] „Statistik“ 統計 sind Beispiele für Vokalquantität.

Quantität darf nicht mit *Dauer* gleichgesetzt werden. Die Dauer eines Lautes ist seine physikalische zeitliche Ausdehnung. Diese kann gemessen werden. Die Dauer eines Lautes hängt von einer Vielzahl von Faktoren ab, auf die hier nicht näher eingegangen werden soll. Alle Sprechlaute haben daher in allen Sprachen eine Dauer. Quantität ist aber nur dann vorhanden, wenn die Dauerunterschiede zur Bedeutungsunterscheidung in der Sprache verwendet werden. Es hat sich gezeigt, daß nicht absolute Unterschiede für die Quantitätsunterscheidung maßgebend sind, sondern es geht um Dauerrelationen. Ein quantitativ langer Vokal kann unter gewissen Umständen objektiv gemessen kürzer als ein quantitativ kurzer Vokal sein. Wegen der Relativität der zeitlichen Länge der Segmente, die an Quantitätsgegensätzen teilnehmen, ist die Quantität eine suprasegmentale Eigenschaft.

8.7. Junktur

Unter Junktur wird ein mehr oder weniger als Grenze markierter Übergang verstanden. Dabei kann es sich um Wortgrenzen oder um Grenzen innerhalb eines Wortes handeln. Junkturen sind also Grenzsignale verschiedener Art, die aber nicht selbständige Segmente in einer Sprache sind. Junkturen, die an Wortgrenzen auftreten, werden *externe offene Junkturen* genannt, z. B. *das Tier* [dastʰiɐ] vs. *Stier* [ʃtiɐ], *Waschtag* [vaʃtʰa:k] vs. *stark* [ʃta:k]. Nach dem [s] in *das* bleibt der Konsonant *t* in *Tier* aspiriert [tʰ], obwohl aspirierte Verschlußlaute im Deutschen nach einem Frikativ nicht vorkommen, vgl. *Stier* [ʃtiɐ]. Die Verbindung *Frikativ+aspirierter Verschlußkonsonant* signalisiert im Deutschen eine Silbengrenze, die auch eine Wortgrenze sein kann.

Befindet sich eine solche Grenze innerhalb eines Wortes, spricht man von *interner geschlossener Junktur,* z. B. Jap. 里親 [sa˥to.oja] „Pflegeeltern" vs. 砂糖屋 [sa˥tooja] „Zuckergeschäft". Im Englischen unterscheiden sich *nitrate* [naɪtɹeɪt] „Nitrat" und *night rate* [naɪt.ɹeɪt] „Nachttarif" nur durch unterschiedliche Junktur. Im Englischen ist die interne Junktur als ein bloßer Übergang zwischen den Konsonanten [t] und [ɹ] zu betrachten. Im japanischen Beispiel handelt es sich um einen unterschiedlichen Übergang innerhalb von zwei Wörtern, die aus den gleichen Lautsegmenten bestehen. Ein Beispiel für interne geschlossene Junktur im Deutschen wäre *Kuhchen* [kʰu:çən] im Gegensatz zu *Kuchen* [kʰu:xən]. Das ausnahmsweise Vorhandensein eines [ç] nach einem hinteren Vokal weist auf eine Silbengrenze hin, die im Deutschen in diesem Fall gleichzeitig eine Morphemgrenze ist.

Im Satzauslaut, besonders in deklarativen Sätzen, wird das Satzende häufig durch *Laryngalisierung* (creaky voice) markiert. Das gleiche geschieht ebenfalls häufig zwischen zwei Vokalen, die zu zwei Silben gehören, z. B. *das A und O.* Zwischen [a] und [ʊ] wird die Grundfrequenz gesenkt und die Silbengrenze auf diese Weise markiert. Eine wichtige Rolle als Grenzsignal spielt im Deutschen bei Initialvokalen nach der Morphem- oder Wortgrenze auch der feste Einsatz (glottaler Verschlußlaut).

Die Junktur hat also zahlreiche akustische Manifestationen, die zudem in Abhängigkeit vom Sprechstil und von Sprache zur Sprache recht unterschiedlich sind. Die Forschungen von Gårding (1967), Lehiste (1965) und unsere eigenen (Pétursson 1978, 1987) zeigen übereinstimmend, daß in den untersuchten europäischen Sprachen die Junktur nur dann eine akustische Manifestation hat, wenn sie mit einer Morphemgrenze zusammenfällt. Unseres Wissens sind bisher keine Untersuchungen zu dem zitierten japanischen Junkturtyp vorhanden. Es darf jedoch angenommen werden, daß dort eine akustische Manifestation vorliegt. Die interne geschlossene Junktur hat aber in den bisher untersuchten Sprachen keine besondere akustische Manifestation.

Die Stellung der Junktur ist nicht eindeutig geklärt. Die meisten Forscher neigen jedoch dazu, sie dem suprasegmentalen Bereich zuzurechnen, da ihre Aufgabe in erster Linie der Gliederung des Sprechsignals dient. Durch ihre Gliederungsfunktion trägt die Junktur wesentlich zur Verstehbarkeit der gesprochenen Sprache bei.

IV. Teil

Neurophysiologische Funktionen und Wahrnehmung der gesprochenen Sprache

Allgemeine Einleitung

Die letzte Stufe der Kommunikationskette ist die der Wahrnehmung *(Perzeption)* der gesprochenen Sprache. Der Sprechschall wird vom Hörorgan aufgenommen *(Rezeption)* und zum Gehirn weitergeleitet, wo die eigentliche Perzeption, d. h. die Lautidentifikation, stattfindet. Die daraus resultierende Fähigkeit zur Lautunterscheidung wird, so z. B. auch in der Sprachaudiometrie, als *Lautdiskriminationsvermögen* bezeichnet. Das Gehirn ist andererseits auch das Organ, das die komplexen Steuerungsprozesse des Sprechens koordiniert, und dieses wiederum steht mit der auditiven Selbstwahrnehmung, mit der innerkörperlichen Wahrnehmung der eigenen Sprechmotorik (Kinästhesie) und mit den Vorstellungen über die Wahrnehmungsmuster beider Ebenen in Wechselwirkung. So gesehen steht die Tätigkeit des Gehirns am Anfang und am Ende der Kommunikationskette der lautsprachlichen Kommunikation (vgl. 3.3.). Gleichzeitig ist die Tätigkeit des Gehirns die Verbindungsfunktion zwischen Sprechen und Sprechwahrnehmung beim sich selbst hörenden und seine eigene Sprechmotorik fühlenden Sprecher.

Im nachfolgenden Kapitel werden wir in knapper zusammenfassender Darstellung die Anatomie, die Histologie und die Physiologie der Steuerungs- und Perzeptionsorgane beschreiben. Im abschließenden Kapitel gehen wir kurz auf einige Perzeptionstheorien ein. Der Bereich der Sprachperzeption hat natürlich auch enge Beziehungen zur Psychologie, speziell zur Wahrnehmungspsychologie. Wir werden jedoch nicht weiter auf psychologische Probleme eingehen, sondern uns so eng wie möglich an eine phonetische Betrachtungsweise halten.

9. Anatomische und physiologische Voraussetzungen der auditiven und motorischen Sprachverarbeitung

9.1. Das periphere Hörorgan

Zur Anatomie und Physiologie des peripheren Sprechapparates (d. h. der Sprechorgane) haben wir im Zusammenhang mit den dort dargestellten Phonations- und Artikulationsvorgängen in den Abschnitten 4 bis 6 die wichtigsten Informationen gegeben. Die bisher nicht erfolgte Darstellung des peripheren Hörorgans wird an dieser Stelle eingeschoben, da die Kenntnisse über die Funktionen des Ohres für das Verständnis der neuralen Funktionen der Sprech-/Sprachverarbeitung notwendig sind.

Unter dem *Ohr* verstehen wir im allgemeinen nur den Schallempfangs- und Schallumsetzungsapparat. Die Bezeichnung *Hörorgan* bezieht dagegen die zum Hören erforderlichen Teile des Zentralnervensystems mit ein. Man unterscheidet auch nach peripherem und zentralem Hörorgan.

Im Ohr findet bei der Umsetzung von Schwingungsvorgängen in Nervensignale eine vorläufige Schallanalyse statt, aber das Hören im Sinne von Interpretation semantischer Inhalte findet im Gehirn statt.

Das *Außenohr* besteht aus zwei Teilen (Abb. 59), der Ohrmuschel und dem äußeren Gehörgang. Neben einer gewissen Schutzfunktion für den äußeren Gehörgang und das ihn abschließende Trommelfell hat die Ohrmuschel auch für das Hören Bedeutung. Sie leitet durch Schallwellenreflektion geringfügig mehr Schallintensität in den äußeren Gehörgang hinein, als dieser direkt mit der Fläche seiner Eingangsöffnung aufnehmen könnte. Dieser Effekt ist nicht sehr stark, wurde jedoch früher als wesentlich angesehen. Aus heutiger Sicht ist der Beitrag der Ohrmuschel für das Richtungs- und Raumhören wichtiger. Beispielsweise werden von hinten kommende Schallwellen im Vergleich zu von vorn kommenden stärker „abgeschattet". Noch wichtiger ist es, daß die von hinten kommenden Wellen nach dem Passieren der Gehörgangsöffnung aufgrund der vorderen sehr kleinen Ohrmuschelknorpel viel schwächer reflektiert werden. Aufgrund derartiger Effekte besitzt das Ohr eine Richtcharakteristik, die allerdings frequenzabhängig ist. Für die auditiv wichtigsten Sprachspektrumsfrequenzen kann man angeben, daß jedes Ohr für solche Schalleinfallsrichtungen am empfindlichsten ist, die in einem Winkelbereich von etwa 25° bis 50° von der Sagittalrichtung liegen. Hinzu kommen noch frequenzspezifische Reflektionseffekte, die als schwache Resonanzerscheinung auftreten, und die Tatsache, das beim „Abschatten" der Grad der Beugung des Schalles um das Hindernis herum mit der Frequenz abnimmt. Beides führt zu geringen richtungsspezifischen Änderungen der Spektren und damit der wahrgenommenen Qualitäten. Diese Signaländerungen, die im übrigen nur mit der Kunstkopf-Stereophonie zu simulieren sind, tragen wesentlich zur Fähigkeit des Richtungshörens, vor allem zur Vorn-Hinten-Unterscheidung und zur Oben-Unten-Unterscheidung, bei. Die wichtigste Voraussetzung für das Richtungshören, insbesondere für die Rechts-Links-Unterscheidung, ist jedoch die Tatsache, daß der Mensch zwei Ohren am Kopf hat, und zwar im Abstand von fast 20 cm. Dadurch entstehen bei von der Seite einfallendem Schall an beiden Ohren Phasen-, Intensitäts- und Laufzeitunterschiede, die letzten bezogen auf die Wellenfronten der Schalle und der nacheinander auftretenden verschiedenen Schallarten. Die Intensitäts- und Laufzeitunterschiede sind dabei die wichtigsten Momente.

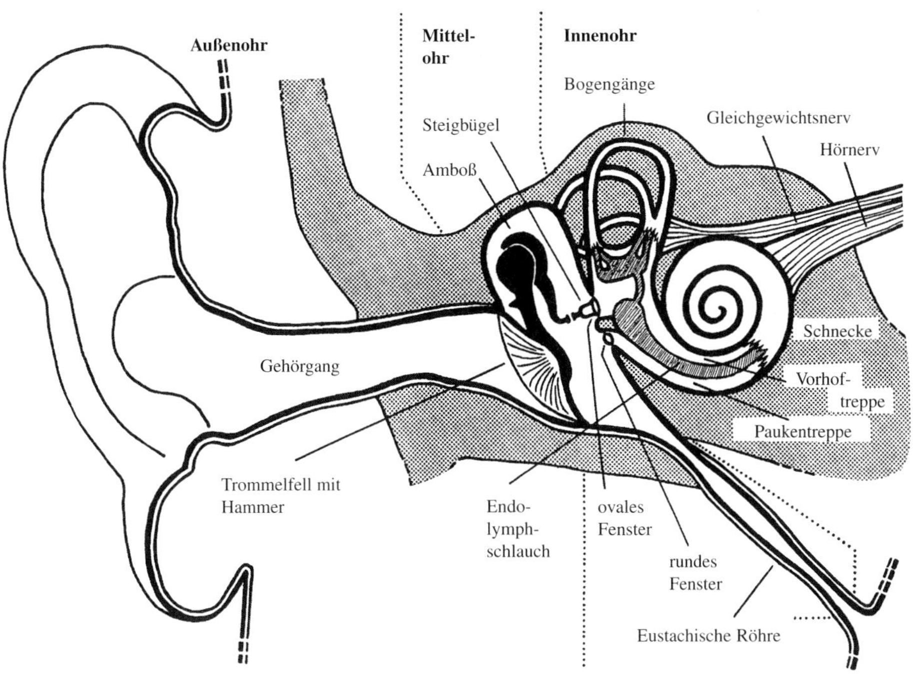

Abb. 59: Das periphere Hörorgan des Menschen

Die Fähigkeit zum Bestimmen der Richtung der gehörten Schalle ist insofern für das Sprachverstehen von Bedeutung, als sie die wichtigste Voraussetzung für das selektive Hören ist, für jene zentrale Leistung, bestimmte Nervensignale in der Hörbahn zu hemmen und andere relativ gut bis zur Hirnrinde durchzulassen. Nur durch diese von der Gestaltpsychologie als „Figur-Hintergrund-Gliederung“

bezeichnete Fähigkeit können wir die Äußerungen eines Sprechers aus einem etwa gleichstarken Störschall heraushören.

Der äußere Gehörgang endet mit dem Trommelfell, das ihn hermetisch abschließt. Da er nicht geradlinig auf das Trommelfell zuläuft, sondern eine kleine Biegung aufweist, schützt er das Trommelfell gegen von außen eindringende Gegenstände.

Der äußere Gehörgang hat wie jedes einseitig offene Rohr auch seine Eigenresonanzen, die, weil stark gedämpft, Frequenzbereiche von großer Bandbreite sind. Wird von einer Länge des äußeren Gehörganges von 2,5 cm ausgegangen, so betragen rein rechnerisch die Mittenfrequenzen der ersten Resonanz etwa 3400 Hz und der zweiten wesentlich schwächeren etwa 10000 Hz. Gemessen liegen beide Resonanzen etwas tiefer, was darin begründet ist, daß das geschlossene Rohrende nicht als absolut geschlossen wirkt. Das Trommelfell schwingt bekanntlich mit, und über dessen Schwingungen ist der ganze Schalleitungsapparat des Mittel- und Innenohres teilweise an die Luftsäule des Gehörganges angekoppelt. Der äußere Gehörgang überträgt also die mittleren und höheren Frequenzbereiche relativ gut, was besonders der Perzeption der stimmlosen Frikative, die in diesem Bereich Teilschwingungen aufweisen, zugutekommt.

Das *Mittelohr* beginnt am Trommelfell, das den äußeren Gehörgang schräg abschließt. Das Trommelfell liegt mit seinem oberen Rand 6 mm weiter nach außen als unten. An das Trommelfell setzt die Gehörknöchelchenkette an, die aus drei kleinen Knöchelchen besteht. Sie besteht aus dem *Hammer,* der mit dem Trommelfell fest verbunden ist, dem *Amboß,* der am Hammer ansetzt, und dem *Steigbügel,* der am *ovalen Fenster* des Innenohres ansetzt. Am Hammergriff setzt ein kleiner Muskel an, *Musculus tensor tympani,* der bei Kontraktion die Spannung des Trommelfells und damit seine Schwingungseigenschaften (Resonanz, akustischer Widerstand) ändert. Ein anderer kleiner Muskel, der *Musculus stapedius,* der am Steigbügel ansetzt, kann sich durch reflektorische Auslösung kontrahieren, wenn der Schall einen Pegel von 85 bis 90 dB überschreitet. Die Kontraktion bewirkt eine Versteifung, die mit Abschwächung alle weiteren Teile der Gehörknöchel und auch das Trommelfell betrifft. Dieses dämpft die Amplitude, hat also eine Schutzfunktion für das Innenohr. Als Nebeneffekt ändern sich außerdem auch hierbei die Schwingungseigenschaften des ganzen Schalleitungsapparates.

Im Mittelohr werden die Luftschallwellen in Schwingungen einer Membran und eines anschließenden Hebelsystems umgewandelt und über dieses, nämlich die Gehörknöchelchenkette, zum Innenohr weitergeleitet. Da die Fläche des Trommelfells viel größer als die des ovalen Fensters ist, wird der Druck des Signals auf diesem Weg verstärkt, wobei gleichzeitig die Auslenkung und damit die Geschwindigkeit in der Schwingung abnehmen.

Die Fläche des Trommelfells beträgt im Mittelwert 0,85 cm^2 (wovon 0,55 cm^2 in der Vibration aktiv sind), die des ovalen Fensters hingegen nur 0,03 cm^2. Die Übertragung des Schalls von einer Fläche von 0,55 cm^2 auf 0,03 cm^2 bewirkt eine Schalldruckverstärkung von etwa 25 dB.

Das Mittelohr hat im Schallübertragungsprozeß drei Funktionen, die man folgendermaßen zusammenfassen könnte:

1) Die Funktion der Schalldruckverstärkung als Maßnahme der Anpassung von Luftschall an Druckschwankungsvorgänge in den Flüssigkeiten des Innenohres.
2) Die Funktion der Abschwächung von Schallen, die zu große Intensität haben: Dies wird durch die Aktivität der kleinen Muskeln bewirkt. Bei Schallpegeln von 85 bis 90 dB wird schon der Reflex des *Musculus stapedius* ausgelöst.
3) Die Funktion des Luftdruckausgleichs: Das Mittelohr hat als dritte Funktion die des Luftdruckausgleichs, hat also dafür zu sorgen, daß der Luftdruck zu beiden Seiten des Trommelfells gleich ist. Nur unter diesen Bedingungen hat das Trommelfell seine größte Beweglichkeit und kann optimal vibrieren. Das Mittelohr ist durch die *Eustachische Röhre (Tuba auditiva, Ohrtrompete),* die in den Nasenrachen (Nasopharynx) mündet und bei allen Schluckbewegungen geöffnet wird, mit der Außenluft verbunden (Abb. 59).

Das *Innenohr* besteht aus dem *Vorhof (Vestibulum)* und dem *Labyrinth.* Dieses teilt sich wiederum auf in die Bogengänge und das eigentliche Hörorgan, die *Cochlea* oder die *Schnecke,* in der die erste Schallanalyse stattfindet. Wie der deutsche Name besagt, hat die Cochlea die Form eines Schneckengehäuses mit 2 1/2 Windungen. In der Mitte wird die Cochlea von der *Reissnerschen Membran* und der *Basilarmembran,* die zusammen den *Endolymph-Schlauch (Ductus cochlearis)* bilden, in zwei Kanäle geteilt, die jedoch an der Spitze der Schnecke über das *Helicotrema* miteinander kommunizieren (Abb. 60).

Unten liegt die *Scala tympani* und oben die *Scala vestibuli* mit dem ovalen Fenster. Am Ende der Scala tympani liegt unmittelbar unter dem *ovalen Fenster* das *runde Fenster,* das für den Druckausgleich sorgt, wenn in der in den beiden Skalen eingeschlossenen Flüssigkeit, der *Perilymphe,* durch das Eindrücken des ovalen Fensters Überdrucke und durch nachfolgendes Auswärtsziehen Unterdrucke entstehen. In dem von der Reissnermembran und der Basilarmembran eingeschlossenen Hohlraum, dem *Ductus Cochlearis,* befindet sich eine spezielle Flüssigkeit, die *Endolymphe.*

Auf der Basilarmembran im Ductus Cochlearis liegt das eigentliche Hörorgan, das *Cortische Organ* (Abb. 61).

Es besteht aus Reihen von *Haarzellen* und anderen Stützzellen. Die Haarzellen werden in *innere* und *äußere* Haarzellen eingeteilt. Innere Haarzellen sind etwa 3500, äußere Haarzellen etwa 20000 beim jungen Menschen vorhanden. Ober-

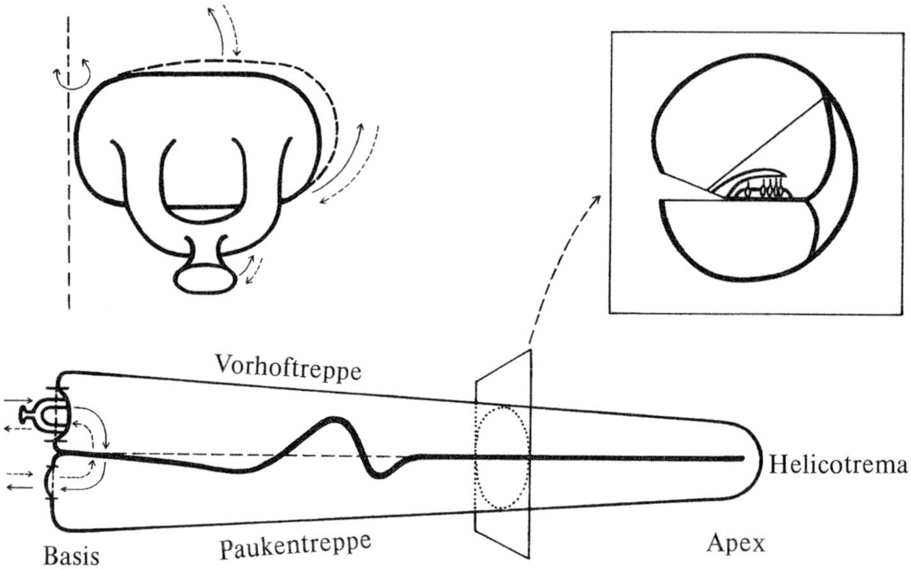

Abb. 60: Im unteren Teil ist die abgerollte Cochlea schematisch dargestellt. In der Mitte liegt der Endolymph-Schlauch, hier nur als einzelner fettgedruckter Strich gezeichnet, der die *Scala tympani* von der *Scala vestibuli* trennt. Rechts oben befindet sich ein Querschnitt durch die Schnecke (Abb. 61). Oben links wird die Bewegungsmöglichkeit des Steigbügels angedeutet. Er ist im ovalen Fenster auf der einen Seite stärker fixiert als auf der anderen und macht in Annäherung Drehbewegungen um eine fiktive Achse, die auf der Seite der stärkeren Fixierung liegt.

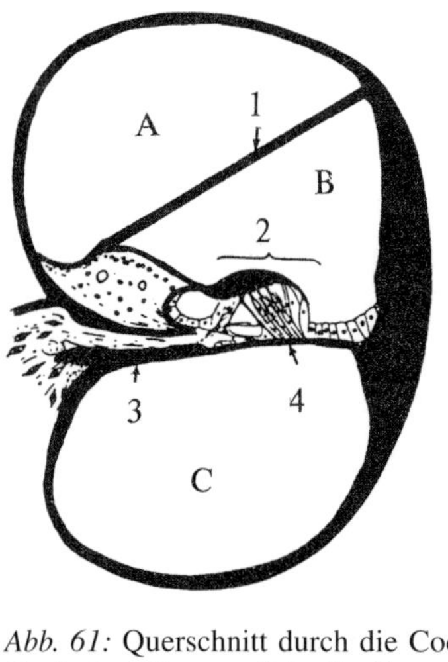

Abb. 61: Querschnitt durch die Cochlea mit der Scala vestibuli, der Scala tympani und dem Cortischen Organ auf der Basilarmembran im Ductus Cochlearis (Endolymphschlauch)

A Vorhoftreppe	C Paukentreppe	1 Reissner-Membran	3 Spiralmembran
B Endolymphschlauch		2 Corti-Organ	4 Basilarmembran

halb der Haarzellen liegt noch eine Platte oder Membran, die *Deckmembran,* welche die Zellenhaare berührt oder sogar bewegt, wenn der Endolymph-Schlauch quer zu seiner Länge ausgelenkt wird. Die Haarzellen werden durch die Berührung mit der Deckmembran und/oder durch Flüssigkeitsverschiebungen zwischen Deck- und Basilarmembran stimuliert.

Die Basilarmembran ist am schmalsten an der Basis (0,04 mm) und am breitesten an der Spitze (0,5 mm) (Abb. 62). Die Gesamtlänge der Basilarmembran beträgt 32 mm. Wenn die Schallwellen über die Bewegungen des Steigbügels in der Perilymphe Druckschwankungen erzeugen, schwingt der Endolymph-Schlauch in der Weise, daß eine primäre Querauslenkung an der Basis sich als eine Wanderwelle diesen Schlauch entlang fortsetzt, und zwar wandert sie von der Basis in Richtung Spitze frequenzabhängig unterschiedlich weit.

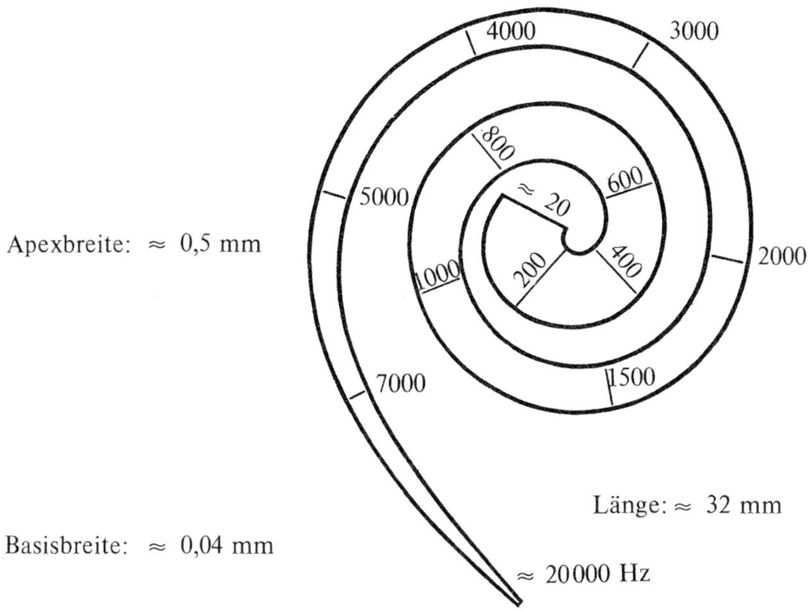

Abb. 62: Schematische Darstellung, welche die relative Breite der Basilarmembran zeigt. Für einige Frequenzen ist der Ort angegeben, bei dem die zugehörige Wanderwelle ihr Maximum erreicht.

Bei den niedrigen Frequenzen laufen die Wellen über die ganze Länge der Basilarmembran bis zum Helicotrema, bei den höchsten Frequenzen schwingt nur der Teil an der Basis hin und her, ohne daß eine Welle entsteht. An dem Ort im Ductus Cochlearis, bis zu dem die jeweilige Wanderwelle läuft, erreicht sie ihr Auslenkungsmaximum, und dadurch werden an diesen Orten die Haarzellen durch

Biegung der Basilarmembran maximal gereizt (Abb. 60 und 62). Es wird angenommen, daß aufgrund der unterschiedlichen Lokalisierung der Wanderwellenmaxima eine erste Frequenzanalyse, im Prinzip eine Fourieranalyse, im Ohr stattfindet. Wie die Intensität vom Hörorgan analysiert wird, bleibt ebenfalls hypothetisch, aber ihre Analyse ist wahrscheinlich nicht weniger komplex als die der Frequenz. Wahrscheinlich spielt hierbei die reihenförmige Anordnung der Haarzellen auf der Basilarmembran eine Rolle. Der Gruppe der äußeren Haarzellen wird die Verarbeitung der geringeren und mittleren Amplituden, der Reihe der inneren Haarzellen die der großen zugeschrieben.

Das Innenohr transformiert die mechanischen Schwingungen, die über die Steigbügelbewegungen zum Innenohr gelangen, in Wanderwellen auf der Reissnerschen und auf der Basilarmembran. Wenn die Deckmembran *(Membrana tectoria)* bei den Schwingungen der Basilarmembran die Haarzellen stimuliert, entstehen neurale Signale (chemo-elektrische Vorgänge), die vom Hörnerven – Teil des VIII. Hirnnervs – zum Gehirn weitergeleitet werden. Erst im Gehirn findet die eigentliche Interpretation, d. h. die Identifikation der Formen und die Extraktion der semantischen Inhalte statt.

Aus dieser kurzen Beschreibung ist zu entnehmen, daß das Signal auf jeder Stufe der Kommunikationskette, wenn auch nur teilweise, modifiziert wird. Objektiv darstellbare Schallvorgänge werden zwar übertragen. In ihrer als Sprechschall unendlich variablen und kontinuierlichen Form sind sie jedoch im Bewußtsein des Sprechers und des Sprachhörers nicht existent. Der eine intendiert diskrete Einheiten, der andere nimmt sie wahr. Es ist immer Interpretation im Spiel, und die ist nur möglich durch Selektion und Kategorisierung.

In der Tat unterscheidet sich die Signalform der Information, die vom Innenohr zum Gehirn weitergeleitet wird, in mindestens vier Aspekten von der Information, die als Luftschall am Außenohr ankommt:

1) Der äußere Gehörgang hebt gewisse Frequenzbereiche hervor.
2) Das Trommelfell dämpft die Schallschwingung, teilweise frequenzspezifisch, weil es einen Teil der Schallwellen nicht aufnimmt, sondern reflektiert.
3) Das Trommelfell und die Knöchelchenkette im Mittelohr führen beim Übertragen eine Anpassung von Luftschall auf die Schwingungsverhältnisse in der Flüssigkeit des Innenohres durch, indem sie den Druck erhöhen (um ca. 25 dB) und die Bewegung verringern.
4) In der Cochlea beginnt in einem ersten Schritt die Analyse der Schwingungen, und zwar im Hinblick auf ihre Zusammensetzung nach Teilschwingungen und im Hinblick auf deren Intensitäten.

Es gibt vielerlei Indizien, die darauf hindeuten, daß das Hörorgan besonders gut für die Perzeption der Lautsprache geeignet ist. Für den (oberen) Variationsbereich des 2. Vokalformanten und die wichtigsten Frequenzbereiche der Frikativspektren hat das Hörorgan seine größte Empfindlichkeit und weitgehend auch seine optimale Differenzierungsfähigkeit.

9.2. **Bemerkungen zum Nervensystem**

Im Rahmen einer phonetischen Betrachtungsweise ist es hinreichend, das zentrale und das periphere Nervensystem in Grundzügen zu behandeln und dabei nicht weiter zu differenzieren.

9.2.1. **Das zentrale Nervensystem**

Neben dem *Gehirn (Encephalon),* bestehend aus allen Hirnteilen vom verlängerten Mark bis zur Hirnrinde des *Großhirns (Cerebrum),* gehört zum zentralen Nervensystem des menschlichen Körpers das *Rückenmark (Medulla spinalis).* Obgleich einige spezielle Reflexfunktionen des Rückenmarks durchaus auch für bestimmte Elemente der Sprech- und Singatmung von Interesse sind, können wir darauf wie auch auf alle weiteren Funktionen des Rückenmarks im Rahmen dieses Elementarbuches nicht eingehen.

Das Gehirn befindet sich im Schädel. Beim erwachsenen Menschen liegt die Masse des Gehirns in einem Bereich zwischen 1200 und 1400 g. Es ist eines der am besten geschützten Organe des Körpers, von der Schädelkapsel und von zwei Gehirnhäuten, zwischen denen sich die Cerebrospinalflüssigkeit befindet, umgeben. Der *Hirnstamm (Truncus cerebri)* besteht aus den Hirnteilen vom verlängerten Mark bis zu den Stammganglien unterhalb des *Balkens (Corpus callosum)* (Abb. 63).

Die wichtigsten Abschnitte des Hirnstammes sind das *verlängerte Mark (Medulla oblongata),* die *Brücke (Pons cerebri)* als Verbindungsstück nach oben und nach hinten zum *Kleinhirn (Cerebellum),* das über der Brücke gelegene *Mittelhirn (Mesencephalon)* und das darüber befindliche und an den Balken grenzende *Zwischenhirn (Diencephalon).* Mit dem Balken beginnt auch das *Großhirn,* das in entwicklungsgeschichtlicher Betrachtungsweise auch *Endhirn (Telencephalon)* genannt wird. Das Großhirn wölbt sich zu den Seiten und dort so weit hinunter, daß es für die Betrachtung von der Seite her das Zwischen- und Mittelhirn sowie die oberen Anteile der Brücke und des Kleinhirns verdeckt.

Das Großhirn, in dem vor allem die intellektuelle Aktivität stattfindet, besteht aus etwa 14 Milliarden Nervenzellen, die an seiner Oberfläche mit ihren kernhaltigen Zellkörpern die sogenannte graue Substanz oder die *Großhirnrinde (Cortex*

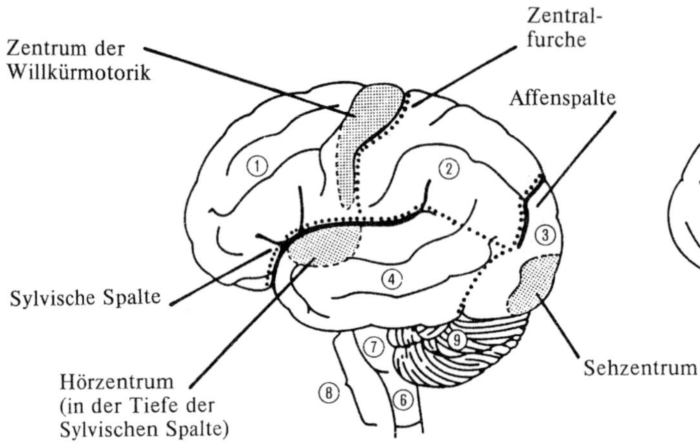

Großhirn von der Seite

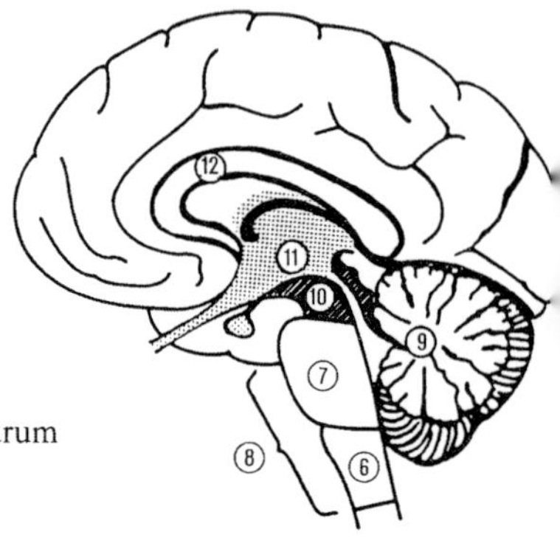

Sagittalschnitt durch das Gehirn

cerebri) bilden. Die graue Substanz bedeckt die Gehirnoberfläche ähnlich wie ein Mantel. Sie ist das höchste Integrationsorgan des Körpers. Unter der Großhirnrinde befindet sich die weiße Substanz, welche im wesentlichen aus Nervenfasern, also aus den dünnen Ausläufern der Nervenzellen, besteht, wie sie weiter unten bei der histologischen Betrachtung der Nerven besprochen werden. In Hirnschnitten unterscheidet sich die weiße Substanz des Großhirns nicht von der des Hirnstammes. In der weißen Substanz des Hirnstammes sind wiederum einige Kerngebiete aus grauer Substanz eingelagert, wobei es sich um die dort befindlichen *Stammganglien* handelt.

Das Großhirn ist in zwei Hälften oder *Hemisphären* gegliedert, zwischen denen die *mediane Mantelspalte (Fissura longitudinalis cerebri)* verläuft. Beide Hemisphären sind über den oben erwähnten Balken miteinander verbunden. Jede Hemisphäre besteht aus fünf Lappen, zwischen denen tiefe Spalten oder Furchen verlaufen. In folgender Auflistung finden sich die Hirnlappen:

1) *Stirnlappen (Lobus frontalis)* vor der Zentralfurche *(Sulcus centralis oder Sulcus Rolandi)* und dem vorderen Teil der Sylvischen Spalte *(Fissura cerebri lateralis* oder *Fissura Sylvii).*
2) *Scheitellappen (Lobus parietalis)* zwischen der Zentralfurche, der Affenspalte *(Sulcus parietooccipitalis)* und der Sylvischen Spalte.
3) *Hinterhauptslappen (Lobus occipitalis)* hinter dem Scheitel- und Schläfenlappen.
4) *Schläfenlappen (Lobus temporalis)* oben vom Scheitellappen, vorn von der Sylvischen Spalte und hinten vom Hinterhauptslappen begrenzt.
5) *Insellappen (Lobus insularis)* am Grunde der Sylvischen Spalte und von außen nicht sichtbar.

Großhirn

⑥+⑦+⑩+⑪
= Hirnstamm
= Stammhirn

Rückenmark

1 Stirnlappen
2 Scheitellappen
3 Hinterhauptslappen
4 Schläfenlappen
5 Insellappen
(in der Zeichnung nicht sichtbar; siehe Abschnitt 9.2.1.)
6 verlängertes Mark
7 Brücke
8 Rautenhirn
9 Kleinhirn
10 Mittelhirn
11 Zwischenhirn
12 Balken

Abb. 63: Das Gehirn in schematischer Aufteilung

Jeder Gehirnlappen besteht aus mehreren Windungen (*Gyri*, Sing. *Gyrus*), auf deren Beschreibung hier nicht genauer eingegangen wird.

Auf der Oberfläche dieser Hirnlappenwindungen, teils von außen sichtbar, teils in der Tiefe der Hirnfurchen, befinden sich Areale, denen eine besondere Funktion zugeschrieben wird. Diese Hirnrindenareale werden auch Zentren oder Rindenzentren genannt. In der Abbildung 63 ist die Lage des Hörzentrums, des Sehzentrums und die des Zentrums der Willkürmotorik angegeben. Die unmittelbar mit der Sprachverarbeitung zusammenhängenden Areale sind in der Abbildung 66 zu finden.

In der weißen Substanz des Großhirns befinden sich, wie schon dargestellt, Nervenfasern, die von einem Zentrum zum anderen und/oder von den Rindenzentren abwärts zum Hirnstamm laufen. Teilweise sind diese Nervenfasern zu deutlich erkennbaren Bündeln zusammengefaßt. Solche Assoziationsbündel (*Fasciculi*, Sing. *Fasciculus*) sind im allgemeinen auch dort zu finden, wo funktionell wichtige Verbindungen zwischen Zentren erforderlich sind.

9.2.2. **Das periphere Nervensystem**

Neben den Assoziationsfaserbündeln oder einzelnen Nervenfasern, die im Gehirn bestimmte Zentren oder Ganglien miteinander verbinden, gibt es andere Nerven, deren Bahnung irgendwo im Gehirn beginnt und dann noch teilweise durch das zentrale Nervensystem hindurchläuft. An irgendeiner Stelle verlassen sie jedoch dieses, um die verschiedenen Körperregionen in spezifischer Weise zu versorgen.

Bei diesen peripheren Nerven beschränken wir uns in dem uns gesetzten Rahmen auf die Versorgungsarten, die als die *motorische* und die *sensorische* bezeichnet werden. Die motorischen Nervenfunktionen sind jedoch nicht sinnvoll möglich ohne die sogenannten *propriozeptiven* Funktionen *(Eigenreflexfunktionen),* die nach jedem motorischen Befehl an die Muskulatur dafür sorgen, daß sich ein neuer Gleichgewichtszustand zwischen den Muskelaktivitäten einstellt.

Treten Nerven direkt beim Gehirn aus dem zentralen Nervensystem heraus, so heißen sie Hirnnerven. Zum peripheren Nervensystem des Menschen gehören 12 Paare dieser Art. 31 Paare peripherer Nerven verlassen als Rückenmarksnerven das zentrale Nervensystem an verschiedenen Stellen der Wirbelsäule.

Bezüglich der Richtung der Signal- oder Befehlsübermittlung unterscheidet man im peripheren Nervensystem *efferente* und *afferente* Nervenbahnen. Auf den efferenten Bahnen werden die Nervensignale zu den Organen, im Falle der Motorik also zu den Muskeln geleitet. Das gilt eindeutig für diejenigen Signale, die den Muskeln die Befehle zu ihrer Kontraktion übermitteln. Im Rahmen des nach Erreichung des erzielten Effektes durch Eigenreflexe einzupendelnden neuen Gleichgewichtszustandes laufen bei allen motorischen Vorgängen ständig auch über in der Tiefe befindliche Sensoren (Tiefensensorik) Erfolgs- oder Zustandsmeldungen auf afferenten Bahnen zum zentralen Nervensystem zurück. Diese Regelvorgänge laufen weitestgehend unterhalb der Bewußtseinsschwelle voll automatisch ab.

Darüber hinaus gibt es jedoch auch Rückmeldungen (3.7.) über erfolgte Muskelanspannungen oder durch diese verursachte Bewegungen, die als Spannungsänderungs- und Berührungsempfindungen wahrgenommen und bewußt zur Kenntnis genommen werden können. Diese Vorgänge sind überwiegend der Oberflächensensorik zuzurechnen, wobei (überwiegend in der äußeren oder inneren Körperoberfläche befindliche) Sensoren (Nervenendzellen) mechanisch gereizt werden und entsprechende Nervensignale über afferente Bahnen zentralwärts senden.

Entsprechend laufen auch die Nervensignale bei allen Arten von Sensorik (Körperoberflächensensorik, Sehen; Hören; Riechen; Schmecken) von den spezifischen Nervenendzellen auf afferenten Bahnen zentralwärts. In den meisten Fällen gehen diese Bahnen zunächst bis zum Hirnstamm, wo in den dortigen Ganglien schon gewisse Vorverarbeitungen stattfinden, bevor die Signale zum Großhirn weitergeleitet werden, um dort den spezifischen Zentren zugeleitet zu werden. Doch auch bei der Sensorik spielen entgegengesetzt laufende Signale mit. Auf efferenten Bahnen wird ständig das ganze aufnehmende und zentralwärts meldende sensorische System gesteuert. Als Beispiel dafür wird im Abschnitt 9.2.4. das System der Hörbahn in knapper Form erläutert.

9.2.3. **Zur Histologie der Nerven**

Nerven sind Bündel einer meist sehr großen Anzahl von Nervenfasern. Diese Fasern sind Ausläufer und gleichzeitig Bestandteile von Nervenzellen, die wir kurz einer näheren Betrachtung unterziehen müssen (Abb. 64a). Die *Nervenzelle (Neuron)* besteht aus einem *Zellkörper* (*oder Zelleib; Soma*) mit dem darin befindlichen Zellkern, den normalerweise die Nervensignale übernehmenden *Dendriten,* dem *Axon,* der eventuell vorhandenen Aufspaltung des Axons und dem normalerweise die Nervensignale weitergebenden synaptischen Endknopf (bei Aufspaltung mehrere). In der Abb. 64 b ist angedeutet, daß sich um das Neuron und damit auch um das Axon herum die *Gliazelle* befindet. Gliazellen können sehr groß sein und verschiedene Formen aufweisen.

Im Bereich der langen peripheren Nerven bilden sie beispielsweise die langen röhrenförmigen Zellen, die auch den Namen *Schwannsche Zellen* tragen. Auf

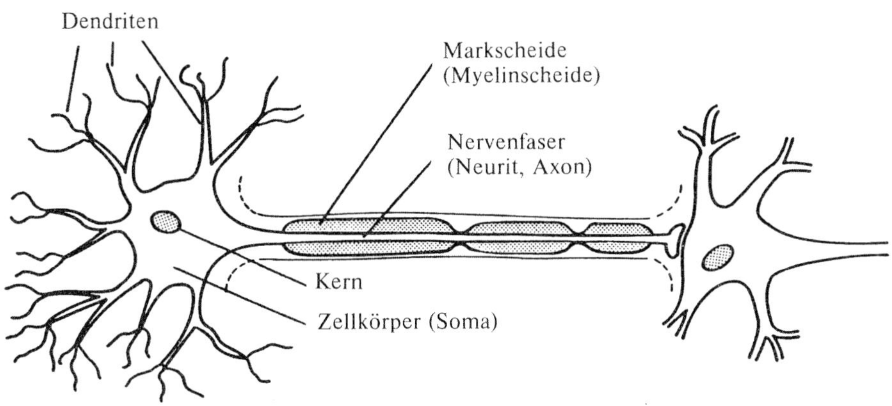

△ *a:* Schema eines Neurons ▽ *b:* Leitung von Aktionspotentialen in Nervenfasern

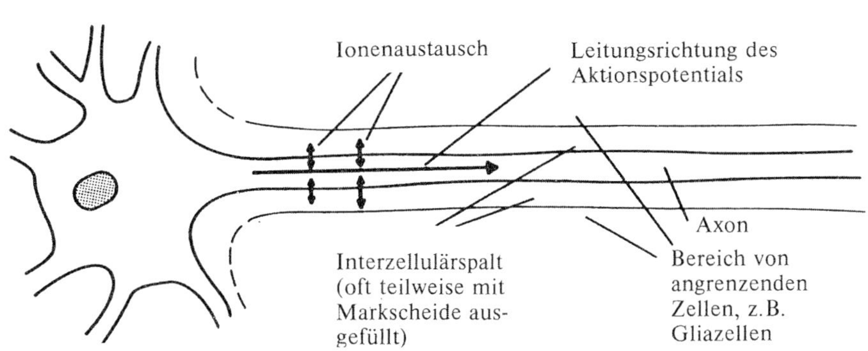

Abb. 64: Die Nervenzelle (Neuron) als Bauelement der Nerven

jeden Fall sind alle Neuronen von Gliazellmaterial umgeben, und zwischen der Zellwand (Zellmembran) des Neurons und der Wand der Gliazelle befindet sich ein dünner flüssigkeitsgefüllter Spalt, der *Extrazellulärspalt (= Interzellulärspalt).*

Synaptische Endknöpfe von Neuronen treten meist mit Dendriten nachfolgender Neuronen in Verbindung, oft jedoch auch mit Stellen des Zellkörpers oder des Axons. An allen diesen Stellen können die Nervensignale über einen sehr dünnen Zwischenraum hinweg in das nächste Neuron übertragen werden. Diese Verbindungs- und Übertragungsstellen heißen *Synapsen.* Oft befinden sich diese in knotenartigen Anhäufungen von Nervengewebe, in den sogenannten *Ganglien* (Sing. *Ganglion).*

9.2.4. **Zur Physiologie der Nerven und des Nervensystems**

Die Grundbausteine der schon mehrfach erwähnten Nervensignale sind kurzzeitige chemoelektrische Vorgänge in den Neuronen, die als Spannungsspitzen (*Spikes*) gemessen werden können. Sie treten stets impulsartig als Spannungserhöhung bezogen auf eine *Ruhespannung* auf. Dieser Ruhespannungszustand, das *Ruhepotential,* gemessen als negative Spannung an der Innenseite der Zellmembran des Neurons im Vergleich zur Bezugsspannung an der Außenseite dieser Membran, also im Extrazellulärspalt, weist je nach Zellart einen Wert im Bereich von −60 bis −90 mV auf. Dieses negative Ruhepotential liegt darin begründet, daß bestimmte Kationen, nämlich Kaliumionen (K^+), aus der dissoziierten Salzlösung im Inneren des Neurons durch die Zellmembran hindurch in den Extrazellulärspalt diffundiert sind. Wird nun von einem vorangehenden Neuron ein Reiz herangeführt, und zwar in der Form einer Spannungserhöhung von außen, so muß an der Synapse im Inneren des Neurons die sogenannte Reizschwelle erreicht werden, damit das elektrische Gleichgewicht aufgehoben wird und sich eine impulsartige Spannungsspitze im Inneren des Neurons ausbildet. Diese Reizschwelle liegt etwa bei –50 mV. Wird diese Spannung erreicht, können plötzlich bestimmte Kationen, nämlich Natriumionen (Na^+), in großer Zahl durch die für sie dann durchlässig gewordene Zellmembran in das Innere des Neurons eindringen. Dadurch steigt die Spannung an der Innenseite der Zellmembran sehr schnell weiter an, und zwar bis zu +30 mV, um danach sehr schnell wieder zum Ruhepotentialwert von bis zu –90 mV abzufallen. Der Ionenaustausch durch die Zellmembran vollzieht sich dabei senkrecht zur Verlaufsrichtung des Axons. Die Spannungsimpulse werden in Faserrichtung, also entlang der Zellmembran des Axons, geleitet (Abb. 64b).

Ein derartiger Spannungsimpuls trägt in der Neurophysiologie die Bezeichnung *Aktionspotential.* Oben hatten wir diese Spannungsspitzen als Grundbausteine der Nervensignale bezeichnet. In der Tat setzen sich diese Signale aus dem Vorhandensein und aus der zeitlichen Anordnung der Aktionspotentiale in den Nervenfasern zusammen, ohne daß über die Art dieser Kodierung im einzelnen bis jetzt wesentliche Kenntnisse vorliegen. Eines ist jedoch sicher, nämlich daß sich eine Erhöhung der Intensität des Reizes nicht in einer Spannungserhöhung des Aktionspotentials auswirkt, sondern in einer starken Zunahme der Anzahl von Aktionspotentialen in der Zeit. Das Neuron reagiert nur bei Erreichung der Reizschwelle, darüber hinaus jedoch nicht intensitätsmäßig: Es arbeitet gewissermaßen nach dem *Alles-oder-Nichts-Prinzip.*

Nachdem ein Neuron ein Aktionspotential übertragen hat, benötigt es einige Zeit, um in seinen ursprünglichen Zustand zurückzugelangen, damit dann wieder ein neuer Impuls entstehen und transportiert werden kann. Diese *Refraktärzeit* beträgt für viele Neuronen etwa 2 ms bis 5 ms, so daß sie in einem Bereich von 200 bis 500 Aktionspotentialen pro Sekunde leiten können. Einige spezialisierte Nervenzellen können sogar bis zu 1000 Spannungsimpulse pro Sekunde leiten.

Es ist noch anzumerken, daß unter Ruhepotential nicht ein während des längeren Ruhezustandes eines Menschen andauernder Spannungszustand in seinen Nerven zu verstehen ist, sondern die lediglich kurzzeitig vorhandene Ausgangslage eines Neurons. Dieses Vorhandensein eines Ruhepotentials ermöglicht die jederzeitige Entstehung eines Aktionspotentials, wenn die Reizschwelle erreicht wird. Tatsächlich sind mit einer relativ geringen durchschnittlichen Frequenz ständig in allen Nerven des Menschen Aktionspotentiale nachweisbar, selbst wenn er sich in Ruhe befindet oder wenn er schläft. Daß sie zur Steuerung im vegetativen Bereich ständig erforderlich sind, ist unmittelbar einsichtig. Doch auch für den motorischen Bereich wird dies klar, wenn man bedenkt, daß ein Mindesttonus in der Muskulatur vorhanden ist, solange der Mensch lebt, und daß jede Körperlage oder Körperhaltung ein gewisses Gleichgewicht zwischen den Anspannungen vieler Muskeln erfordert und daß den motorischen Zentren zu jeder Zeit Rückmeldungen über diesen Zustand gegeben werden.

Soll irgendeine spezielle motorische Aktivität initiiert werden, so werden von den entsprechenden motorischen Zentren der Großhirnrinde Befehle ausgesandt, die in den Bereichen des Hirnstammes noch modifiziert und mit anderen Funktionsbereichen koordiniert werden und schließlich als Innervation, als in der zeitlichen Anordnung und in der Verteilung über mehrere Fasern strukturiertes Muster von Aktionspotentialen, in dem betreffenden Muskulaturbereich ankommen. Die erwähnten Modifikationen und Koordinationen sind deshalb prinzipiell möglich, weil alle Nervenbahnen an vielen Synapsen Queranschlüsse aufweisen, so daß die

Neuronen letztlich weitgehend miteinander zu einem *neuronalen* Netzwerk verschaltet sind. Im Rahmen dieses Netzwerkes gibt es vor allem assoziative Funktionen, verstärkende und hemmende Regelkreise.

Derartige Funktionen werden auch als Ursache für viele Teilfunktionen des zentralen Hörvermögens angenommen. In der Abbildung 65 ist die schematische Darstellung der zentralen Hörbahnen gegeben. Die Tatsache, daß es dort Querverbindungen und Kreuzungen zwischen den Hörbahnen des rechten und linken

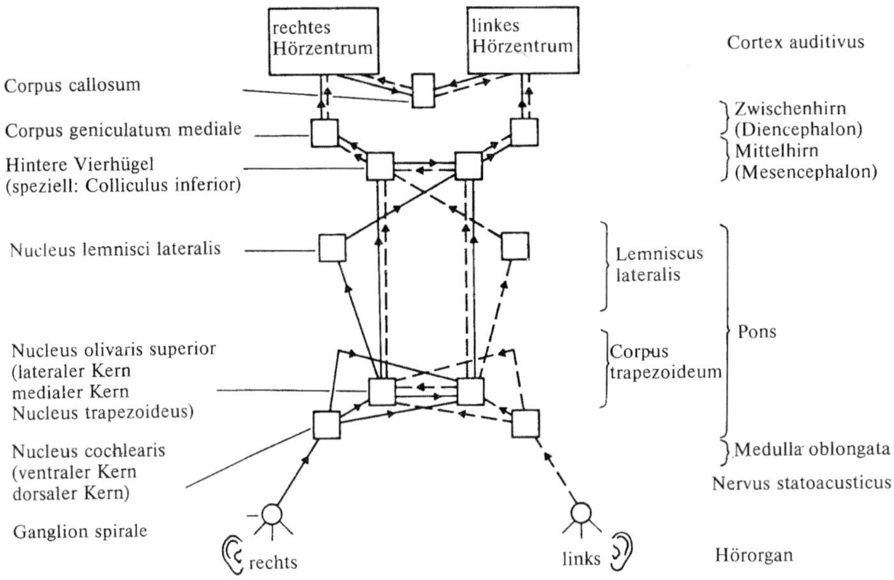

Abb. 65: Schematische Darstellung der zentralen Hörbahnen (vgl. Keidel 1975, S. 193ff.; und Frick et al. 1980, S. 660ff.). Zu beachten ist, daß der größere Teil der Nervenfasern schon im Bereich der beiden unteren Kerne (Nuclei, Stammganglien) zur jeweils anderen Seite hinüberwechselt.

Ohres gibt, weist darauf hin, daß die Differenzen zwischen den Signalen beider Ohren, die mit den Schalleinfallsrichtungen entstehen, auch im Nervenbahnbereich vorliegen und dort gewissermaßen durch Quervergleich ausgewertet werden. So läßt sich die Fähigkeit zum Richtungs- und Raumhören teilweise erklären.

Nach dieser Darstellung der Hörbahnen läßt sich auch gut vorstellen, daß über Rückmeldeschleifen an bestimmten Synapsen verstärkende oder hemmende Wirkungen erzeugt werden.

Neben der Fähigkeit des Richtungs- und Raumhörens können derartige Wirkungen teilweise die menschliche Fähigkeit des selektiven Hörens bzw. des selektiven Unterdrückens beim Hören erklären, eine Fähigkeit, die auch beim Hören von Sprache in einem uns ständig umgebenden Störschall von unschätzbarem Wert ist.

9.3. Bemerkungen zur Neurophysiologie des sprachlichen Bereichs

In der neuralen Aktivität, die dem Sprechen, dem Hören und dem Erwerb der Sprache zugrundeliegt, gibt es noch sehr vieles, was gegenwärtig unvollkommen oder gar nicht erforscht ist. Dieses trifft sowohl in bezug auf das zentrale als auch auf das periphere Nervensystem zu. Dennoch möchten wir hier versuchen, die wichtigsten und elementaren Forschungsergebnisse zusammenzustellen.

9.3.1. Funktionelle Areale im zentralen Nervensystem

Über die biologischen Basisstrukturen für das Sprachvermögen des Menschen herrscht, wie gesagt, eine große Unsicherheit. Sicher ist nur, daß sich bei etwa 92 % der gesunden Sprecher die Sprachzentren in der linken Hemisphäre befinden. Bei etwa 7 % der gesunden normalen Sprecher befinden sich die sprachverarbeitenden Zentren in der rechten Hemisphäre und bei etwa 1 % der Normalsprecher läßt sich nicht genau bestimmen, ob die sprachverarbeitenden Zentren rechts oder links lokalisiert sind. Die Lokalisierung der Sprachzentren auf der rechten oder linken Seite hat mit der Händigkeit prinzipiell nichts zu tun, auch wenn bei etwa 54 % der Linkshänder die sprachverarbeitenden Zentren rechts liegen.

Die Lateralisierung der Sprachverarbeitung beginnt in der Individualentwicklung sehr früh. Die an der sprachlichen Verarbeitung beteiligten Hirnstrukturen sind bei der Mehrzahl aller Menschen in der linken Hemisphäre, die normalerweise die dominante ist, etwas größer als in der rechten Hemisphäre. Mit dem abgeschlossenen Spracherwerb, etwa im Alter von 6 Jahren, ist auch die Lateralisierung abgeschlossen. Nach dieser Altersstufe wird es zunehmend schwieriger, daß die sprachliche Verarbeitung in die gegenüberliegende Hemisphäre verlagert werden kann, was beispielsweise infolge eines Unfalles wünschenswert werden könnte und in den ersten Lebensjahren noch sehr gut möglich ist.

9.3.1.1. Sprachverarbeitende Strukturen im Gehirn

Die Sprachverarbeitung benötigt das koordinierte Zusammenwirken zahlreicher Gehirnstrukturen. Die Gehirnstrukturen, die nach dem heutigen Kenntnisstand an der Sprachverarbeitung beteiligt sind, sind in der Abbildung 66 schematisch dargestellt.

Das *Wernicke-Areal* (*Temporale Sprachregion*) ist ein recht ausgedehntes Gebiet in der Nähe des Ohres am Ende der Sylvischen Spalte. Dort werden die Nervensignale, die im Hörnerven aufgrund der Schallwandlung durch das Innenohr entstanden und bei der Weiterleitung entlang der Hörbahnen vorverarbeitet sind, weiterbearbeitet und in die Endverarbeitung gebracht. Im Wernicke-Areal findet die Lauterkennung statt. Dort ist vermutlich auch der Wortschatz gespeichert, und

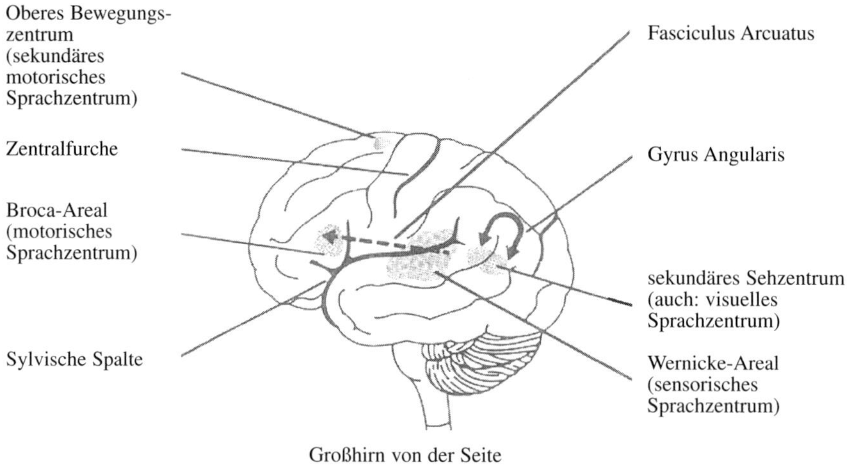

Abb. 66: Hirnregionen und -strukturen, die an der Sprachverarbeitung beteiligt sind

dort findet die Zuordnung der Bedeutung zu dem Signal statt. Verletzung oder Fehlfunktion dieses Gebiets führt zu Schwierigkeiten beim Verstehen von Sprache, zu Problemen bei der Benennung von Sachverhalten und Gegenständen und zu Problemen bei der Aufnahme und der Analyse des Schallsignals (sensorische Aphasie, rezeptive oder impressive Aphasie). All das geht oft noch mit Wortfindungsstörungen einher.

Das *Broca-Areal* (*Frontale Sprachregion*) befindet sich am Ende der Zentralfurche und grenzt an das motorische Zentrum, das für die Koordination der gezielt eingesetzten Körpermotorik zuständig ist. Im Broca-Areal werden die komplexen artikulatorischen Bewegungen initiiert, koordiniert und gesteuert. Schädigung oder Dysfunktion dieses Gebiets hat artikulatorische Schwierigkeiten zur Folge (motorische Aphasie, expressive Aphasie).

Ein sekundäres motorisches Sprachzentrum, das vor dem oberen Teil des allgemeinen motorischen Zentrums liegt, wird als Ergänzungs- oder als Ersatzkoordinationsareal für Artikulationsbewegungen angesehen. Obwohl die Rolle dieses sekundären Sprachzentrums nicht ganz klar ist, ist es dennoch eine Tatsache, daß bei einigen Patienten, denen das Broca-Areal entfernt wurde, kaum Artikulationsstörungen eintreten. Es wird angenommen, daß die Funktionen des Broca-Areals durch das sekundäre motorische Sprachzentrum nahezu vollständig ersetzt werden können.

Der *Fasciculus arcuatus* ist eines der Assoziationsbündel im Gehirn und stellt gewissermaßen eine Verbindungsleitung zwischen dem Wernicke- und Broca-Areal dar. Über diese Nervenfasern läuft also der Informationsaustausch zwischen Sprechen und Hören (die Vorstellung von der Schallform). Auch läuft darüber die „Absicht" etwas auszudrücken und die Rückmeldung über das tatsächlich Ausgedrückte. Fehlfunktion oder Schädigung dieser Nervenfasern führt zu einer Diskrepanz zwischen dem, was tatsächlich gesprochen wird, und dem, was man zu sprechen vorgehabt hatte.

Die Gehirnwindung namens *Gyrus angularis* ist zwischen dem Wernicke-Areal und dem visuellen Cortex im Hinterhauptslappen lokalisiert. Dieses Gebiet funktioniert als Verbindung zwischen den visuellen, auditiven, den übrigen sensorischen und motorischen Cortices des Gehirns. Dort werden vermutlich die beim Lesen visuell aufgenommenen Signale mit den auditiven Mustern im Wernicke-Areal verglichen und auf Akzeptabilität hin geprüft und anschließend über den Fasciculus Arcuatus zum Broca-Areal weitergeleitet, wo sie im Falle des lauten Lesens in artikulatorische Bewegungen umgesetzt werden.

9.3.1.2. **Die Sprachverarbeitung im Gehirn**

Obwohl einige wichtige sprachverarbeitende Strukturen des Gehirns bekannt sind, ist es weitgehend unbekannt, wie die Sprache im Gehirn gespeichert wird und wie die Sprachverarbeitung insgesamt tatsächlich vor sich geht. Die Methode des zeitdifferenten dichotischen Hörens, bei der Signale mit einem gewissen Zeitunterschied jeweils zu dem linken und dem rechten Ohr geleitet werden, ermöglicht es, einen Einblick in die sprachverarbeitenden Prozesse zu gewinnen. Sie basiert auf der Tatsache, daß ein zum rechten Ohr geleitetes Signal in der linken Gehirnhälfte früher als in der rechten zur Verarbeitung verfügbar ist, da die Hörbahn des rechten Ohres zum größeren Teil im Rautenhirn zur Gegenseite kreuzt (und umgekehrt) (Abb. 63 und 65). Gegenwärtig wird allerdings über den Bereich von Gehirn und Sprachverarbeitung intensiv und mit zahlreichen neuen Forschungsmethoden geforscht, und es ist zu erwarten, daß es in naher Zukunft detailliertere und genauere Ergebnisse geben wird, die unseren Kenntnisstand wesentlich erweitern werden.

Der aktuellere Kenntnisstand ist von Tsunoda (1984) am ausführlichsten zusammengefaßt worden. Die folgenden allgemeinen Bemerkungen beziehen sich auf einen Hörer/Sprecher, dessen sprachverarbeitende Zentren wie im Normalfall links lokalisiert sind. Bei einem Hörer/Sprecher, dessen sprachverarbeitende Zentren rechts lokalisiert sind, gilt natürlich alles umgekehrt:

1) Isolierte Vokale

Isolierte Vokale werden in allen bisher untersuchten west- und osteuropäischen Sprachen in beiden Hemisphären gleichermaßen verarbeitet. In Sprachen der austronesischen Sprachfamilie und im Japanischen werden isolierte Vokale hingegen nur links verarbeitet. Tsunoda versucht dies so zu erklären, daß die austronesischen Sprachen und das Japanische nur folgende Silbenstrukturen kennen: (1) V; (2) VV; (3) CV und (4) CVV. Geschlossene Silben sind unbekannt. Dadurch gewinnt nach Tsunoda der Vokal ein größeres semantisches Gewicht, was erklären würde, daß der Vokal immer, also auch bei isolierter Darbietung, als sprachliches Element erkannt wird. Diese besondere Lateralisierung ist aber nicht bei solchen Japanern der zweiten und dritten Generation zu beobachten, die im Ausland geboren und zweisprachig aufgewachsen sind. Sie weisen die gleiche beidseitige Vokallaterialisierung wie Europäer auf. Europäische Kinder, die in Japan geboren sind und deren erste Sprache Japanisch war, zeigen wiederum die Besonderheit der Japaner. Tsunoda zieht daraus die Schlußfolgerung, daß die besondere Laterialisierung der Japaner und der Sprecher austronesischer Sprachen kulturbedingt ist.

Diese Schlußfolgerung wird dadurch noch untermauert, daß die Klänge traditioneller japanischer Musikinstrumente links verarbeitet werden, während bei den Japanern Klänge europäischer oder westlicher Musikinstrumente rechts verarbeitet werden. Wie diese Besonderheit zu erklären ist, bleibt bis jetzt unklar.

2) Vokale im Wort

Vokale in Wörtern werden in allen bisher untersuchten Sprachen in der linken Hemisphäre verarbeitet. Dies bedeutet, daß für Sprecher west- und osteuropäischer Sprachen die Vokale als sprachliche Elemente dann und auch nur dann anerkannt werden, wenn sie im Wortzusammenhang vorkommen.

3) Konsonanten

Konsonanten werden in allen bisher untersuchten Sprachen ausschließlich in der linken Hemisphäre verarbeitet. Konsonanten sind also derart eindeutig zuzuordnende Ereignisse, daß sie immer als sprachspezifisch erkannt werden.

4) Prosodische Merkmale

Die prosodischen Merkmale – Intonation, Akzent – lösen in der nicht dominanten rechten Hemisphäre, die normalerweise auch für die Musik zuständig ist, Reaktionen aus. Allerdings werden Töne von Tonsprachen wiederum in der linken Hemisphäre verarbeitet, was auf eine besondere Bedeutung des Tones bei der Identifikation von Lexemen deutet.

Soweit die kurze Zusammenfassung der wichtigsten Bemerkungen Tsunodas, die die Sprache betreffen. Es sind bisher im Hinblick auf diese Besonderheiten nur relativ wenige Sprachen untersucht worden, so daß es nicht auszuschließen ist, daß sich weitere Modifikationen dieses Schemas ergeben können. Zum Beispiel sind bisher weder Hörer/Sprecher afrikanischer Sprachen noch amerikanischer Indianersprachen untersucht worden.

Als Schlußfolgerung halten wir daher fest, daß beide Hemisphären an der sprachlichen Verarbeitung beteiligt sind, wenn auch in unterschiedlicher Weise. Tsunoda hat ferner untersucht, daß Genußmittel wie Tabak, Alkohol und gewisse Riechstoffe sowie Parfums einen Einfluß auf die sprachverarbeitenden Areale des Gehirns haben. Er zieht daraus den Schluß, daß die Sprache mit den Gehirnstrukturen nicht fest verbunden ist. Daraus ergibt sich eine Labilität, welche die relativ häufigen Störungen in den sprachverarbeitenden Mechanismen unter ungünstigen im Individuum oder in der Umgebung vorhandenen Bedingungen erklären könnte.

9.3.2. Wichtige Nerven im peripheren Nervensystem

Für das Hören und das Sprechen sind die folgenden zwei Nerven besonders wichtig:

1) Der *Hörnerv (Nervus stato-acusticus, Nervus vestibulo-cochlearis)* oder der *Gehör-Gleichgewichtsnerv* ist der VIII. Hirnnerv (Abb. 65). Er leitet die Nervensignale vom Innenohr über den Stammhirnbereich zu den verarbeitenden Zentren im Großhirn (Hörzentrum, Wernicke-Areal), in denen die Lautidentifikation und Lauterkennung stattfinden. Parallel zum Hörnerven läuft auch der Gleichgewichtsnerv, der Informationen über die Körperlage, Körperhaltung und Körperbewegungen zum Gehirn leitet.
2) Der *Nervus recurrens* oder *Nervus laryngeus recurrens* ist ein Teil des X. Hirnnervs *(Nervus vagus)*, des Eingeweide-Nervs. Für die Phonation sind der *Nervus laryngeus inferior*, der alle inneren Kehlkopfmuskeln mit Ausnahme des *Cricothyroideus* innerviert, und der *Ramus externus* des *Nervus laryngeus superior*, der den *Musculus cricothyroideus* innerviert, als besonders wichtig anzusehen.

Die Nervenversorgung der Zunge und anderer peripherer Artikulationsorgane ist selbstverständlich anatomisch auch gut bekannt, aber bisher ist die Tätigkeit dieser Nerven im Sprechprozeß kaum untersucht worden. Wir wollen sie hier deshalb lediglich erwähnen und nicht näher abhandeln. Es handelt sich um den *Nervus hypoglossus*, den *Nervus facialis,* den *Nervus glossopharyngeus* und den *Nervus trigeminus* sowie um weitere Nerven der Atemmechanik. In einem guten Lehrbuch der Anatomie und/oder Physiologie findet der interessierte Leser die gesuchten anatomischen Informationen und die physiologischen Erläuterungen über diese Nerven. Eine differenzierte Zuordnung von Nerven zu Muskeln liegt tabellarisch auch bei Wängler (1972, S. 204–206) vor.

10. Einige Theorien der Sprachperzeption

10.1. Das Problem der Sprachperzeption

Nachdem die technische Möglichkeit zur Erzeugung synthetischer Sprache geschaffen worden war, bestand zum ersten Mal in der Geschichte der Phonetik die Möglichkeit zu einer systematischen Suche nach den Perzeptionsindizien der Sprache. Die vereinfachte und von zufälligen Abweichungen freie akustische Struktur des synthetischen Sprachsignals hatte den Vorteil, daß es nunmehr möglich wurde, einzelne Signalelemente wie z. B. Transitionen, Explosionsschall und Zeitunterschiede isoliert oder in definierter Kombination systematisch zu variieren und auf ihre sprachperzeptuelle Relevanz hin zu untersuchen. Diese neue Forschungsmethode brachte einige unerwartete Tatsachen an den Tag, die auf den ersten Blick schwer zu verstehen waren und auf keinen Fall mit früheren Vorstellungen zur Sprachperzeption vereinbar schienen.

Zu diesen unerwarteten Tatsachen gehörte einerseits die Feststellung, daß in Zuordnung zu sprachlichen Einheiten im akustischen Signal die bis dahin angenommene Invarianz nicht vorhanden ist, und eben auch dann nicht, wenn perzeptiv (d. h. sprachperzeptiv) jeweils die gleiche invariante sprachliche Einheit erkannt wird. Die Perzeptionsforschung hat hierzu im Laufe der Jahre sehr viele Belege gesammelt. In einem bekannten Beispiel aus der Locus-Forschung wird dies sehr eindrucksvoll demonstriert. Es handelt sich um die Transitionen der Silben [di] und [du]. Im Falle der Silbe [di] steigt die Mittenfrequenz des F_2 von 2000 auf 2400 Hz; im Falle der Silbe [du] fällt sie von 1200 auf 800 Hz. Es liegt hier also ein Fall besonders klarer akustischer Diskontinuität vor, der aber sprachperzeptiv in beiden Fällen eindeutig als [d] wahrgenommen wird. Die Locus-Theorie führt das darauf zurück, daß im Gehirn des Hörers ein zwischen 1200 Hz und 2000 Hz liegender /d/-spezifischer Wert ermittelt wird, der Locus des /d/ (Jussen/Kloster-Jensen/Wisotzki 1994, 72–74).

Auf der anderen Seite gibt es Fälle, in denen bei der Schallerzeugung für bestimmte Signalelemente akustische Invarianz vorlag, bei denen perzeptiv jedoch verschiedene sprachliche Einheiten konstatiert wurden. Ebenfalls aus der Locus-Forschung stammt der Fall des Explosionsrauschens mit einem spektralen Maximum bei 1440 Hz, das mit verschiedenen synthetischen Vokalen, die aus geradlinigen Formanten ohne Transitionen bestanden, kombiniert wurde. Wurden diesem Explosionsrauschen mit Maximum bei 1440 Hz die Formanten eines synthetischen stationären [i] nachgestellt, wurde die Silbe [pi] gehört. Wurde es entsprechend mit den Formanten eines stationären [a] kombiniert, wurde die Silbe [ka] gehört, und wurde es mit einem [u] kombiniert, wurde die Silbe [pu] gehört (Abb. 54).

Diese überraschenden Resultate zum o. a. Beispiel wurden so gedeutet, daß die akustische Invarianz – das Explosionsrauschen mit einem Pol bei 1440 Hz – perzeptiv unterschiedlich kategorisiert wurde. Demgegenüber behaupteten andere Forscher, daß keine akustische Invarianz vorgelegen hätte, da die Verbindung von Explosionsrauschen und Vokalformanten den akustischen Stimulus gebildet hätte.

Wesentlich ist es aber, hier festzuhalten, daß es in beiden Richtungen eine Diskrepanz gibt: Die objektiv gesehen gleiche akustische Struktur kann als mehrere verschiedene sprachliche Einheiten kategorisiert werden, und objektiv gesehen verschiedene akustische Ereignisse können als eine und dieselbe sprachliche Einheit kategorisiert werden. Es ist sogar die Regel, daß akustische Invarianz im Sprechschallsignal nicht vorhanden ist. Das gilt übrigens auch für das artikulatorische Signal, also die artikulatorischen Bewegungen. Röntgenkinematographische Aufnahmen des Sprechens haben gezeigt, daß auf artikulatorischer Ebene keine Invarianten vorhanden sind. In keiner bisher registrierten Form des Sprechprozesses konnten Invarianten festgestellt werden. Vermutlich ist der Begriff *Invariant* in der Phonetik weder sinnvoll noch erforderlich, um phonetische Ereignisse erklären zu können. Dennoch werden Invarianten immer wieder vorausgesetzt oder postuliert. Warum sollte dieser Begriff in der Phonetik überhaupt notwendig sein? Bisher hat kein Phonetiker versucht, diese Frage zu beantworten. Sicher scheint gegenwärtig, daß *Invarianten* nur auf sprachperzeptueller Ebene nach sprachfunktioneller Kategorisierung vorhanden sein können, wenn sie überhaupt existieren. Auf jeden Fall gibt es bisher keine Methode, um die Invarianten nachzuweisen. Auch scheint es auf jeden Fall keineswegs notwendig zu sein, in der phonetischen Forschung von Invarianten auszugehen. Ohne den Begriff der Invarianz und ohne die Suche nach Invarianten würde sich die phonetische Forschung realistischer gestalten.

Wenn man die Existenz von Invarianz im Signal verneint, läßt sich die Frage nach der kategorialen Wahrnehmung in der sprachspezifischen Lautdiskrimination zunächst vereinfacht darauf reduzieren, daß man nur konstatiert, daß es diese kategoriale Wahrnehmung gibt und daß sie darin besteht, daß der Sprachhörer unterschiedliche Schallereignisse dann besser voneinander trennen und als bestimmte Sprachlaute identifizieren kann, wenn sie ihm im sprachlichen Zusammenhang als Repräsentanten von Phonemen angeboten werden. Umgekehrt kann er im gleichen Maße unterschiedliche Schallereignisse dann weniger gut diskriminieren, wenn es sich um nicht-sprachlichen und auch sonst in keiner Weise um bedeutsamen oder bedeutungsbezogenen Schall handelt oder wenn er unterschiedliche Varianten ein und desselben Phonems zu hören bekommt. Doch bei einem weitergehenden Suchen nach den Ursachen für diese Diskriminationsschärfe kommt man trotz des Ausschlusses der Signalinvarianzproblematik doch wieder auf das Signal zurück, und zwar mit der Frage, ob die Ursachen für diese unterschiedliche Diskriminationsschärfe anteilsmäßig mehr in besonderen Signalcharakteristika oder mehr in der mentalen Verarbeitung, also in der Zuordnungs- und Bewertungsleistung beim Wahrnehmen zu suchen sind. Mit einem *„signalentdeckungstheoretischen"* Ansatz schlägt Helfrich (1987) ein Verfahren zur Trennung dieser beiden Komponenten vor. In der Tat sind die Komponenten einer *„Reizspezifizität"* und einer *„Reaktionsspezifizität"* bisher in vielen Untersuchungen und Modellen nur ungenügend und oft nicht hinreichend differenziert berücksichtigt worden.

Unabhängig von allen Einzelproblemen ist es wohl deutlich geworden, daß das Gebiet der Sprachwahrnehmung ein großes, vielfältiges und interessantes Forschungsfeld ist. Von den zahlreichen zusammenfassenden Deutungsversuchen möchten wir hier zum Schluß vier Perzeptionstheorien erwähnen, die nach unserer Ansicht besonders repräsentativ dafür sind, in welcher Richtung man die Lösung aller dieser Probleme sucht. Einen allgemeinen Überblick hierzu findet der Leser in Łobacz (1984).

10.2 **Die Motor-Theorie der Sprachperzeption**

Die Motor-Theorie der Sprachperzeption ist eine *aktive* Sprachperzeptionstheorie, die aus der Locus-Forschung entstanden ist (Liberman u. a. 1963). Der Theorie liegt letzten Endes das Bemühen zugrunde, eine eindeutige Beziehung zwischen dem akustischen Signal und dem Phonem herzustellen.

Die nach den grundlegenden Voraussetzungen dieser Theorie als eindeutig vorhanden angesehenen akustischen Indizien werden im Sprechprozeß wegen des Einflusses der Koartikulation getrübt, teilweise verdeckt und verschlüsselt. Indizien, die mehreren aufeinanderfolgenden Lauten angehören, werden überlagert und simultan übertragen (Abb. 67). Sie sind im Signal in *kodierter* Form vorhanden. Das kodierte Nacheinander und das gleichzeitige Vorhandensein von Indizien mehrerer Sprachlaute garantieren die hohe Redundanz des Sprechschalls, die die lautsprachliche Kommunikation selbst unter ungünstigen äußeren Störschallbedingungen ermöglicht.

Das kodierte Sprechsignal gelangt nun zum Hörer, welcher es dekodieren muß. Nach der Motor-Theorie geschieht die Dekodierung so, daß der Hörer das empfangene Signal aufgrund seiner artikulatorischen Fähigkeit bewertet, d. h. der Hörer

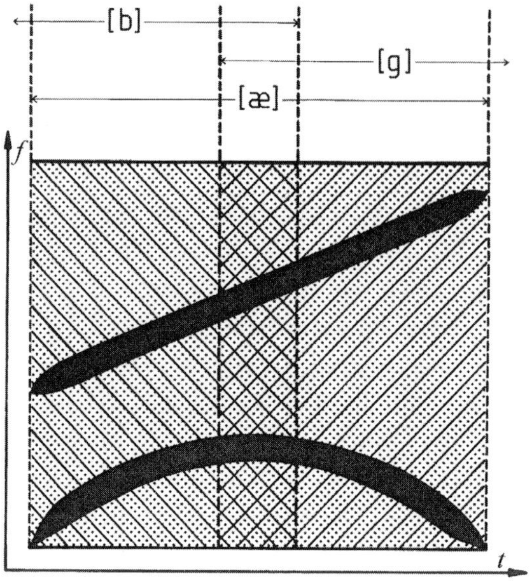

Abb. 67: Schematische Darstellung der Kodierung akustischer Indizien innerhalb des Vokals [æ] im englischen Wort bag „Sack, Beutel". Von den Verschlußlauten [b] und [g] sind nur die Transitionen des F_1 und F_2 dargestellt, die wegen des Koartikulationseffektes den ganzen Vokal und sich teilweise sogar noch gegenseitig überlagern, so daß an keiner Stelle ein „reines" stationäres Vokalsegment im Signal vorhanden ist.

fragt sich unbewußt, wie er das eben empfangene Signal erzeugt haben würde. Erst danach wird es zur weiteren Bearbeitung in die Spracherkennungsregionen des Gehirns geleitet. Der Hörer kann das Signal erst nach oder durch Vergleich mit den eigenen artikulatorischen Mustern sprachlich kategorisieren. Die Fähigkeit zum Artikulieren wäre mit anderen Worten eine unabdingbare Voraussetzung für die Perzeption nach den strengsten Formulierungen der Motor-Theorie (Abb. 68).

In einer an neuere Forschungsergebnisse angepaßten Version der Theorie haben Liberman und Mattingly (1985) das Vorhandensein eines Moduls im Gehirn angenommen, das darauf spezialisiert sein soll, die vom Sprecher beabsichtigten artikulatorischen Bewegungen zu entdecken. In der Struktur des Moduls sind eindeutige Beziehungen zwischen artikulatorischen Bewegungen und sich verschiedenartig überlappenden akustischen Mustern eingebaut. Daher ermöglicht dieses Modul, daß die phonetische Struktur wahrgenommen wird, ohne daß vorher gesammelte auditive Erfahrungen berücksichtigt werden müssen. Das phonetische Modul ist a priori durch die besondere Verbindung von Perzeption und Produktion charakterisiert.

So unwahrscheinlich diese Theorie auf den ersten Blick scheinen mag, erklärt sie doch einige bekannte Phänomene. Beim Hören von Sprache atmet der Mensch oft entsprechend den gehörten Sprechabläufen mit. Der Ablauf der Artikulationsvorgänge wird ebenfalls mehr oder weniger intensiv mitartikuliert. Es wird sogar behauptet, daß beim Hören von Sprechschall vollständige Innervationsmuster für die Sprechorgane gesendet werden. Wenn das so ist, muß der Schluß gezogen werden, daß es zu Aktivitäten in zentralen motorischen Regionen gekommen ist. Bei einigen Personen ist dies gelegentlich sogar an äußerlichem Mitartikulieren erkennbar, so daß diese Schlußfolgerung nahezu zwingend ist.

Eine weitere Tatsache ist es, daß wir Laute einer Fremdsprache besser wahrnehmen und kategorisieren, wenn wir sie auch artikulieren können. Dies kann so interpretiert werden, daß die artikulatorischen Referenzmuster erst dann vorhanden sind, wenn wir die fremden Laute erzeugen können. Eine andere Erklärung ist auch möglich: Das gleiche Gehirn steuert die eigene Sprechlautproduktion und dessen Rezeption mit nachgeschalteter Perzeption sowohl über die innerkörperlichen kinästhetischen/propriozeptiven Rückmeldekreise als auch über den äußeren akustisch-auditiven Rückmeldekreis. Von daher sind ganz allgemein Produktion und Perzeption des mit dem Sprechapparat erzeugten Schalls und damit auch der Sprechlaute wechselweise eng aufeinander bezogen.

In der frühkindlichen vorsprachlichen Entwicklung der Schallerzeugungs- und Schallimitationsfähigkeit bahnt sich offenbar die Verknüpfung dieser beiden Rückmeldekreise schon an (Tillmann 1970, S. 18–29; Tillmann/Mansell 1980, S. 313–318). Bezogen auf die in dieser Lebensphase noch zu entwickelnden sensorischen und motorischen Funktionen kann man die Rückmeldekreise auch als in Wechselbeziehung zueinander stehende sensomotorische Regelkreise betrachten. Somit spricht vieles dafür, daß das, was die Motor-Theorie speziell für die Sprachlauter-

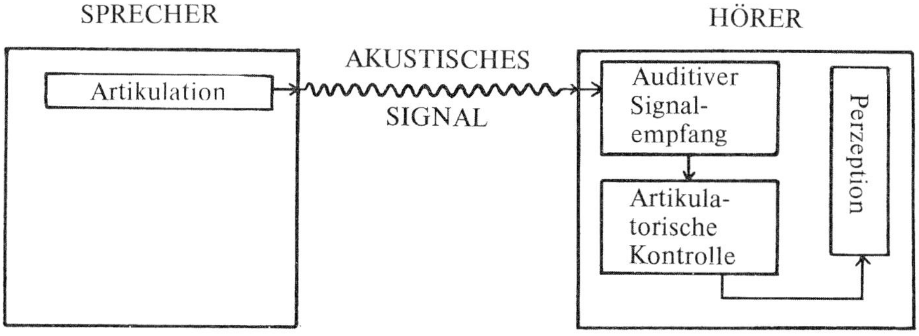

Abb. 68: Schematische Darstellung der Stufen in der Sprechschallperzeption nach der Motor-Theorie. Das vom Sprecher gesendete akustische Signal wird vom Hörer empfangen, als Hörmuster erkannt und mit ebenfalls beim Hörer gespeicherten artikulatorischen Mustern (motorischen Referenzmustern) verglichen. Erst das artikulatorisch interpretierte auditive Muster wird im Gehirn weiter verarbeitet.

kennung durch normalsinnige und im Sprachbesitz befindliche Hörer-Sprecher beschreibt, seine Grundlegung in genereller Form (also auch für das Hören und Imitieren von vor- und außersprachlichem Schall) schon in den Lallphasen des Säuglings findet (Neppert 1995a). Und die frühkindliche Entwicklung derartiger Regelkreise kann nur in Wechselwirkung mit der Entwicklung des neuroanatomischen Substrats erfolgen (Diller 1987, S. 69–72). In diesem Zusammenhang ist auch die in den 1980er Jahren in der Hörbehindertenpädagogik verstärkt wieder aufgegriffene Methode der Hörerziehung zu sehen. Begünstigt durch aktuellere Entwicklungen in der Hördiagnostik, in der Verbesserung von Hörgeräten und deren Anpassung, sowie durch die Einführung von Cochlea-Implantaten hat sich diese neue Hörerziehungsbewegung etabliert, die meist unter den Bezeichnungen „Hörgerichteter Spracherwerb" (Diller 1991) oder „Audiopädagogik" (Frerichs 1989) läuft. Die sehr guten Ergebnisse dieser frühkindlichen Hör-/Sprech-/Spracherziehung hörgeschädigter, sogar hochgradig hörgeschädigter (praktisch tauber) Kinder, die weitgehend unter Verzicht auf systematische artikulationsmethodische Maßnahmen durchgeführt wird, sind bemerkenswert (vgl. hierzu auch 3.7. und 6.22.4., S. 117–121). Mit Sicherheit hat der gut hörende Mensch keine Vorstellung davon, was und wie der hochgradig Hörgeschädigte hört. Dennoch sind die noch hinreichend differenzierten Schallsignale, wie sie beim mit Hörhilfen versorgten Hörgeschädigten ankommen, offenbar so geartet, daß sie in den Lallphasen des Kindes eine hinreichende Verkopplung zwischen Audition, Kinästhesie und Sprechmotorik bewirken können.

Wenn man solche wie oben dargestellte Theorien zur vorsprachlichen Schallerzeugungs- und Schallimitationsfähigkeit nicht kennt oder wegen der Probleme, diese Modelle hinreichend empirisch absichern zu können, nicht anerkennt, ist es eine logische Weiterentwicklung der Motor-Theorie, daß man behauptet (Liberman und Mattingly 1985), daß die gesprochene Sprache besondere Perzeptionseigenschaften habe, die sie von allen anderen akustischen Signalen, die rezipiert und perzipiert werden können, unterscheidet. Insbesondere Psychologen haben diese Auffassung stark angegriffen (vgl. Studdert-Kennedy et al. 1970). Sie haben folglich auch in umfangreichen Experimenten versucht nachzuweisen, daß dies nicht zutrifft. Doch auch die Resultate aus diesen Versuchen sind keineswegs problemlos, d.h. eindeutig zu interpretieren. Daher können nach unserer Meinung daraus keinerlei Schlußfolgerungen abgeleitet werden, die den Standpunkt der Vertreter der Motor-Theorie entkräften oder schwächen.

Die Motor-Theorie legt unserer Meinung nach richtigerweise großen Wert auf die Bedeutung relativer akustischer Indizien im Sprechschallkontinuum. Daher spielt der lautliche Kontext eine große Rolle, denn die akustischen Varianten sind überwiegend durch den Kontext bedingt. Ferner spielt das unbewußte Zur-Verfügung-Haben der Artikulation mit Sicherheit auch eine große Rolle für die Perzeption. Auf der anderen Seite scheint es keinen Zweifel daran zu geben, daß zumindest einige Menschen die Laute einer fremden Sprache weitgehend auch voraussetzungslos diskriminieren können, selbst dann, wenn sie diese nicht erzeugen können. Ebenso liegt oft bei Menschen mit motorischen Aphasien oder neurogenen Stammelerscheinungen (Dysarthrien) eine nahezu normale Fähigkeit der Sprachdiskrimination vor. Auch in den neueren Varianten der Motor-Theorie werden diese Tatsachen nicht berücksichtigt.

Es dürften in einer abschließenden Würdigung jedoch trotz der von vielen Seiten gegen die Motor-Theorie vorgebrachten Kritik kaum Zweifel daran bestehen, daß eine gute Artikulationsfähigkeit in einer bestimmten Sprache die Perzeption in dieser erleichtert. Mit dem natürlichen über Hören und Sprechen erfolgten frühkindlichen Erwerb einer einzelnen Sprache wird damit, als gute Voraussetzung für das Erlernen weiterer Sprachen, auch das Prinzip internalisiert, das Sprechschallkontinuum (unter Rückassoziierung des zugrundliegenden Artikulationskontinuums) als Folge diskreter sprachlicher Einheiten (z. B. als Phoneme) aufzufassen und diese identifizieren zu können (vgl. hierzu die Ausführungen in der Einleitung im Abschnitt 1.1. sowie die zum zweigliedrigen Aufbau der Sprache im Abschnitt 2.1.). Als Minimalkonsens in der Diskussion über die Motor-Theorie wird weitestgehend anerkannt, daß durch den natürlichen Sprecherwerb die artikulatorischen und auditiven Muster auf irgendeiner Ebene (oder auf mehreren) im Zentralnervensystem miteinander verkoppelt sind. Über Art, Grad und Auswirkungen dieser Verkopplung sind noch viele Fragen in der weiteren Forschung zu klären.

Zu betonen ist schließlich, daß die Motor-Theorie der Sprachperzeption nicht zu solchen Theorien und Forschungsergebnissen im Widerspruch steht, die darauf hindeuten, daß die Silbe die Grundeinheit der Sprachperzeption ist. Es handelt sich bei diesen Forschungen zum einen um solche mit Maskierungsexperimenten, bei denen der Hörer/Sprecher etwas nachspricht, bevor er alle akustischen Indizien wahrgenommen haben kann. Mit derartigen Experimenten soll es nachweisbar sein, daß nicht ausschließlich einzelne akustische Elemente der Perzeption zugrunde liegen, sondern daß größere Ganzheiten gestalthaft erkannt werden. Zum anderen handelt es sich um Untersuchungen mit synthetischer Sprache, mit der die große Bedeutung der Silbe als Grundeinheit des Sprechens und des Perzipierens nachgewiesen worden ist. Im großen und ganzen lassen sich diese Resultate mit den Thesen der Motor-Theorie der Sprachperzeption in Einklang bringen.

10.3. Auditive Sprachperzeptionstheorien

Die ständige Weiterentwicklung der Motor-Theorie hat die zahlreichen überzeugten Anhänger auditiver Sprachperzeptionstheorien keineswegs davon abgehalten, auch ihre Theorien weiter auszubauen. Im Grundsatz behaupten die auditiven Theorien, daß die Sprachperzeption durch den akustischen Stimulus und nur durch diesen ausgelöst wird. Den auditiven Theorien ist gemeinsam, daß sie in Grobgegenüberstellung zur Motor-Theorie als *passive* Theorien angesehen werden können. Als Empfänger des Sprechsignals steht der Hörer *passiv* da. Er verarbeitet das Signal, gestaltet es aber selbst nicht bei der Erkennung der auditiven Muster und der sprachlichen Formen. Diese vereinfachte gegenüberstellende Charakterisierung läßt absichtlich außer acht, daß im Prozeß jeder Wahrnehmung auch neurophysiologisch und psychologisch beschreibbare Aktivitäten stattfinden.

Vielen auditiven Sprachperzeptionstheorien ist gemeinsam, daß sie davon ausgehen, daß der Hörer aus dem Signal *Merkmale* herausfiltriert. Durch Vergleich dieser Merkmale oder Merkmalskombinationen mit vorhandenen gespeicherten *Referenzmustern* wird die Identifikation vorgenommen, indem die Merkmale zu Phonemen, die Phoneme zu Morphemen und Wörtern und die Wörter schließlich zu Sätzen kombiniert werden. Am Ende dieses Prozesses werden die Informationen, d. h. die semantischen Inhalte aus dem Trägersignal extrahiert.

Stillschweigend gehen solche Merkmalsextraktionstheorien davon aus, daß der Mensch eine natürliche, angeborene Sprachkapazität (LAD = Language Acquisition Device) besitzt, der im Gehirn gewisse Zellen entsprechen, die auf bestimmte Merkmale spezialisiert sind. Nachdem die Merkmale durch diese Zellen aus dem akustischen Signal herausfiltriert worden seien, läge die im Signal gespeicherte Information beim Hörer vor.

Die Artikulation ist nach diesen Theorien also keineswegs an der Sprachperzeption beteiligt. Diese wird ausschließlich durch den akustischen Signalempfang (Abb. 69) ausgelöst.

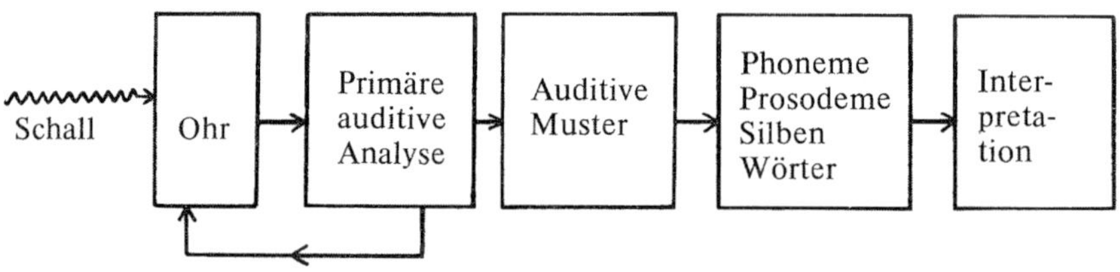

Abb. 69: Schematische Darstellung des Signalempfanges und der Interpretation nach der Auffassung zahlreicher auditiver Theorien der Sprachperzeption

Eine andere Modellvorstellung geht davon aus, daß das vom akustischen Signal erzeugte auditive Muster über das Kurzzeitgedächtnis einem besonderen Bearbeitungsmechanismus zugeleitet wird, in welchem ein kompliziertes Verarbeitungs- und Sortierungsverfahren stattfindet, bis schließlich durch dieses die Information aus dem Signal gewonnen werden kann. Die Abbildung 70 zeigt ein solches Modell. Die Sprache als System wäre im Langzeitgedächtnis gespeichert. Im Kurzzeitgedächtnis würden nur die ankommenden auditiven Muster aufgenommen, und von dort würden sie einem besonders entwickelten Erkennungs- und Bearbeitungsmechanismus zugeleitet werden. Eine Theorie dieser Art enthält keinerlei Hinweis auf die Beziehung zur Artikulation. Die Sprachwahrnehmung wird lediglich als Sinneswahrnehmung mit nachgeschalteter Erkennungsprozedur betrachtet.

Modelle dieser Art sind in hohem Grade spekulativ. Sie gehen zwar davon aus, daß Sprache in der Übertragung aus akustischen Schallsignalen (Trägerinformation) besteht, scheinen aber häufig die Tatsache zu mißachten, daß dahinter ein Zeichensystem steht, dem das Phonem- und das Prosodemsystem der Sprache angehören. Diese weitgehend asemantischen Zeichen bilden wiederum sprachliche Zeichen mit semantischen Inhalten (Abb. 2 u. 4). Und die Verbindung semantischer

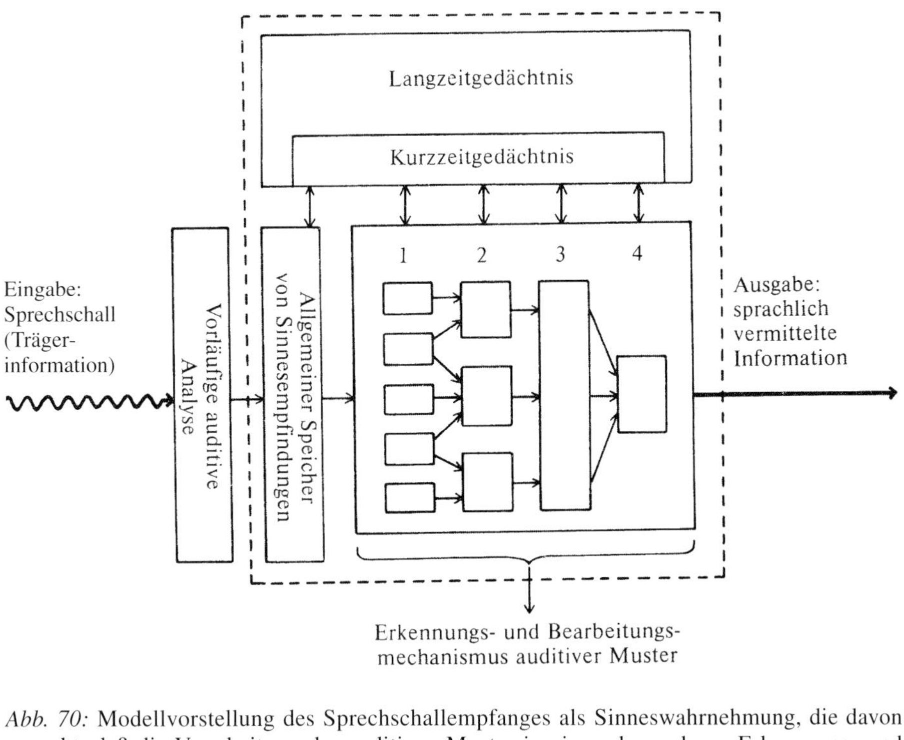

Abb. 70: Modellvorstellung des Sprechschallempfanges als Sinneswahrnehmung, die davon ausgeht, daß die Verarbeitung der auditiven Muster in einem besonderen Erkennungs- und Bearbeitungsmechanismus erfolgt (nach Pisoni und Sawusch 1975)

Inhalte mit dem Lautbild spielt eine wesentliche Rolle in der Sprachperzeption. Diese Verbindung muß dabei nicht nur in bezug auf die kurzzeitigen Lautmuster wie in Merkmalen und Sprachlauten gesehen werden, sondern auch in direktem Bezug zu längeren Sequenzen, wie sie sich auditiv als Silben, Wörter oder Äußerungen darstellen. Die Erkennung der Phoneme erfolgt mit Sicherheit auch in einem Wechselbezug zur ganzheitlichen Erkennung größerer Einheiten (Sendlmeier 1985). Solange jedoch die Beziehung zwischen dem Schallereignis und dem Phonem nicht eindeutig geklärt ist, bleibt auf dieser Betrachtungsebene dem Spekulieren im Rahmen solcher Theorien ein breiter Raum erhalten.

10.4. **Die Quantaltheorie**

Die Quantaltheorie (Stevens 1972) ist eine in den 1970er Jahren entwickelte bemerkenswerte Theorie. Sie beschreibt den akustischen Aspekt der Sprache, obwohl es anscheinend Bereiche gibt, die sich der Theorie entziehen (Ladefoged and Bhaskararao 1983). Insgesamt ist sie nicht nur eine Theorie der Sprachperzeption, obwohl sie für die Sprachperzeption einige wichtige Implikationen enthält.

Nach dieser Theorie gibt es an gewissen Stellen im Ansatzrohr akustische Diskontinuitäten (gemeint sind wohl *auditive* Diskontinuitäten), die durch kontinuierliche artikulatorische Bewegungen verursacht werden. Das kann z. B. beobachtet werden, wenn die Zungenspitze vom Vordergaumen über die Alveolen zu den Zähnen bewegt wird. An einer bestimmten Stelle schlägt der auditive Eindruck plötzlich von [ʃ] auf [s] um. Man sagt, daß an dieser Stelle ein *quantaler Sprung* von [ʃ] zu [s] bestehe.

Es gibt also Zonen im Ansatzrohr, in denen geringe artikulatorische Bewegungen starke akustische oder zumindest auditive Veränderungen hervorrufen, und es gibt andere Zonen, in denen große artikulatorische Bewegungen nur geringe akustische und auditive Veränderungen bewirken. Nach der Quantaltheorie suchen die Sprachen der Welt überwiegend diejenigen Zonen des Ansatzrohres aus, in denen geringe artikulatorische Änderungen einen deutlichen akustisch-auditiven Effekt hervorrufen. Dieses hätte den Vorteil, daß die charakteristischen auditiven Eigenschaften der betreffenden Laute stark hervorgehoben würden, während die artikulatorischen Übergangszonen und damit die auditiven Übergangserscheinungen zwischen diesen Lauten unterdrückt würden.

Das Quantalprinzip erklärt nur die Veränderungen im Schallsignal, die durch Bewegungen der Längsachse (von vorn nach hinten) im Ansatzrohr erzeugt werden, bezieht sich also hauptsächlich auf den Sagittalschnitt. Es läßt dabei synchrone andere Bewegungen außer acht. Beim Übergang vom [ʃ] zu [s] beispielsweise betrifft dies den weitgehenden Wegfall der relativ breiten und tiefen Mittelrinne des Zungenrückens und das stärkere Wölben des prädorsalen Zungenbereiches. Allgemein werden in der Quantaltheorie nicht die Veränderungen berücksichtigt, die auf die Höhenlagen-, Breiten- oder Seitenvariation der Zunge, auf die Kieferwinkelvariation oder z. B. auch auf die Lippenrundungsbewegungen zurückzuführen sind. Wenn wir beispielsweise die orale Einstellung von [i] nach [a] oder von [e] nach [ø] bewegen, sind sowohl Änderungen in den artikulatorischen Bewegungen als auch die des Spektrums deutlich kontinuierlich.

Die Quantaltheorie ist dort für die Sprachperzeption interessant, wo sie erklärt, warum einige Konsonanten eher diskontinuierlich diskriminiert werden, während auf der anderen Seite Vokale von hinreichender Dauer eher kontinuierlich wahrgenommen und unterschieden werden. Auch scheint sie teilweise zu erklären, warum physikalisch kontinuierliche Stimuli nicht kontinuierlich wahrgenommen werden, sondern als angenähert sprunghaft getrennte Schallmuster. Wie die Motor-Theorie betont die Quantaltheorie die Verbindung zwischen der Artikulation und dem akustischen Signal, jedoch auf einer anderen Ebene. Das akustische Signal enthält nach diesem Modell von seiner Gestaltung her bereits die Eigenschaften, die ausreichend sind und gewissermaßen darauf zielen, es eindeutig phonetisch (und auch artikulatorisch) identifizieren und kategorisieren zu können. Die kategoriale Perzeption der Sprachlaute hätte damit schon auf der Signalebene ihre Erklärung, zumindest eine Teilerklärung gefunden.

10.5. Die Kohorten-Theorie und die TRACE-Theorie

Die Kohorten-Theorie (Marslen-Wilson and Tyler 1980) und die TRACE-Theorie (McClelland and Elman 1986) sind zwei Perzeptionstheorien, welche versuchen, die Nachteile der bisherigen auditiven Sprachperzeptionstheorien zu überwinden und der Tatsache Rechnung zu tragen, daß der Sprechschall ein Schall ganz besonderer Art ist, der seine besonderen Funktionen dem Umstand zu verdanken hat, daß er eine Trägerfunktion innerhalb des Sprachsystems ausübt. Beide Theorien sind von Psychologen und Psycholinguisten entwickelt worden. Die Kohorten-Theorie kann als die Basistheorie angesehen werden, von der das TRACE-Modell und die TRACE-Theorie abgeleitet wurden. Wir wenden uns deshalb zuerst der Kohorten-Theorie zu.

10.5.1. **Die Kohorten**

Sprechen und Verstehen sind Tätigkeiten, die sehr schnell im Zeitverlauf stattfinden. Die akustischen Vorgänge, welche bei dieser Sprechschallübertragung vom Hörorgan aufgenommen werden, sind nicht in der genau gleichen Form wiederholbar. Es besteht daher die zwingende Notwendigkeit, sie sofort zu interpretieren.

An dieser Stelle soll noch einmal an die Wichtigkeit dessen erinnert werden, daß der Sprechschall Trägersignal für bedeutungstragende Einheiten ist. Die bedeutungstragenden Einheiten sind einerseits Wörter, die im Lexikon in semantischen Feldern gruppiert und in phonetischen Klassen nach den phonotaktischen Regeln der Sprache zusammengefaßt sind. Solche phonetischen oder phonotaktischen Klassen werden *Kohorten* genannt. Eine *Kohorte (cohort* = a set of statements) kann als jede mögliche Gruppe um ein bestimmtes Merkmal oder eine bestimmte Eigenschaft definiert werden. Die Referenzmuster zu allen uns verfügbaren Wörtern sind nach diesem Modell in der Form von Kohorten im Gehirn gespeichert und sind als solche eine wesentliche Hilfe für den Hörer, das betreffende Wort schneller zu identifizieren als es beim Vergleich mit allen einzelnen Referenzmustern möglich ist. Das Wort *Kandidat* tritt z. B. in einer solchen Kohorte auf (Abb. 71).

kann			
Kandel			
kandieren			
kandidieren	Kandel		
Kandis	kandieren	kandidieren	
Kanin	kandidieren	Kandidat	Kandidat
Kannibal	Kandidat		
Kannabis			
Kandidat			
Kante			
/kan/ →	/kand/ →	/kandid/ →	/Kandidat/

Abb. 71: Beispiel von Kohorten auf der Grundlage der phonotaktischen Struktur von Wörtern

Kohorten ähnlicher Art gibt es ebenfalls nach anderen Merkmalen, z. B. nach Wortklassen, syntaktischen Funktionen oder anderen. Dank der Einbettung jedes Wortes in solche Kohorten verschiedener Art können Wörter im Redestrom außerordentlich schnell identifiziert werden, selbst wenn wichtige akustische Elemente, die für die Einzellauterkennung unverzichtbar wären, nur undeutlich oder vielleicht gar nicht im Signal vorhanden sind. Wenn die Wortidentifikation auf diese Weise stattgefunden hat, haben also auch semantische Kriterien eine wichtige Rolle gespielt. Aber auch strukturelle Kriterien wirken dabei wesentlich mit und diese nehmen an Wichtigkeit zu, je länger der Satz ist (Marslen-Wilson and Tyler 1980, S. 40).

Sprachperzeption ist daher im Rahmen einer solchen Theorie nicht nur das passive Aufnehmen der akustischen Stimuli, sondern auch das aktive Mitgestalten der Mitteilung, indem ihr ein geeigneter Platz im Rahmen der Sprachstruktur zugewiesen wird. Sprachstruktur ist hierbei auf mehreren Ebenen, sowohl auf der semantischen als auch auf der funktionellen zu verstehen. „Wörter" haben daher eine psychologische Wirklichkeit, obwohl es bisher weder aufgrund von semantischen noch aufgrund von anderen Kriterien möglich war, den Begriff *Wort* allgemein zu definieren. Aber auch nicht-semantische Faktoren spielen eine wichtige Rolle bei der Identifikation des Inhalts der Mitteilung, so daß letzten Endes die Sprachperzeption ein äußerst komplizierter Prozeß ist. Charakteristisch für die Sprachperzeption ist die konstante Interaktion zwischen verschiedenen Quellen, aus denen Information gewonnen werden kann, was zu einer optimalen Effektivität und Geschwindigkeit führt. Auch in diesem Zusammenhang sei noch einmal auf die Untersuchungen zur Worterkennung von Sendlmeier (1985) verwiesen. Ein Perzeptionsmodell der Sprache muß nach Marslen-Wilson und Tyler folgenden Elementen Rechnung tragen:

1) Interaktion verschiedener Strukturen auf mehreren Ebenen;
2) Optimale Effektivität des Perzeptionsverlaufes;
3) Auslösen des gesamten Perzeptionsverlaufes durch den akustischen Stimulus, d. h. eine Identifikationsstrategie, die vom Signal aus die höheren Verarbeitungsebenen aktiviert;
4) Zwanghaftigkeit, d. h., es muß gegeben sein, daß verschiedene Strukturen sich auf bestimmte Weise gestalten, anders gesagt, aus der primären Wahrnehmung der Schallstrukturen müssen gewisse Zwänge erwachsen, die den Verlauf des Sprachperzeptionsprozesses steuern oder bestimmen.

Die Kohorten-Theorie bezieht in stärkerem Maße als andere Theorien linguistische Elemente in den Identifikations- und Perzeptionsprozeß ein. Sie übergeht auf diese Weise vollständig die Artikulation, die keine besondere Beachtung findet. Deshalb steht die Kohorten-Theorie jedoch keineswegs im Widerspruch zur Motor-Theorie, sondern nach unserer Meinung stellt sie eher eine Ergänzung zur Motor-Theorie dar.

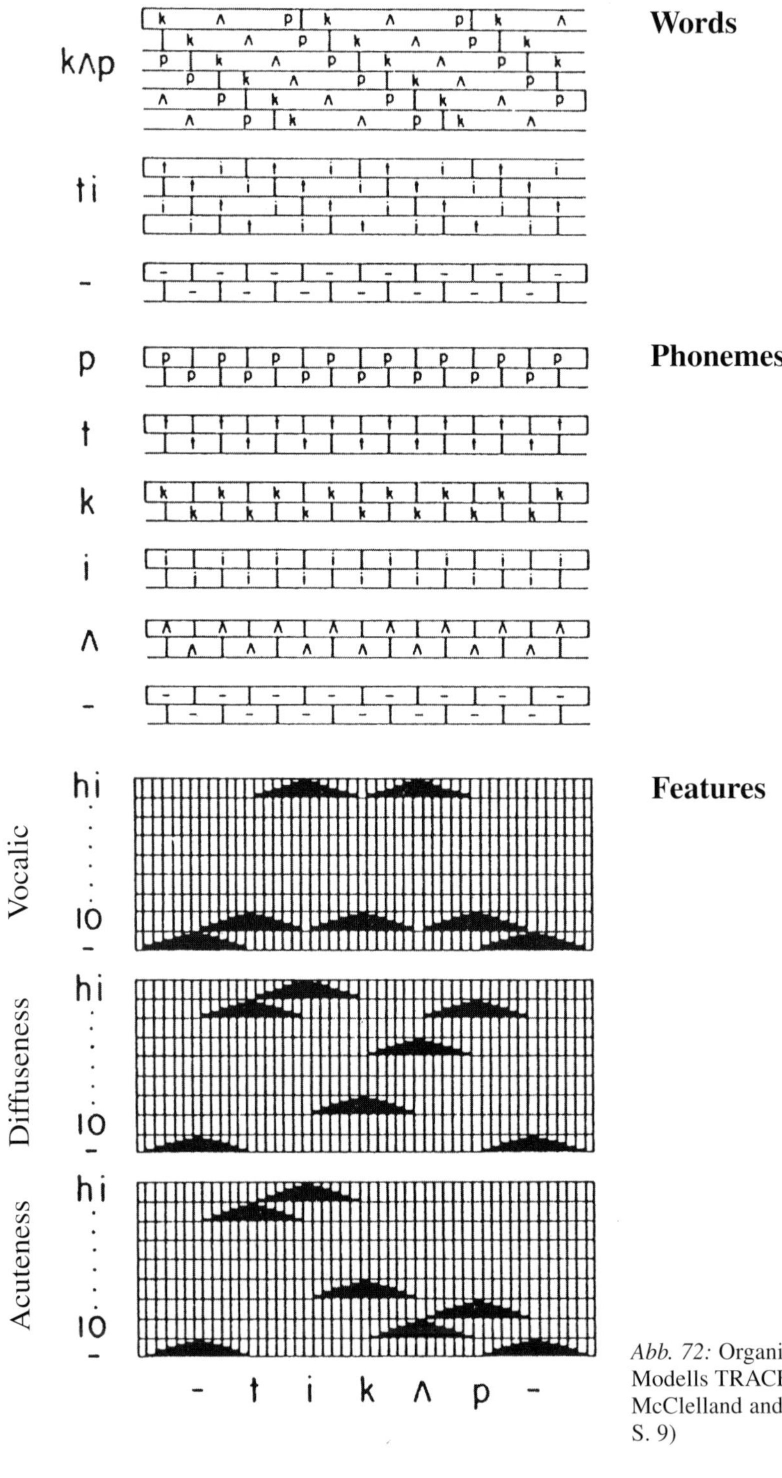

Abb. 72: Organisation des Modells TRACE II (nach McClelland and Elman 1980, S. 9)

10.5.2. **Das TRACE-Modell**

Das TRACE-Modell (McClelland and Elman 1986) ist der Versuch einer Modellierung der Elemente der Kohorten-Theorie. Die TRACE-Theorie versucht herauszustellen, welche Faktoren als auslösende oder hemmende in den Sprachperzeptionsprozeß eingreifen. Es geht also um den Versuch, die Faktoren zusammenzufassen, die die Form der Phoneme, der Wörter und der Syntagmen gestalten, und deren Einfluß im Sprachperzeptionsprozeß zu begreifen.

Das Modell ist auf drei Ebenen organisiert: Merkmal-, Phonem- und Wortebene (Abb. 72).

Wesentlich an dem Modell ist, daß es einander überlappende akustische Stimuli in der Identifikation verwendet. Es verwendet auch kategoriale Elemente und die phonotaktischen Restriktionen, die der Sprache inhärent sind. Außerdem kann es ein Wort im Kontext besser identifizieren als außerhalb. Ein tatsächlich sprachliches

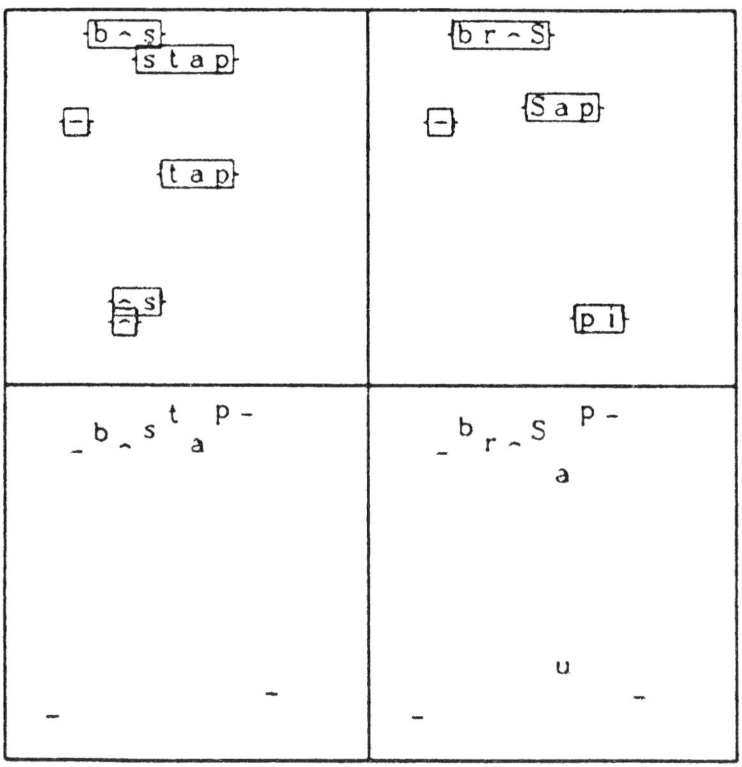

Abb. 73: Das TRACE-Modell in der Identifikation von /bʌstap/ („bus stop" oder „bus top" 'Bushaltestelle' oder 'Busdach'') und /brʌʃap/ („brush shop" 'Bürstengeschäft') (Nach McClelland and Elman 1986, S. 65)

Wort wird außerdem leichter als ein sinnloses Wort (nonsense word) identifiziert. Das TRACE-Modell hat damit eine größere Zahl von Elementen herausgestellt, die vermutlich auch vom Menschen im Sprachperzeptionsprozeß eingesetzt werden, und diese in einen funktionellen Zusammenhang gebracht.

*****

Der Sprachperzeptionsprozeß ist immer noch der am wenigsten erforschte Teil der lautlichen Kommunikationskette. Neue und immer differenziertere Forschungsmethoden, die es erlauben, die Arbeitsweise der Sprachverarbeitungszentren im Gehirn zu verstehen, werden vermutlich in der Zukunft unsere Ansichten über viele diesbezügliche Probleme entscheidend erweitern und ändern.

Bibliographie

Abercrombie, David: Elements of general phonetics (Edinburgh University Press, Edinburgh 1978)

Ball, Martin J.: Phonetics for speech pathology (Whurr Publishers, London 1993; 2nd edition)

Barry, W. J.: Schwa vs. Schwa + /r/ in German. Phonetica *52*, 228–235

Becker, Walter u.a.: Hals-Nasen-Ohren-Heilkunde (Thieme Verlag, Stuttgart/New York 1986; 3. Auflage)

Berg, J. van den; Zantema, J. T. and Doornenbal, P. Jr.: On the air resistance and the Bernoulli effect of the human larynx. Journal of the Acoustical Society of America *29*, 626–631 (1957)

Berg, J. W. van den: Myoelastic-aerodynamic theory of voice production. Journal of Speech and Hearing Research *1*, 227–244 (1958)

Berg, J. W. van den: Mechanism of the larynx and the laryngeal vibrations. In: Bertil Malmberg (ed.), *Manual of Phonetics,* 273–308 (North Holland, Amsterdam 1968)

Bertolini, Rolf und Leutert, Gerald: Atlas der Anatomie des Menschen. Band 3: Kopf und Hals, Gehirn, Rückenmark und Sinnesorgane (Springer Verlag, Berlin-Heidelberg-New York 1982)

Blume-Kojima, Taka: Lautnachahmung und Onomatopöien: An der Grenze zwischen Phonetik und Phonologie. Bielefelder Beiträge zur Sprachlehrforschung *10.* Jg., 170–208 (1981)

Braun, Angelika und Köster, Jens-P. (Hrsg.): Studies in Forensic Phonetics (Wissenschaftlicher Verlag Trier, Trier 1995)

Bryden, M. P.: Handedness and cerebral organization: Data from clinical and normal populations. In: David Ottoson (ed.), *Duality and Unity of the Brain. Unified Functioning and Specialization of the Hemispheres,* 55–70 (McMillan, London 1987)

Clasen, Bernd und Gersić, Slavko: Anatomie und Physiologie der Sprech- und Hörorgane (Helmut Buske Verlag, Hamburg 1975)

Collins, Beverly S. and Mees, Inger M.: Daniel Jones, Paul Passy, and the development of the Cardinal Vowel System. Historiographia Linguistica *22*, 197–216 (1995)

Collins, Beverly and Mees, Inger M.: The Real Professor Higgins. The Life and Career of Daniel Jones (Mouton de Gruyter, Berlin-New York 1999)

Cooper, Franklin S.: Some reflections on speech research. In: Peter F. MacNeilage (ed.), *The Production of Speech,* 275–290 (Springer Verlag, New York-Heidelberg-Berlin 1983)

DANTSUJI, MASATAKE: An acoustic study on glottalized vowels in the Yi (Lolo) language. A preliminary report. Studia Phonologica *16,* 1–11 (1982)

DEJOURS, P.: Respiration (Oxford University Press, London-New York 1966)

DILLER, GOTTFRIED: Kommunikation – Gehörlosigkeit – Kognition. Beziehungen zwischen Kommunikationssystemen und geistigen Operationen unter Berücksichtigung cerebraler Funktionen. (Dissertation, Frankfurt am Main 1987)

DILLER, GOTTFRIED: Hörgerichtete Spracherziehung in der Frühförderung gehörloser beziehungsweise hochgradig hörgeschädigter Kinder unter Berücksichtigung neurologischer Erkenntnisse. In: Jussen, H. und Claußen W.H. (Hrsg.), *Chancen für Hörgeschädigte* (Ernst Reinhardt Verlag, München-Basel 1991, 250–257)

DRAPER, M. H.; LADEFOGED, P. and WHITTERIDGE, D.: Expiratory muscles involved in speech. Nachdruck in P. Ladefoged, *Three Areas of Experimental Phonetics,* 1–49 (Oxford University Press, London 1967)

DRESSLER, WOLFGANG U.: Morphonology: The dynamics of derivation (Karoma Publishers, Ann Arbor 1985)

ENDER, UWE FRANK: Sprache und Gehirn. Darstellung und Untersuchung der linguistischen Aspekte des Verhältnisses von Sprache und Gehirn (Wilhelm Fink Verlag, München 1994)

ESSEN, OTTO VON: Allgemeine und angewandte Phonetik (Akademie-Verlag, Berlin 1979; 5. Auflage)

FELDBUSCH, ELISABETH: Geschriebene Sprache. Untersuchungen zu ihrer Herausbildung und Grundlegung ihrer Theorie (Walter de Gruyter, Berlin-New York 1985)

FENEIS, HEINZ: Anatomisches Bildwörterbuch der internationalen Nomenklatur (Georg Thieme Verlag, Stuttgart 1974; 4. Auflage)

FONAGY, IVAN: La vive voix. Essais de psycho-phonétique (Payot, Paris 1983)

FRERICHS, HAJO H.: Audiopädagogik. Theoretische Grundlagen einer Förderung auditiv stimulierbarer Hörbeeinträchtigter (Neckar-Verlag, Villingen-Schwenningen 1998)

FRICK, H. u.a.: Spezielle Anatomie II. Kopf – Hals – Eingeweide – Nervensystem (Thieme Verlag, Stuttgart-New York 1980; 2. Auflage)

FROMKIN, VICTORIA A. (ed.): Tone. A Linguistic Survey (Academic Press, New York-London 1978)

GANDOUR, JACKSON T.: The perception of tone. In: Fromkin, V. A. (ed.), *Tone. A Linguistic Survey,* 41–76 (Academic Press, New York-London 1978)

GÅRDING, EVA: Internal juncture in Swedish (C. W. K. Gleerup, Lund 1967)

GÅRDING, EVA; FUJIMURA, OSAMU and HIROSE, HAJIME: Laryngeal control of Swedish word tones. Annual Bulletin of the Research Institute of Logopedics and Phoniatrics, University of Tokyo *4,* 45–54 (1970)

GIBSON, JAMES J.: Die Sinne und der Prozeß der Wahrnehmung (Verlag Hans Huber, Bern-Stuttgart-Wien 1973)

GUTZMANN, HERMANN (sen.): Zur Physiologie und Pathologie der Atmungsbewegungen (Pneumographie). Berliner Klinische Wochenschrift, 1906, No. *2*

HANDBOOK: Handbook of the International Phonetic Association. A Guide to the Use of the International Phonetic Alphabet (Cambridge University Press, Cambridge 1999)

HARRIS, KATHERINE S.: Physiological aspects of articulatory behavior. In: Thomas A. Seboek (ed.): *Current Trends in Linguistics,* Vol. *12;4*, 2281–2302 (Mouton, The Hague-Paris 1974)

HARSHMAN, RICHARD A. and HAMPSON, ELIZABETH: Normal variation in human brain organization: Relation to handedness, sex and cognitive abilities. In: David Ottoson (ed.), *Duality and Unity of the Brain. Unified Functioning and Specialisation of the Hemispheres,* 83–99 (McMillan, London 1987)

HAYWARD, KATRIN: Experimental Phonetics (Longman, London 2000)

HELFRICH, HEDE: Satzmelodie und Sprachwahrnehmung. Psycholinguistische Untersuchungen zur Grundfrequenz (Walter de Gruyter, Berlin-New York 1985)

HELFRICH, HEDE: Zur Frage der Kategorialität in der akustischen Sprachwahrnehmung. In: Borowski, V. und Köster, J.-P. (Hrsg.), *Neue Tendenzen in der Angewandten Phonetik II*, 77–93 (Helmut Buske Verlag, Hamburg 1987)

HUSSON, RAOUL: Étude des phénomènes physiologiques et acoustiques fondamentaux de la voix chantée. Thèse de la Faculté des Sciences de l'Université de Paris, Paris 1950 (91 p.)

HUSSON, RAOUL: La voix chantée (Gauthier-Villars, Paris 1960)

HUSSON, RAOUL: Physiologie de la phonation (Masson et Cie Éditeurs, Paris 1962)

JASSEM, VIKTOR: Acoustical description of voiceless fricatives in terms of spectral parameters. In: W. Jassem (ed.), *Speech Analysis and Synthesis,* Vol. *1*, 189–206 (Państwowe Wydawnictwo Naukowe, Warszawa 1968)

JONES, DANIEL: An outline of English phonetics (Cambridge University Press, Cambridge 1956; 8th edition)

JONES, DANIEL: English pronouncing dictionary (J. M. Dent & Sons, London; E. P. Dutton, New York 1977; 14th edition)

JUSSEN, H., KLOSTER-JENSEN, M. und WISOTZKI, K.H.: Lautbildung bei Hörgeschädigten. Abriß einer deutschen Sprachlautlehre (Marhold, Berlin 1994), 3. Auflage

KARLGREN, B.: Schrift und Sprache der Chinesen (Springer Verlag, Berlin-Heidelberg-New York 1975)

KEIDEL, WOLF D. (Hrsg.): Kurzgefaßtes Lehrbuch der Physiologie (Thieme Verlag, Stuttgart 1979; 5. Auflage)

KEIDEL, WOLF D. (Hrsg.): Physiologie des Gehörs. Akustische Informationsverarbeitung (Thieme Verlag, Stuttgart 1975)

KEILMANN, ANNEROSE und MICHEK, FRANTIŠEK: Physiologie und akustische Analysen der Pfeifstimme der Frau. Folia Phoniatrica *45,* 247–255 (1993)

Kloster Jensen, Martin und Jussen, Heribert: Lautbildung bei Hörgeschädigen. Abriß einer Phonetik (Carl Marhold Verlag, Berlin 1974; 2. Auflage)

Kloster-Jensen, Martin: Lalogramme – ein diagnostisches Lautschriftsystem bei Stammeln. Die Sprachheilarbeit *28,* 144–152 (1983)

Kloster-Jensen, Martin und Jahncke, Heiner: SNAsAm – ein Analyseverfahren bei Stammeln. Die Sprachheilarbeit *27,* 121–129 (1982)

Köster Jens-P.: Giulio Panconcelli-Calzias geschichtlich-phonetisches Werk. In: Köster, J.-P. (Hrsg.), *Miszellen VI* (Helmut Buske Verlag, Hamburg 1980, 71–85)

Kohler, Klaus: Einführung in die Phonetik des Deutschen (Erich Schmidt Verlag, Berlin 1994) 2. Aufl.

Ladefoged, Peter: A phonetic study of West African languages (Cambridge University Press, Cambridge 1964)

Ladefoged, Peter: Three areas of experimental phonetics (Oxford University Press, London 1967)

Ladefoged, Peter: A course in phonetics (Hartcourt Brace, New York 1993), 3rd edition

Ladefoged, Peter and Bhaskararao, Peri: Non-quantal aspects of consonant production: A study of retroflex consonants. Journal of Phonetics *11,* 291–302 (1983)

Ladefoged, Peter and Zeitoun, Elizabeth: Pulmonic ingressive phones do not occur in Tsou. Journal of the International Phonetic Association *23,* 13–15 (1993)

Laver, John: The gift of speech. Papers in the analysis of speech and voice (Edinburgh University Press, Edinburgh 1991)

Laver, John: Principles of phonetics (Cambridge University Press, Cambridge 1994)

Lehiste, Ilse: Juncture. In: E. Zwirner and W. Bethge (eds.), *Proceedings of the 5th International Congress of Phonetic Sciences,* Münster 16.–22. August 1964, 172–200 (S. Karger, Basel-New York 1965)

Lenneberg, Eric H.: Biological foundations of language (Wiley & Sons, New York 1967)

Levelt, W.J.M.: Speaking. From intention to articulation (MIT Press, Cambridge, Mass. 1989)

Liberman, Alvin M.: On finding that speech is special. Status Report on Speech Research, Haskins Laboratories, *67/68,* 107–143 (1981)

Liberman, Alvin M.: Some assumptions about speech and how they changed. Haskins Laboratories. Status Report on Speech Research, SR-*113*, 1–32 (1993)

Liberman, A.M.; Delattre, P.C. and Cooper, F.S.: The role of selected stimulus-variables in perception of unvoiced stop consonants. American Journal of Psychology *65,* 497–517 (1952)

Liberman, A. M.; Cooper, F. S.; Harris, K. S. and MacNeilage, P. F.: A motor theory of speech perception. *Proceedings of Speech Communication Seminar,* Vol. 2. Stockholm 1963

LIBERMAN, A. M.; COOPER, F. S.; SHANKWEILER, D. S. and STUDDERT-KENNEDY, M.: Perception of the speech code. Psychological Review *74*, 431–461 (1967). Auch in E. E. David and P. B. Denes (eds.), *Human Communication: A Unified View.* 13–50 (MacGraw-Hill, New York 1972)

LIBERMAN, ALVIN M. and MATTINGLY, IGNATIUS G.: The motor theory of speech perception revised. Cognition *21,* 1–36 (1985)

LIBERMAN, ANATOLY: Germanic accentology I. The Scandinavian languages (University of Minnesota Press, Minneapolis 1982)

LINDBLOM, BJÖRN: Vad är fonetik? (Gleerups, Lund o.J.)

LINDNER, GERHART: Einführung in die experimentelle Phonetik (Max Hueber Verlag, München 1969)

LINDNER, GERHART: Der Sprechbewegungsablauf. Eine phonetische Studie des Deutschen (Akademie-Verlag, Berlin 1975)

LINDNER, GERHART: Hören und Verstehen. Phonetische Grundlagen der auditiven Lautsprachperzeption (Akademie-Verlag, Berlin 1977)

LINDNER, GERHART: Grundlagen und Anwendung der Phonetik (Akademie-Verlag, Berlin 1981)

LINDNER, GERHART: Frühkindlich erworbene Fähigkeit zur Invariantenbildung als Basis für die Lautsprachperzeption. Sprache-Stimme-Gehör *15,* 152–156 (1991)

LINDNER, GERHART: Pädagogische Audiologie. Ein Lehrbuch zur Hörerziehung (Ullstein Mosby, Berlin 1992), 4. Auflage

LINDNER, GERHART: Entwicklung von Sprechfertigkeiten bei gehörlosen, schwerhörigen, stammelnden, geistig behinderten und Spaltkindern (Luchterhand Verlag, Neuwied-Kriftel-Berlin 1994), 2. Auflage

ŁOBACZ, PIOTRA: Processing and decoding the signal in speech perception (Helmut Buske Verlag, Hamburg 1984)

MARSLEN-WILSON, WILLIAM and TYLER, LORRAINE KOMISARJEVSKY: The temporal structure of spoken language understanding. Cognition *8,* 1–71 (1980)

MARTENS, CARL und MARTENS, PETER: Phonetik der deutschen Sprache (Max Hueber Verlag, München 1961; 2. Auflage)

MARTENS, CARL und MARTENS, PETER: Abbildungen zu den deutschen Lauten (Max Hueber Verlag, München 1972; 3. Auflage)

MARTENS, PETER: Verfahren zur Darstellung des deutschen Lautsystems. In: E. Ockel (Hrsg.), *Sprechwissenschaft und Deutschdidaktik. Festschrift für Prof. Dr. Wilhelm L. Hoffe*, 11–89 (A. Henn, Kastellaun 1977)

MARTINET, ANDRÉ: De la morphonologie. La Linguistique *1,* 15–30 (1965)

MARTINET, ANDRÉ: Eléments de linguistique générale (Armand Colin, Paris 1970)

MCCAWLEY, JAMES D.: What is a tone language? In: Victoria A. Fromkin (ed.), *Tone. A linguistic survey,* 113–131 (Academic Press, New York-London 1978)

McClelland, James L. and Elman, Jeffrey L.: The TRACE model of speech perception. Cognitive Psychology *18,* 1–86 (1986)

Metoui, Mongi: Strategien der Artikulation. Über die Steuerungsprozesse des Sprechens. (Shaker Verlag, Aachen 2001)

Minifie, F. D.; Hixon, T. J. and Williams, F. (eds.): Normal aspects of speech, hearing and language (Prentice Hall, Englewood Cliffs 1973)

Neppert, Joachim: Reine Phonetik – Angewandte Phonetik – Allgemeine und Angewandte Phonetik – Durch Anwendungsorientierung mitbestimmte Phonetik. In: H.H. Wängler (Hrsg.), *Festschrift für Otto von Essen anläßlich seines 80. Geburtstages* (Helmut Buske Verlag, Hamburg 1978; 309–346)

Neppert, Joachim M.H.: Computer als Hilfsmittel in der Sprecherziehung bei Hörgeschädigten. Die Sonderschule *38,* 268–277 (1993)

Neppert, Joachim M. H.: Eine akustisch- und auditiv-phonetische Begründung zum Erwerb fließenden Sprechens durch das Hören. In: H.J. Frerichs und J.M.H. Neppert (Hrsg.), *Grundlagen und Modelle für den Hörgerichteten Spracherwerb*, 25–46 (Neckar-Verlag, Villingen-Schwenningen 1995a)

Neppert, Joachim M. H.: Zur Schwingungsphysik der Wethloschen Polsterpfeife im Vergleich zum Smithschen Glottismodell. In: Leonhardt, A. und Mehnert, D. (Hrsg.), *Begegnungen. Festschrift zum 70. Geburtstag von Gerhart Lindner* (Julius Groos-Verlag, Heidelberg 1995b, 126–144)

Neppert, Joachim M.H.: Elemente einer Akustischen Phonetik (Helmut Buske Verlag, Hamburg 1999; 4. Auflage)
[Auflagen 1 bis 3 zusammen mit Magnús Pétursson]

Neppert, Joachim M.H.: Die Bedeutung der Phonetik im Bereich von Hör- und Sprachbehinderung. In: Braun, A. und Masthoff, H.R. (Hrsg.), *Phonetics and its Applications. Festschrift for Jens-Peter Köster on the Occasion of his 60th Birthday.* Zeitschrift für Dialektologie und Linguistik, Beiheft *121,* [im Druck] (Franz Steiner Verlag, Stuttgart 2002)

Oakeshott-Taylor, John: Phonetic factors in word order. Phonetica *41,* 226–237 1984)

Ohala, John and Hirose, Hajime: The function of the sternohyoid muscle in speech. Annual Bulletin of the Research Institute of Logopedics and Phoniatrics. University of Tokyo, *4,* 41–44 (1970)

Ohala, John J.: Cross-language use of pitch: an ethological view. Phonetica *40,* 1–18 (1983)

Ohala, John J.: An ethological perspective on common cross-language utilization of F_0 of voice. Phonetica *41,* 1–16 (1984)

Panconcelli-Calzia, G.: Über die Abhängigkeit bzw. Unabhängigkeit der Laute von der Atmung. Zeitschrift für Eingeborenensprachen *10,* 32–43 (1919/ 20)

Panconcelli-Calzia, G.: Über inspiratorische Phonation. Archives Néerlandaises de Physiologie de l'Homme et des Animaux *7,* 402–406 (1922)

PANCONCELLI-CALZIA, G.: Quellenatlas zur Geschichte der Phonetik (Hansischer Gildenverlag, Hamburg 1940) [Neue Auflage 1994 mit einem Vorwort von E. F. K. Koerner (John Benjamins, Amsterdam)]

PANCONCELLI-CALZIA, G.: Geschichtszahlen der Phonetik (Hansischer Gildenverlag, Hamburg 1941)

PÉTURSSON, MAGNÚS: Akustische und physiologische Aspekte der Junktur in den Konsonantengruppen s + Verschlußlaut. Ein Beitrag zur allgemeinen Problematik der Junktur und zur Junktur im modernen Isländischen. In: H. H. Wängler (Hrsg.), *Festschrift für Otto von Essen*, 363–399 (Helmut Buske Verlag, Hamburg 1978)

PÉTURSSON, MAGNÚS: Phonetik als Grenzwissenschaft. *Miszellen IV*. Hamburger Phonetische Beiträge *30,* 87–104 (1979)

PÉTURSSON, MAGNÚS: Der Kehlkopf als Organ der Stimm- und Lautbildung. Versuch einer Synthese. In: H. W. Wodarz (Hrsg.), *Frankfurter Phonetische Beiträge IV,* 25–64 (Helmut Buske Verlag, Hamburg 1987)

PIKE, KENNETH L.: Tone languages. A technique for determining the number and type of pitch contrasts in a language, with studies of tonemic substitution and fusion (The University of Michigan Press 1948, 1967, 7th printing)

PISONI, D. B. and SAWUSCH, J. R: Some stages of processing in speech perception. In: A. Cohen and S. G. Nooteboom (eds.), *Structure and Process in Speech Perception,* 16–35 (Springer Verlag, Berlin 1975)

PLATH, PETER: Das Hörorgan und seine Funktion. Einführung in die Audiometrie (Volker Spiess Verlag, Berlin 1992; 5. Auflage)

POMPINO-MARSCHALL, BERND: Einführung in die Phonetik (Walter de Gruyter, Berlin 1995)

Principles: The Principles of the International Phonetic Association (International Phonetic Association, London 1974)

PULLUM, GEOFFREY K. and LADUSAW, WILLIAM A.: Phonetic symbol guide (The University of Chicago Press, Chicago and London 1986)

RAUSCH, ARSEN: Untersuchungen zur Vokalartikulation im Deutschen. In: *Beiträge zur Phonetik* von Heinrich Kelz und Arsen Rausch, IPK-Forschungsberichte Bd. *30,* 35–82 (Helmut Buske Verlag, Hamburg 1972)

RISCHEL, JØRGEN: Topics in West Greenlandic phonology. Regularities underlying the phonetic appearance of wordforms in a polysynthetic language (Akademisk Forlag, København 1974)

ROHEN, JOHANNES W. und YOKOCHI, CHIHIRO: Anatomie des Menschen. Photographischer Atlas der systematischen und topographischen Anatomie (F. K. Schattauer-Verlag, Stuttgart-New York 1982)

ROMANES, G. J. (ed.): Cunningham's handbook of anatomy (Oxford University Press, London 1972; 11th edition)

SAUSSURE, FERDINAND DE: Cours de linguistique générale (Payot, Paris 1916; nouvelle édition 1972)

SAWASHIMA, MASAYUKI: Laryngeal research in experimental phonetics. In: Thomas A. Sebeok (ed.), *Current Trends in Linguistics,* Vol. *12;4*, 2303–2348 (Mouton, The Hague-Paris 1974)

SAWYER, DIANE J.: The brain in language and reading: Research application and interpretation. Folia Phoniatrica *39,* 38–50 (1987)

SCHMIDT, ROBERT F. und THEWS, GERHARD (Hrsg.): Physiologie des Menschen (Springer Verlag, Berlin-Heidelberg-New York 1985; 22. Auflage)

SCHULTE, KLAUS: Phonembestimmtes Manualsystem (PMS) – Forschungsergebnisse für die Artikulation hörgeschädigter Kinder (Neckar-Verlag, Villingen-Schwenningen 1974)

SENDLMEIER, WALTER F.: Psychophonetische Aspekte der Wortwahrnehmung (Helmut Buske Verlag, Hamburg 1985)

SIMEONOVA, RUSKA: Besonderheiten der Entscheidungsfrage im Deutschen und Bulgarischen. In: *Germanistentreffen Bundesrepublik Deutschland-Bulgarien-Rumänien,* Bonn 28.2.–5.3.1993, DAAD Dokumentation und Materialien *27*, 345–353 (Bonn 1994)

SONESSON, BERTIL: The functional anatomy of the speech organs. In: Bertil Malmberg (ed.), *Manual of Phonetics,* 45–75 (North Holland Publishing Co., Amsterdam 1970)

SOTAVALTA, ARVO: Die Phonetik und ihre Beziehungen zu den Grenzwissenschaften (Annales Academiae Scientiarum Fennicae B *31,3*. Helsinki 1936)

STEVENS, K. N.: The quantal nature of speech: Evidence from articulatory-acoustic data. In: E. E. David and P. B. Denes (eds.), *Human Communication: A Unified View,* 51–66 (MacGraw-Hill, New York 1972)

STOLTZ, HARTMUT: Entwicklung einiger Apparate im Phonetischen Institut der Universität Hamburg nach 1963. In: *Festschrift für Otto von Essen* (hrsg. von H. H. Wängler), 433–435 (Helmut Buske Verlag, Hamburg 1978)

STUDDERT-KENNEDY, M.; LIBERMAN, A. M.; HARRIS, K. S. and COOPER, F. S.: Motor theory of speech perception: A reply to Lane's critical review. Psychological Review *77*, 234–249 (1970)

SUNDBERG, JOHAN: Breathing behavior during singing. Speech Transmission Laboratory, Quarterly Progress and Status Report, April 15, 1992, 49–64 (1992)

TILLMANN, HANS G.: Technische Kommunikationshilfen für Gehörlose. Ein Beitrag zur angewandten Signalphonetik (Carl Marhold Verlag, Berlin-Charlottenburg 1970)

TILLMANN, HANS G. und MANSELL, PHIL: Phonetik. Lautsprachliche Zeichen, Sprachsignale und lautsprachlicher Kommunikationsprozeß (Klett-Cotta-Verlag, Stuttgart 1980)

TRENSCHEL, WALTER: Das Phänomen der Nasalität. Darstellung der Theorien und Untersuchungen einer Laut- und Klangerscheinung in der Geschichte der Phonetik und Phoniatrie, der Gesangspädagogik und Sprecherziehung (Akademie-Verlag, Berlin 1977)

TRENSCHEL, WALTER: Oralität und Nasalität in der deutschen Standardaussprache. Versuche zur Erfassung der intranasalen und oralen Schallintensität sowie deren phonetische Interpretation und Diskussion (Wissenschaftlicher Verlag Trier, Trier 1994)

TSUNODA, TADANOBU: Nihonjin no nō (= das Gehirn des Japaners) (Taishukan-Shoten, Tokyo 1984; 28. Auflage)

UNGEHEUER, GEROLD: Sprache und Kommunikation (Helmut Buske Verlag, Hamburg 1972)

UNGEHEUER, GEROLD: Sprache und Signal (Helmut Buske Verlag, Hamburg 1977)

UNGEHEUER, GEROLD: Phonetik und angrenzende Gebiete (Franz Steiner Verlag, Stuttgart 1993)

VALACZKAI, LÁSZLÓ: Atlas deutscher Sprachlaute. Instrumentalphonetische Untersuchung der Realisierung deutscher Phoneme als Sprechlaute (Verlag Edition Praesens, Wien 1998)

VIEREGGE, WILHELM H.: Phonetische Transkription. Theorie und Praxis der Symbolphonetik (Franz Steiner Verlag, Stuttgart 1989)

VIEREGGE, WILHELM H.: Patho-Symbolphonetik. Auditive Deskription pathologischer Sprache (Franz Steiner Verlag, Stuttgart 1996)

WÄNGLER, HANS-HEINRICH: Atlas deutscher Sprachlaute (Akademie-Verlag, Berlin 1967; 4. Auflage)

WÄNGLER, HANS-HEINRICH: Physiologische Phonetik (N. G. Elwert Verlag, Marburg 1972)

WÄNGLER, HANS-HEINRICH: Grundriß einer Phonetik des Deutschen (N. G. Elwert Verlag, Marburg 1983; 4. Auflage)

WYKE, BARRY (ed.): Ventilatory and phonatory control systems (Oxford University Press, London 1974)

ZAIDEL, ERAN: Hemispheric monitoring. In: David Ottoson (ed.). *Duality and Unity of the Brain. Unified Functioning and Specialization of the Hemispheres*, 247–281 (MacMillan, London 1987)

ZEMLIN, WILLARD R.: Speech and Hearing Science: Anatomy and Physiology (Prentice Hall, Englewood Cliffs, New Jersey 1968)

ZWIRNER, EBERHARD: Die Bedeutung der Sprachstruktur für die Analyse des Sprechens. Problemgeschichtliche Erörterung. *Proceedings of the 5th International Congress of Phonetic Sciences,* Münster 16.–22. August 1964; 1–24 (S. Karger, Basel-New York 1965)

ZWIRNER, EBERHARD und ZWIRNER, KURT: Grundfragen der phonometrischen Linguistik (S. Karger, Basel-New York 1982; 3. Auflage)

Sachregister *

*Das Register erschließt den Hauptteil (S. 13–206). Zu einigen Stichwörtern sind nur die wichtigsten Belegstellen aufgeführt. In wenigen Fällen wird man das Stichwort nicht im Text finden, dann steht es für einen dem Begriff entsprechenden Sachverhalt.

Joachim M. H. Neppert
Elemente einer Akustischen Phonetik

Beim Sprecher laufen im Kommunikationsakt gewisse *Erzeugungsprozesse* ab, die schon im Inneren seines Sprechapparates zu strukturierten Schallvorgängen führen, deren Erforschung ein erster Gegenstand der *Akustischen Phonetik* ist. Weitere Gegenstände sind die Struktur des abgestrahlten Sprechschalles und seine Übertragung durch ein Medium oder eine Apparatur und schließlich die Schallrezeption durch das Hörorgan.

Zielgruppe: Studenten der Allgemeinen und Angewandten Phonetik, Lehramtsstudierende, die im Zusammenhang mit sonderpädagogischen Fachrichtungen (Gehörlosen-, Schwerhörigen- und Sprachbehindertenpädagogik) phonetische und pädoaudiologische Teilstudien absolvieren.

Inhalt: Einleitung – 1. Akustische sowie psychoakustische Grundlagen für das Studium der Phonetik und Audiologie – 2. Analysieren, Registrieren und Interpretieren von Sprechschall – 3. Vokale – 4. Prosodische oder suprasegmentale Merkmale – 5. Akustische Besonderheiten der Konsonanten – 6. Stimmhaftigkeit – 7. Akustik des linearen Sprechverlaufs – 8. Schallelemente als Bedingung und Indizien für die Sprechschallwahrnehmung – 9. Hören und Wahrnehmen gesprochener Sprache – Bibliographie – Sach-, Namen- und Sprachenregister.

Joachim M. H. Neppert
Elemente einer Akustischen Phonetik
Mit 86 Abbildungen und 18 Tabellen.
4., vollständig neu bearbeitete Auflage 1999.
349 S. 3-87548-154-2. Kartoniert.

Bitte fordern Sie unser aktuelles Gesamtverzeichnis an und besuchen Sie uns im Netz

HELMUT BUSKE VERLAG
RICHARDSTRASSE 47
D-22081 HAMBURG
WWW.BUSKE.DE

Ingolf Franke
Sprachlabor (CD-ROM)

Zielgruppe: Studierende an Fachhochschulen und Universitäten, Linguisten, Logopäden, Psychologen.

Konzeption: Mit Hilfe von Videosequenzen, Animation und Sound vermittelt diese CD-ROM in neuer Art und Weise einen umfassenden Einblick in die Physiologie und Akustik der gesprochenen Sprache, in die Wissenschaft der Phonetik. Integriert ist ein multimedialer Katalog der deutschen Sprachlaute. Ein spezielles Sprachsignalanalyseprogramm bietet die Möglichkeit, auch eigene Sprachsignale akustisch zu untersuchen. Mit über 4.000 bereits vorhandenen Einträgen steht zudem ein leistungsfähiges Literaturverwaltungsprogramm zur Verfügung, mit dem weitere Literatur verwaltet werden kann.

Systemvoraussetzungen:
486er Prozessor mit 33 Mhz (empfohlen: Pentium), 8 MB RAM; Windows 3.1 (empfohlen: Windows95/98); 16 Bit Soundkarte, Video für Windows.

Ingolf Franke
Sprachlabor (CD-ROM)
Eine multimediale und interaktive Einführung
in die Welt des Sprechens
2000. 3-87548-144-5.

Bitte fordern Sie unser aktuelles Gesamtverzeichnis an und besuchen Sie uns im Netz

HELMUT BUSKE VERLAG
RICHARDSTRASSE 47
D-22081 HAMBURG
WWW.BUSKE.DE